矯正職員のための
法律講座

三訂版

西田 博
大橋 哲　編著

内藤晋太郎
林谷浩二　中田昌伸
小玉大輔　森田裕一郎

東京法令出版

推薦のことば

我が国が安心，安全な社会であることが，国民の願いである。安心，安全な社会を目指す中で，再犯の防止が重要な課題の一つとなっている。再犯防止のために矯正に課された使命は，被収容者をいかに改善更生させ，円滑に社会に復帰させるかであり，この使命を達成するために，矯正職員の方々は日々，努力を積み重ねている。

また，被収容者自身が社会の一員であることから，高齢化をめぐる問題，雇用の問題，医療や福祉の問題など社会の変化に伴い，矯正が直面する課題も変化する。他の関係機関や地域社会と連携し，これらの変化に適切に対応しながら，被収容者の改善更生，円滑な社会復帰を図ることも必要となっている。

このような課題の克服や変化への対応のためには，矯正職員の職務に対する高い意識と献身的な熱意とともに，関係法令などの専門知識の習得により一人ひとりの専門性を高めることが不可欠である。

本書では，職務に必要な法令である刑法，刑事訴訟法や関係機関との連携に必要な更生保護法などの関係法令を紹介し，解説をしている。矯正職員にとって職務の基本である刑事収容施設法については，解説書などがまとめられているが，それ以外の刑事司法に係る法令については，幅広い分野の法令があり，それぞれの解説書の中から矯正職員が知っておくべき事項について選択しながら学ぶことは，非常に困難なことであった。本書では，矯正職員にとって職務に密接に関係する法令部分について簡潔にまとめられており，職務の基盤づくりには最適な書である。

本書により，矯正職員の方々が更に研鑽を積まれ，一人でも多くの被収容者の改善更生と社会復帰の力となることを願って推薦する次第である。

平成26年２月

最高検察庁公判部長（前法務省矯正局長）

三　浦　　守

三訂版　はしがき

最近の社会情勢の変化に応じて，刑事司法関係法令の動きはめまぐるしく，大きな改正が繰り返されている。今回の三訂版も少年法の改正に伴うものが主となっている。

公職選挙法の選挙権を有する年齢が18歳以上となり，民法の成年年齢も18歳に改正することとされたことなどから少年法の取扱いをどうするか議論されてきた。法務大臣の諮問機関である法制審議会の答申を踏まえて，少年法等の一部を改正する法律案が国会に上程された。同改正案は令和３年５月に可決され，令和４年４月１日から施行されることとなった。この改正では，少年法の「少年」は20歳未満の者であることを維持しつつも，18歳以上の少年を「特定少年」とし，特例を定めている。これに伴い，特定少年については，ぐ犯を保護処分の対象とせず，家庭裁判所の審判において保護観察に付された特定少年が遵守事項に違反した場合の少年院収容が規定され，第五種の少年院が設定されるなど，少年矯正の今後の運営に大きな影響を与えるものとなっている。

この法制審議会の答申には，少年法の改正とともに自由刑の一本化などの刑法や刑事収容施設法の改正につながる事項，矯正施設の運営の改善等の事項も含まれており，関係法令の改正案の国会上程が予定されている。今後，改正案の国会審議や矯正施設の運営の改善の動向に注意していく必要がある。

再犯防止等の推進に関する法律に基づき策定された再犯防止推進計画により矯正施設における矯正処遇，矯正教育や社会復帰支援に関する再犯防止施策が積極的に実施されてきているが，施策の充実のためには，福祉，医療，地方行政などの幅広い分野との連携が不可欠となっている。新型コロナウイルス感染症の感染拡大により，感染防止のための措置をとるなど矯正施設の運営は非常に困難な状況となっているが，適正に収容を確保しつつ，再犯防止に向けた被収容者の矯正処遇や矯正教育の実施，社会復帰に向けた関係機関等との連携が矯正職員の不断の努力により進められている。

本書は，矯正研修所及びその支所における研修教材や自学のための参考書として多くの矯正職員に活用されており，新型コロナウイルス感染症感染拡大下においても日々努力を重ねている矯正職員が業務を遂行するに当たり，関係法令を理解するための一助となっていることを大変嬉しく思うとともに，今後も関係法令の改正部分の改訂のみならず，関係法令の内容の理解がより進むよう本書の内容の検討を重ねていきたい。

令和４年４月

前法務省矯正局長　大　橋　　哲

二訂版　はしがき

平成26年３月に初版を発行してから３年となろうとしている。この短い期間ではあるが，時代の変化に応じて，矯正を含む刑事司法の分野の法律にいくつかの大きな動きがあった。

平成26年には，新たな少年院法，少年鑑別所法が制定され，平成27年６月から施行となり，少年院，少年鑑別所では，新たな法律の下でその機能が強化され，子どもたちの健全育成，再犯・再非行防止施策が推進されている。また，平成26年には，少年法が改正され，18歳未満の者に無期刑に代わって言い渡される有期刑の上限や不定期刑の長期及び短期の上限が引き上げられるなどの改正があった。このほか，平成26年には，自動車の運転により人を死傷させる行為等の処罰に関する法律が施行されている。

平成28年６月から刑の一部執行猶予制度が開始され，既に刑の一部執行猶予の判決も出ている。今後，特に，薬物依存者に対する指導プログラムに関する矯正と保護との連携した取組が重要となってくるであろう。また，平成28年には，取調べの録音・録画制度や刑事免責制度の導入，通信傍受の対象犯罪の追加，被疑者国選弁護制度の対象事件の拡大などに関する刑事訴訟法の大きな改正が国会で成立している。

このように，現在，刑事司法の分野は，社会情勢の変化に伴ってめまぐるしく変動しており，矯正職員もこれらの制度の改正内容を的確に理解し，様々な措置を適切に行うことが求められている。本書は，その要請に応えるべく，矯正職員の業務に関係する分野に的を絞り，矯正職員が知っておくべき事項について解説を行っている。既に，本書は，矯正職員に対する研修教材として，また自学のための参考書として，多くの矯正職員に活用されており，増刷を重ねてきた。今回，矯正職員の業務に関係する法律の大きな改正に伴って内容を改訂して発行することとなった次第である。

矯正の現場では，矯正業務の適正な運営を図るために，日々，黙々と努力している矯正職員の姿が見られる。本書が，業務に精励している矯正職員の方々が関係法令を理解し，今後も大きく変動していくであろう時代の要請に応じて業務を進めていくための一助となれば幸いである。

平成29年１月１日

元法務省矯正局長　西　田　　博

はしがき

平成15年に「行刑改革会議」から提言をいただいて10年が経った。その間，矯正を取り巻く状況は大きく変化してきた。我々の業務の基本となる法制度については，明治41年以降100年近く我が国の行刑の基本法であった監獄法が改正されて刑事収容施設法が施行され，平成15年には国際受刑者移送法が施行されて，受刑者移送条約締約国との受刑者移送が実施されるようになっている。そして，「少年矯正を考える有識者会議」の提言を踏まえた少年院法の改正も行われようとしている。

我々の業務に深く関連する関係法令もこの10年間で大きく変化している。平成21年には裁判員裁判が導入され，刑事裁判に大きな変化がもたらされた。刑法では，有期懲役刑，禁錮刑の上限の引上げ，窃盗罪に選択刑として罰金刑の追加などいくつかの改正が行われており，刑事訴訟法においても，犯罪被害者等の権利利益保護に関する改正や殺人などの公訴時効の撤廃などの改正が行われている。また，少年法では，少年院送致の対象年齢をおおむね12歳以上とするなどの改正が行われ，更生保護の分野でも，旧犯罪者予防更生法と旧執行猶予者保護観察法を整理・統合し，更生保護法が新たに制定されたところである。

このように，刑事司法分野は，社会情勢の変化に伴って大きく変動しており，我々の業務もこれらに対応して様々な措置を適切に行うことが求められている。しかしながら，これまで，我々の業務を取り巻く諸法令について，業務に関係する分野に的を絞って簡潔に記述した基本書がなく，矯正職員に対する各種研修の実施等において困難を来すことが多くあった。本書はこういった困難を少しでも解消すべく，矯正職員として知っておくべき関係法令の該当箇所について解説を試みたものである。関係する法令や該当箇所は数多くあるため，全てを網羅し，しかも簡潔に分かりやすく記述することは難しい作業ではあったが，できる限り，幅広い分野について初学者にも分かりやすく記述するように努めたつもりである。

「矯正は人なり」との言葉があるように，矯正は職員が財産であり，職員一人ひとりが法令に従って適正に業務を遂行することにより，矯正行政の責務が果たされている。本書が，矯正の現場施設で日々の業務に精励している職員の関係法令に対する理解を更に深め，自信を持って業務に当たるための一助となれば幸いである。

平成26年２月１日

法務省矯正局長　西　田　　博

凡　　例

本書では，法令及び判例集を表示する場合，次のように略記している。

【法　令】

法　令　名	本文中の略称	（　）内の略称
あへん法	あへん法	あへん
恩赦法	恩赦法	恩
海賊行為の処罰及び海賊行為への対処に関する法律		海賊
覚醒剤取締法	覚醒剤取締法	覚醒剤
行政機関の保有する情報の公開に関する法律	情報公開法	情公
行政事件訴訟法	行政事件訴訟法	行訴
行政手続法	行政手続法	行手
行政不服審査法	行政不服審査法	行不審
競争の導入による公共サービスの改革に関する法律	公共サービス改革法	
経済関係罰則ノ整備ニ関スル法律		経済関係罰則整備法
警察法	警察法	警
刑事事件における第三者所有物の没収手続に関する応急措置法		没収応措
刑事施設及び被収容者の処遇に関する規則		刑事施設規
刑事収容施設及び被収容者等の処遇に関する法律	刑事収容施設法	刑事収容施設
刑事訴訟規則	刑事訴訟規則	刑訴規
刑事訴訟法	刑訴法	刑訴
刑事訴訟法第189条第１項および第199条第２項の規定に基づく司法警察員等の指定に関する規則		刑訴に基づく司警職員規
刑事補償法	刑事補償法	刑補

刑法	刑法	刑
決闘罪ニ関スル件		決闘
検察審査会法	検察審査会法	検審
検察庁法	検察庁法	検察
航空機の強取等の処罰に関する法律	航空機の強取等の処罰に関する法律	航空強取
航空の危険を生じさせる行為等の処罰に関する法律	航空の危険を生じさせる行為等の処罰に関する法律	航空危険
公職選挙法	公職選挙法	公選
更生保護事業法	更生保護事業法	
更生保護法	更生保護法	更生
国際受刑者移送法	国際受刑者移送法	移送
国際的な協力の下に規制薬物に係る不正行為を助長する行為等の防止を図るための麻薬及び向精神薬取締法等の特例等に関する法律	麻薬特例法	麻薬特
国家行政組織法		行組
国家公務員法	国公法	国公
国家賠償法	国家賠償法	国賠
裁判員の参加する刑事裁判に関する規則	裁判員の参加する刑事裁判に関する規則	裁判員
裁判所法	裁判所法	裁
自衛隊法	自衛隊法	自衛
少年院法	少年院法	少院
少年鑑別所法	少年鑑別所法	少鑑
少年法	少年法	少
消防法	消防法	消防
心神喪失等の状態で重大な他害行為を行った者の医療及び観察等に関する法律	心神喪失者等医療観察法	医療観察

組織的な犯罪の処罰及び犯罪収益の規制等に関する法律	組織的犯罪処罰法	組織犯罪
大麻取締法	大麻取締法	大麻
地方公務員法		地公
地方自治法		自治
鳥獣の保護及び管理並びに狩猟の適正化に関する法律	鳥獣保護法	
盗犯等ノ防止及処分ニ関スル法律		盗犯
道路交通法	道路交通法	道
内閣府設置法		内閣府
日本国憲法	憲法	憲
売春防止法	売春防止法	売春
破壊活動防止法	破壊活動防止法	破防
爆発物取締罰則		爆発
犯罪被害者等基本法	犯罪被害者等基本法	
犯罪をした者及び非行のある少年に対する社会内における処遇に関する規則		社会内処遇規
人質による強要行為等の処罰に関する法律	人質による強要行為等の処罰に関する法律	人質
法廷等の秩序維持に関する法律	法廷秩序法	法廷秩序
暴力行為等処罰ニ関スル法律		暴力
麻薬及び向精神薬取締法	麻薬取締法	麻薬
民間資金等の活用による公共施設等の整備等の促進に関する法律	ＰＦＩ法	
民事執行法	民事執行法	民執
民事訴訟法	民事訴訟法	民訴
民法	民法	民
薬物使用等の罪を犯した者に対する刑の一部の執行猶予に関する法律	薬物法	薬物
労働基準法	労働基準法	労基

【法令表示】

法令・条文を引用するときは，次のようにした。

〈例〉　刑訴法96条１項２号

（刑訴96Ⅰ②）

【判 例 集】

大審院刑事判決録	刑録
大審院刑事判例集・最高裁判所刑事判例集	刑集
最高裁判所民事判例集	民集
最高裁判所裁判集刑事	裁集刑
最高裁判所裁判集民事	裁集民
高等裁判所刑事判例集	高刑集
高等裁判所刑事判決特報	高刑判特
東京高等裁判所刑事判決時報	東高刑時
下級裁判所刑事裁判例集	下刑集
家庭裁判月報	家裁月報
刑事裁判月報	刑月
法律学説判例評論全集	評論
法律新聞	新聞
判例タイムズ	判タ
判例時報	判時

【判例表示】

判例を引用するときは，次のようにした。

〈例〉　最高裁判所平成12年９月７日判決

（最判平12．９．７）

目　次

第1章　刑法総論

第1　罪刑法定主義

第2　犯罪の成立要件

第3　不作為犯

第4　違法性阻却事由

第5　責任能力

第6　故意・過失

第7　未遂犯

第8　共同正犯

第9　教唆犯と幇助犯

第10　身分犯

第11　刑罰の本質

第12　刑の種類

第13　死　刑

第14　自由刑

第15　不定期刑

第16　罰金と科料

第17　刑の執行猶予

第18　仮釈放

第19　刑罰の適用

第20　科刑上の一罪と併合罪

第21　累　犯

第22　監　置

第２章　刑法各論

第１　公務の執行を妨害する罪～公務執行妨害等

第２　逃走の罪

第３　職権濫用等の罪

第４　賄賂の罪

第５　文書偽造の罪

第６　傷害の罪

第7　毀棄及び隠匿の罪

第8　薬物犯罪

第3章　刑事訴訟法

第1　刑訴法の目的

第2　刑事手続の流れ

第3　捜査機関としての矯正職員

第4　被疑者及び被告人の法的地位

第5　捜査の端緒

第6　任意捜査と強制捜査

第7　逮　捕

第８　勾　留

第９　逮捕・勾留の諸問題

第10　捜索・差押え等

第11　鑑　定

第12　公訴の提起

第13　公訴権の行使の適正を担保するための方策

第14　公判手続

第15　裁判員裁判

第16　上　訴

第17　判決の確定

第18　刑の執行

第19　再審・非常上告

第4章　その他関係法令

第1　少年法

第2　更生保護法

第3　恩赦法

第4　国際受刑者移送法

第5　犯罪被害者等の刑事手続等への関与

第６　行政作用に対する救済制度

第７　ＰＦＩ法，公共サービス改革法ほか

第８　情報公開法

第1章

刑法総論

第1　罪刑法定主義

1　罪刑法定主義の意義

罪刑法定主義とは，どのような行為が犯罪であるか及びその犯罪にどのような刑罰を加えるかは，行為前の成文の法律によってだけ定められるとする主義をいう。罪刑法定主義の趣旨は，国家の刑罰権を法律の定める限度に制限することにより，個人の権利及び自由を擁護することである。

(1)　罪刑法定主義の根拠

罪刑法定主義は，我が国の最高法規である憲法にその根拠を有する。憲法31条は，「何人も，法律の定める手続によらなければ，……刑罰を科せられない。」と規定する。文言上は，「手続」と規定するのみであるが，刑罰を科する手続のみ法定されていればよいとする趣旨ではなく，犯罪についても法定されていなければならないことを当然の前提とする。

なお，憲法39条は遡及処罰の禁止を，同法73条6号ただし書は法律による政令への罰則規定の包括的委任の禁止をそれぞれ規定するが，いずれも罪刑法定主義の憲法上の根拠とされている。

(2)　罪刑法定主義の内容

罪刑法定主義の内容として，一般に以下が挙げられる。

① 法律主義
② 遡及処罰（事後法）の禁止
③ 絶対的不確定刑の禁止
④ 類推解釈の禁止
⑤ 刑罰法規の明確性

2　法律主義

法律主義とは，犯罪及び刑罰は，法律に定めるところによらなければならないことをいう。

(1) 法律主義における「法律」

この場合の法律とは，日本国憲法の定める方式に従い，国会の議決を経て，「法律」として制定される法をいう。慣習又は条理などの不文の法により，ある行為を犯罪とし処罰することは許されない。

(2) 法律の委任による罰則の設置

法律主義は，法律の委任により罰則を設けて処罰することを一切許さないとする趣旨ではない。

☞政令は，憲法及び法律の規定を実施するために内閣が制定する命令であり，我が国の法形式の一つであるところ，特に法律に委任がある場合には罰則を設けることができる（憲73⑥ただし書）。

☞内閣府令及び省令は，内閣総理大臣又は各省大臣が，主任の行政事務について，法律又は政令を施行するため，又は法律又は政令の特別の委任に基づいて発する命令であるが（内閣府７Ⅲ・行組12Ⅰ），法律による委任があれば罰則を設けることができる（内閣府７Ⅳ・行組12Ⅲ）。

☞条例については，普通地方公共団体は，法令に特別の定めがあるものを除くほか，その条例中に，条例に違反した者に対し，２年以下の懲役若しくは禁錮，100万円以下の罰金，拘留，科料若しくは没収の刑又は５万円以下の過料を科する旨の規定を設けることができる（自治14Ⅲ）。

政令及び府省令においては，法律による特別の委任を要するのに対し，条例については，地方自治法が定める罰則の範囲内であれば，このような特別の委任を要することなく，罰則を定めることが認められている。これは，条例が，地方公共団体の議会の議決を経て制定される自治立法であり，国民の公選した議員をもって組織する国会の制定する法律に類するものであることによる（最大判昭37．５．30刑集16-５-577）。

❖コラム❖　犯罪の構成要件を下位の法令に委任している場合の問題

刑罰のみを定め，犯罪の構成要件を他の法令に委任している法律（白地刑罰法令）もあるが，犯罪の構成要件を下位の法令に委任している場合にはその委任の適否が問題となる。

国公法102条１項は，「職員は，……選挙権の行使を除く外，人事院規則で定める政治的行為をしてはならない。」と定め，同法111条の２第２号にその罰則を規定するが，犯罪の構成要件である「政治的行為」については，懲戒処分の対象となる行為とともに人事院規則に委任しており，当該委任の合憲性が争われた事案がある。判例は，当該政治的行為が「公務員組織の内部秩序を維持する見地から課される懲戒処分を根拠づけるに足りるものであるとともに，国民全体の共同利益を擁護する見地から科される刑罰を根拠づける違法性を帯びるものであることは，すでに述べたとおりであるから，右条項は，（……懲戒処分と）刑罰の対象となる政治的行為の定めを一様に委任するものであるからといって，そのことの故に，憲法の許容する委任の限度を超えることになるものではない」と判示し，合憲とした（最大判昭49. 11. 6刑集28-9-393）。

3　遡及処罰の禁止

遡及処罰の禁止とは，行為の時点で適法であったものについて，後から遡って処罰する立法を禁止することである（憲39）。

(1)　最高裁判所の判例

行為当時における最高裁判所の判例の示す法解釈に従えば，無罪となるべき行為を処罰しても憲法39条には違反するものではない（最判平8. 11. 18刑集50-10-745）。

最高裁判所の判例は日本国憲法の定める方式に従って制定された「法律」ではないので，犯罪及び刑罰の根拠規範とはならない。

(2)　刑の変更があったとき

遡及処罰の禁止の原則から，犯罪後の法律によって刑の変更があったときは，その軽いものによる（刑6）。

刑法6条の「刑の変更」とは，特定の犯罪の刑種又は刑量についての変更をいう。刑の執行猶予（最判昭23. 6. 22刑集2-7-694），保護観察，併合罪，刑及び犯罪の時効に関する規定の変更は，「刑の変更」には当たらない。

(3)　刑の変更と経過措置

行為時の罰則が裁判時に廃止されていれば，刑訴法337条2号により免訴の判決をすべきものとされ，裁判時の罰則が行為時の罰則より軽くなっていれば，刑法6条により軽い刑が適用される。しかし，罰則の規定が改廃されたために行為者が全く処罰されなかったり，他の行為者よりも軽く処罰されたりすることとなると，同じ行為によって処罰された者との均衡を失し，罰則の廃止後も行為の反社会性を追及する必要があるのにこれが不可能となって不合理と考えられる場合もある。

このような場合には，刑事政策上，改廃前と同じ罰則を適用する必要がある。その場合には，罰則に関する経過措置として，「この法律の施行前にした行為に対する罰則の適用については，なお従前の例による。」，「この法律の施行前にした行為の罰則の適用については，旧法は，この法律の施行後もその効力を有する。」等の規定が附則に置かれる。

法令の廃止前にした行為に対する罰則については，その廃止後もなお効力を有する旨が規定されている場合には，刑法６条の適用を待つまでもなく，当然に行為時の法令が適用される（最判昭30．７．22刑集９－９－1962）。

4　絶対的不確定刑の禁止

絶対的不確定刑とは，刑（刑罰）の種類（刑種）及びその分量（刑量）の全部又はそのいずれかを欠く刑をいう。罪刑法定主義は，犯罪とこれに対応する刑罰を規定することを要し，絶対的不確定刑は罪刑法定主義の要請に反する。絶対的不確定刑の禁止の原則は，通常，自由刑についていわれるが（絶対的不定期刑の禁止），財産刑についても当てはまり，罰金額の上限のない刑罰は禁止されている。

不定期刑の詳細については，「第15　不定期刑」を参照のこと。

5　類推解釈の禁止

法令の解釈に当たっては，条文の字句に基づく文理解釈を基本としつつ，論理解釈として，拡張解釈，縮小解釈，類推解釈等の解釈の方法が執られるが，刑罰法規の犯罪要件の解釈に当たって類推解釈は禁止されている。

(1)　類推解釈

類推解釈とは，類似する事柄のうち，一方についてだけ規定があって，他方について，明文の規定がない場合に，その規定と同じ趣旨の規定が他方にもあるものと考えて解釈する方法をいう。

類推解釈による処罰を許すこととなると，法律に規定がないのに処罰することとなる点において法律主義に反し，行為時に処罰すると言明されていなかった行為が事後に処罰されることとなる点において遡及処罰の禁止に反する。

◆人事院規則14－7「政治的行為」5項1号にいう「特定の候補者」とは，「候補者としての地位を有するに至った特定人」と解すべきであり，国公法102条の精神に反するという理由から「立候補しようとする特定人」を含むと解することは不当な拡張類推解釈である（最判昭30．3．1刑集9－3－381）。

◆爆発物取締罰則にいわれる爆発物とは，理化学上の爆発現象を惹起するような不安定な平衡状態において，薬品その他の資材が結合した物体であって，その爆発作用そのものによって公共の安全を乱し又は人の身体財産を害するに足る破壊力を有するものを指称すると解するのを相当とするから，火炎瓶は爆発物に当たらない（最判昭31．6．27刑集10－6－921）。

(2)　拡張解釈

刑法の犯罪構成要件の解釈を行うに当たって類推解釈は禁止されているが，このことは文理解釈のみによるべきことを意味しない。論理解釈の一つである拡張解釈は，法令の規定の文字をそれが通常意味するところよりも若干広げて解釈することであるが，法の精神に照らし合理的・実質的な範囲で許される。

◆食用とする目的で狩猟鳥獣であるマガモ又はカルガモをねらい洋弓銃で矢を射かける行為は，矢が外れたため鳥獣を自己の実力支配内に入れられず，かつ殺傷するに至らなくても，鳥獣保護及狩猟ニ関スル法律1条の4第3項（平成14年法律第88号による全部改正後の鳥獣保護法12条1項に相当）の委任を受けた昭和53年環境庁告示第43号3号リ（鳥獣の保護及び管理並びに狩猟の適正化に関する法律施行規則10条3項12号に相当）が禁止する「弓矢を使用する方法による捕獲」に当たる（最判平8．2．8刑集50－2－221）。

6　刑罰法規の明確性

刑罰法規の明確性とは，刑罰法規はその意味するところが明確でなければならないということを意味する。刑罰法規が不明確で，通常の判断能力を有する一般人がいかなる行為が禁止されているかを判断できない場合には，その法規は憲法31条に違反し無効である。

刑罰法規の定める犯罪構成要件が曖昧不明確のゆえに憲法31条に違反し無効であるとされるのは，その規定が通常の判断能力を有する一般人に対して，禁止される行為とそうでない行為とを識別するための基準を示すところがなく，そのため，その適用を受ける国民に対して刑罰の対象となる行為をあらかじめ告知する機能を果たさず，また，その運用がこれを適用する国又は地方公共団体の機関の主観的判断に委ねられて恣意に流れる等重大な弊害を生ずるからである。

ある刑罰法規が曖昧不明確のゆえに憲法31条に違反するものと認めるべきかどうかは，通常の判断能力を有する一般人の理解において，具体的場合に当該行為がその適用を受けるものかどうかの判断を可能ならしめるような基準かどうかによってこれを決定すべきものとされている（最大判昭50．９．10刑集29－８－489）。

Point　罪刑法定主義と刑事施設における懲罰について

刑事収容施設法150条１項の規定により科される懲罰は，刑事施設の規律及び秩序を維持するための制裁であり，行政上の不利益処分（懲戒罰）であるが，刑罰ではない。したがって，罪刑法定主義が厳格に適用されるものではない。

しかしながら，懲罰も，刑罰と同じく，これを科される者にとっては不利益な処分であることに変わりはなく，あらかじめ懲罰の対象となる行為，懲罰の種類及び内容，懲罰を科す手続等が事前に定められ，被収容者に明らかにされていなければ，被収容者の行動を過度に制約するおそれがある。罪刑法定主義の趣旨は，国家の刑罰権を法律の定める限度に制限することにより個人の権利及び自由を擁護することにあるが，懲罰についてもその趣旨は当てはまる。そこで，刑事収容施設法は，懲罰の要件，種類及び内容を定め，これを被収容者に告知することとしている（刑事収容施設33・150～156）。

さらに，懲罰は遵守事項を遵守しない場合に科されるが，刑事施設の長は，遵守事項については，被収容者としての地位に応じ，刑事収容施設法74条２項に掲げる事項を「具体的に」定めるものとしている。刑事施設の遵守事項が法の趣旨にかなったものであるのか否か，常に留意することが必要である。

第２　犯罪の成立要件

1　犯罪の法律的意義

刑法で考察する対象となる犯罪とは，社会的な実体そのものではなく，刑罰を科するに値するものとして法律に規定された行為である。すなわち，刑法の対象は法律上の犯罪であり，刑罰を科するに値するものとして構成要件に該当する違法・有責な行為である。刑罰とは法律上の犯罪を法律要件とする法律効果であるということもできる。

犯罪の社会的実体という観点からすれば，犯罪は何らかの社会生活上の利益，秩序を侵害する高度の害悪性を持つ行為である。しかし，社会的実体としての犯罪は刑事学・刑事政策・犯罪学の対象であり，刑法学の対象ではない。

刑法学は規範の学問であり，事実の学問である刑事学等とは密接に関連するものの，理論上・概念上は明確に区別される。

2　犯罪の成立要件

(1)　一般的成立要件と個別の犯罪の成立要件

犯罪は，刑法典の各則その他の刑罰法令における規定において，それぞれの法条に個別的に定められている。例えば，刑法199条に「人を殺した者は，死刑又は無期若しくは５年以上の懲役に処する。」と規定され，刑法235条に「他人の財物を窃取した者は，窃盗の罪とし，10年以下の懲役又は50万円以下の罰金に処する。」と規定されているがごとくである。

これらの法条に規定されているのは，各犯罪の個別の成立要件である。各犯罪の法条には，犯罪の主体，犯罪の客体，犯罪の行為及び結果，犯罪の行為と結果との間の因果関係，また，個別の犯罪によっては，犯罪の目的等が規定されている。

199条　人を殺した者は，死刑又は無期若しくは５年以上の懲役に処する。

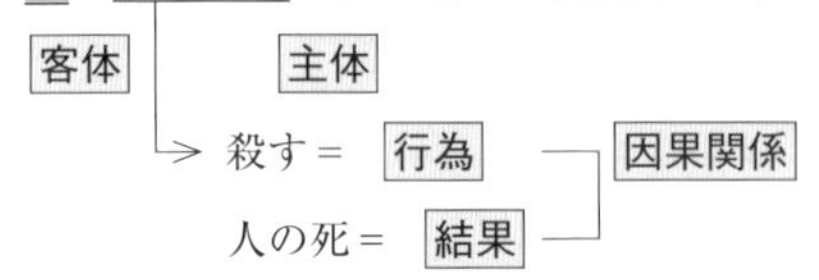

他方，全ての犯罪に共通する犯罪の成立要件を，犯罪の一般的成立要件という。

刑法総論は，主に，犯罪の一般的成立要件を検討対象とし，刑法各論は，個別の犯罪の成立要件を検討対象とする。

(2)　一般的成立要件の内容

犯罪の一般的成立要件は，以下のように分けられる。

①　構成要件該当性
②　違法性
③　責任（有責性）

3　構成要件該当性

刑法は，各種の社会生活上の利益を侵害し，法秩序に違反する違法で有責な行為から，刑罰を科するに値するものを類型的な行為の形で取り上げて法律に規定している。このように，違法，有責な行為として類型化され，法律に規定されたものを構成要件という（なお，構成要件は違法な行為を類型化したものであり，有責な行為を類型化したものではないとの学説も有力である。）。

構成要件に該当しない行為は犯罪とはなり得ない。構成要件に該当する行為のみが犯罪となり得る。このことは，罪刑法定主義の本質である法律主義に基づく。

構成要件に示される犯罪行為は様々であるが，その主な分類としては以下のものがある。

(1)　侵害犯・危険犯

侵害犯とは，現に保護法益の侵害という結果の発生を必要とする犯罪であり，危険犯とは，保護法益の侵害という現実の結果は必要としないものをいう。未遂罪は危険犯である。

危険犯には，具体的危険犯と抽象的危険犯がある。具体的危険犯とは，具体的な危険の発生が必要とされるものであって，危険の発生が個別の条文に規定されているものである。例として，自己所有非現住建造物等放火（刑109Ⅱ），建造物等以外放火（刑110Ⅰ）等がある。抽象的危険犯とは，法が危険の発生を擬制しており，具体的な危険の発生を必要としないものである。

⑵　即成犯・状態犯・継続犯

即成犯とは，法益の侵害の発生と同時に犯罪が終了するものである。殺人（刑199）等がこれに該当する。

状態犯とは，法益の侵害の発生と同時に犯罪が終了するが，その後も法益侵害の状態が依然として存続し，その構成要件によってその違法状態も当然に評価され，別罪を構成しないものをいう。窃盗（刑235）等がこれに該当する。

継続犯とは，犯罪の既遂後も犯罪が終了せず，法益侵害が終了するまで既遂状態が継続するものである。逮捕・監禁（刑220）等がこれに該当する。

4　違法性

ある行為が違法であるとは，当該行為が法益を侵害するなど，客観的にみて，全体としての法秩序によって是認されないことをいう。構成要件とは，もともと違法・有責な行為を類型化したものであるので，構成要件に該当する行為は，一応違法なものであるということができる。

しかし，外形的，形式的には当該行為が構成要件に該当している場合であっても，正当行為（刑35），正当防衛（刑36），緊急避難（刑37）等の違法性を阻却する事由（違法性阻却事由）がある場合には違法性に欠けることとなるので，犯罪は成立しない。

詳細は，「第４　違法性阻却事由」を参照のこと。

5　責任（有責性）

構成要件に該当し，違法性阻却事由がなかったとしても，それだけでは行為者に刑罰を科するのに十分ではない。行為者に対して当該行為を行ったものとして刑罰を科することができるのは，行為者に責任が認められる場合に限られる。責任とは，行為者に対する非難可能性と言い換えることもできる。

行為者に責任能力がない場合や故意・過失に欠ける場合には，非難可能性がないので，犯罪は不成立である。

詳細は，「第５　責任能力」，「第６　故意・過失」を参照のこと。

6　処罰条件と処罰阻却事由

犯罪の一般的成立要件とは異なるが，犯罪の中には，犯罪の一般的成立要件以外に，一定の客観的事由が存在することをもって刑罰権の発生が条件付けられているものや，行為者について主観的・身分的な事由が存在しないことをもって刑罰権の発生が条件とされているものがある。前者を処罰条件といい，後者を処罰阻却事由という。

これらは，いずれも犯罪の成立そのものとは関係がないのであるが，政策的な理由から，一定の事由の存在又は不存在が刑罰権の発生の条件とされているものである。

⑴　処罰条件

処罰条件は，成立した犯罪について，刑罰を科すのに必要な条件である。

処罰条件の例としては，事前収賄（刑197Ⅱ）がある。刑法197条２項は，「公務員となろうとする者が，その担当すべき職務に関し，請託を受けて，賄賂を収受し，又はその要求若しくは約束をしたときは，公務員となった場合において，５年以下の懲役に処する。」と規定する。「公務員となった場合において」に該当する部分が処罰条件と解されている。もっとも，これを構成要件の要素であると解する見解も有力である。

⑵　処罰阻却事由

処罰阻却事由は，成立した犯罪について，刑罰が免除される事由である。

処罰阻却事由の例としては，親族間の犯罪に関する特例（刑244Ⅰ）がある。刑法244条１項は，「配偶者，直系血族又は同居の親族との間で第235条の罪，第235条の２の罪又はこれらの罪の未遂罪を犯した者は，その刑を免除する。」と規定する。刑法235条の罪は窃盗であり，刑法235条の２の罪は不動産侵奪である。刑法244条１項は，窃盗等については犯罪が成立する場合であっても，犯人と被害者との間に一定の親族関係がある場合には，その間の内部的事情に対して国権の干渉を及ぼすことを適当としないという立法政策の見地から刑の免除を規定したものである。

第３　不作為犯

1　不作為の意義

犯罪が行われるには，およそ何らかの行為がなされる必要がある。その際の行為とは作為によって行われる場合が一般であるが，不作為によって行われる場合もある。不作為犯とは不作為によって構成要件の内容を実現する犯罪をいう。刑法上の不作為とは，「何もしないこと」ではなく，「何かをなさないこと」，すなわち法的に期待された作為をしないことである。

2　真正不作為犯と不真正不作為犯

(1)　真正不作為犯

犯罪はその構成要件が作為の形式で規定されているものが多いが，不作為の形式で規定されているものもある。これを真正不作為犯という。

真正不作為犯の例として，多衆不解散（刑107後段），不退去（刑130後段），保護責任者遺棄（刑218）等がある。多衆不解散罪は「……権限のある公務員から解散の命令を３回以上受けたにもかかわらず，なお解散しなかった（こと）」，不退去罪は「……要求を受けたにもかかわらずこれらの場所から退去しなかった（こと）」，保護責任者遺棄罪は「……その生存に必要な保護をしなかった（こと）」と規定されているところ，いずれも，「○○しなかった（こと）」という不作為が構成要件上の実行行為である。

(2)　不真正不作為犯

真正不作為犯に対し，構成要件上は，作為により犯罪を実現することが規定されているが，不作為によってこれを実現するものを不真正不作為犯という。

例えば，殺人（刑199）は，「人を殺す」と規定され，その構成要件に該当する行為は，殺人行為という作為が想定されているが，不作為によりこれを実現する場合は，不真正不作為犯である。

不真正不作為犯では，どのような不作為が実行行為性を有するのか明らかではなく，作為義務の存否，不作為の実行行為性が特に問題となる。

3　不作為犯の作為義務

(1)　犯罪主体

真正不作為犯の犯罪主体は各法条に規定されており，例えば，保護責任者遺棄罪では，「老年者，幼年者，身体障害者又は病者を保護する責任のある者」であるが，その範囲は必ずしも明確ではない場合もある。

不真正不作為犯の犯罪主体は，そもそも法条に規定がない。

不作為犯においては，その処罰範囲を合理的な範囲に限定するため，不作為犯の犯罪主体となり得る者は，構成要件的結果を発生させないようにする刑法上の作為義務を有する者であることを要すると解されている。

(2)　作為義務を有する者

作為義務があるというためには，一般的にかかる義務があるというだけでは不十分である。例えば，火災の際に消防対象物の関係者は，消防隊が到着するまで消防法上の消火の義務を負うが（消防25），関係者がこの義務を果たさなかったとしても直ちに不作為による放火罪が成立するものでもない。消防の義務は消防法上の一般的な義務であり，刑法上の作為義務と同視し得ない。

作為義務が認められる根拠は法令又は契約のほか，慣習や条理であることもある。条理により作為義務が認められる場合として，行為者の先行行為がある。自己の行為により結果発生の危険を生ぜしめた者にはそれを防止する義務が生ずることがあり，これが不作為犯の作為義務となり得る。

◆自動車運転手が，過失により通行人に重傷を負わせて歩行不能にさせたときは，「保護する責任がある者」（保護責任者）に当たり，救護措置を講ずることなく，被害者を自車に乗せて現場から離れ，降雪中の薄暗い車道上まで運び，降ろして放置したときは，保護責任者遺棄罪が成立する（最判昭34. 7. 24刑集13-8-1163）。

もっとも，この事案では，自動車運転手が被害者を一度は自車に乗せている点が保護責任者の認定に当たって重要である。人身事故を起こした自動車運転手が全て保護責任者に該当するものではない。

4　不作為犯の実行行為

真正不作為犯は，実行行為が不作為の形式で規定されているので，何が実行行為であるのかは明確である。

他方，不真正不作為犯は，構成要件上はその実行行為が作為を予定されているにもかかわらず不作為で行われる犯罪であるので，何が実行行為に該当するのかは必ずしも明らかではない。そこで，不真正不作為犯において，不作為に故意犯の実行行為性が認められるためには，当該不作為が作為による実行行為と等価値であること，すなわち，当該不作為が法益を侵害する上において，作為と同視し得る程度の客観的な危険性を有する行為であることを要する。

不作為による殺人罪の事案では，保護責任者遺棄致死罪と殺人罪との分水嶺は，行為者が（未必の）殺意を有していたか否かによることが多い。

◆法律又は契約による養育義務者が殺意をもって，被養育者の生存に必要な給付をせずに死亡させたもの（大判大４．２．10刑録21-90）。
◆自己の責めに帰すべき事由により患者の生命に具体的な危険を生じさせ，患者の親族から重篤な患者に対する手当てを全面的に委ねられた立場にある被告人が，未必的な殺意をもって，必要な医療措置を受けさせないまま放置して患者を死亡させたもの（最決平17．７．４刑集59-６-403）。

また，放火罪では，不作為による放火行為が構成要件に該当するか否かが問題となる。不作為による放火行為が認められるためには，既発の火力を利用する意思を要する。

◆喧嘩闘争中に相手の投げた燃えさしから自宅庭内のわらに火がついた場合，法律上消火の義務を負い容易に消火が可能であるのに既発の火力を利用する意思でこれを放置したこと（大判大７．12．18刑録24-1558）。
◆神棚のろうそくが傾き自宅を焼損するに至る危険があることを認識しながら，既発の火力を利用する意思でそのまま外出したこと（大判昭13．３．11刑集17-237）。
◆残業中自己の過失行為により机等を焼損させ，放置すれば建物を焼損するに至ることを認めながら，建物の焼損を認容する意思であえて消火しなかったこと（最判昭33．９．９刑集12-13-2882）。

5　不作為犯と因果関係

不作為犯においても，当該不作為と犯罪の結果との間に因果関係を要することは，作為による犯罪と同じである。

ただし，不真正不作為犯の場合には，不作為が犯罪の結果との間で因果関係があるか否かが事実認定上問題となる場合もある。

◆被告人により覚醒剤を注射された被害者が錯乱状態を呈し重篤状態に陥ったにもかかわらず，これを放置して死亡させた場合において，被告人が立ち去った時点で救急医療を要請していれば十中八九被害者の救命が可能であったときは，その救命が合理的疑いを超える程度に確実といえるから，被告人が右措置をとらずに立ち去った行為と被害者の死亡との間に因果関係が認められる（最決平元．12．15刑集43-13-879）。

Point　刑事施設において受刑者が改善指導等を「拒む」行為について

刑事収容施設法74条２項は被収容者の遵守事項について定めるが，遵守事項違反行為についても作為によるものと不作為によるものがある。同法においては，改善指導等は「（正当な理由なく）拒んではならない」こととされているところ（刑事収容施設74Ⅱ⑨），受刑者がいかなる行為をとったときに「拒む」といえるのかが問題である。

「拒む」とは，「承諾しない。応じない。拒絶する。」ことをいい，口頭により拒否の意思が明らかにされる場合もあれば，そうでない場合もある。いずれにせよ，懲罰を科するに当たっては，受刑者の拒否の態度が明確であることを要する。受刑者が改善指導等を受ける意思はあるものの，資質･能力の制約によりそれを受けることができない場合は，「拒む」という状況にあるとは認め難い場合もある。

他方，受刑者に，資質・能力の制約その他の正当な理由が全くないにもかかわらず，改善指導等を意図的にサボタージュしている場合には，口頭により明示の意思が表明されていないときであっても，改善指導等を「拒む」という状況が明らかである場合もある。このように，「拒む」という行為は，不作為の形をとる場合もある。

第４　違法性阻却事由

1　違法性阻却事由の意義

刑務官が刑事収容施設法77条の規定により被収容者の行為を制止する等の措置を執る場合には，被収容者の身体に対し有形力を行使する。人の身体に対する有形力の行使は，形式的には，特別公務員暴行陵虐（刑195Ⅱ）の「暴行」に該当する。そうであるのならば，刑務官による上記措置は同罪に問われることとなりそうである。違法性阻却事由はかかる問題を取り扱う。

刑法上構成要件に該当する行為は，通常は違法な行為であるが，特別な事情がある場合には違法ではないとされるときがある。かかる特別な事情を違法性阻却事由という。

2　違法性の本質

違法性の有無は，法規の形式的解釈のみからではなく，その実質的な観点から判断される（実質的違法性）。違法性の本質については，刑法上保護された法益の侵害又はその危険性とする見解（結果無価値）と，全体としての法秩序に反すること，すなわち，法秩序の基底となっている社会倫理的な規範に反することとする見解（行為無価値）がある。実務は両者を総合して違法性の有無を判断している。

刑法上の違法性阻却事由は，以下のとおり規定されている。

①　正当行為（刑35）
②　正当防衛（刑36）
③　緊急避難（刑37）

法定の違法性阻却事由以外の違法性阻却事由（超法規的違法性阻却事由）を認める見解もあるが，判例は慎重な態度を採っている。

3　正当行為

刑法は，法令又は正当な業務による行為は，罰しないと定める（刑35）。

⑴　「法令」による行為

「法令」による行為とは，法令に直接の根拠を有する行為をいう。例えば，現行犯逮捕（刑訴213）は法令による行為であるが，これをしようとする者は，現行犯人から抵抗を受けたとき，警察官であると私人であるとを問わず，その際の状況からみて社会通念上逮捕のために必要かつ相当であると認められる限度内の実力の行使が許され，その実力の行使が刑罰法令に触れることがあっても刑法35条により罰せられない（最判昭50．４．３刑集29−４−132）。死刑・自由刑の執行（刑11〜13），被疑者・被告人の逮捕・勾引・勾留等（刑訴58・60・199等）も同様である。

刑事収容施設法77条の規定による制止等の措置も，「法令」による行為である。

⑵　「正当な業務」による行為

「正当な業務」による行為も犯罪として処罰されない。この場合は法令に直接の根拠があることを要しない。

「業務」とは行為者が社会生活上の地位に基づき反復継続して行うものをいうが，判例・通説によれば，正当行為が成立するのは「業務」である行為に限られず，一般に社会通念上「正当」な行為であればよい。当該行為が「正当」であるためには，当該行為の具体的状況その他諸般の事情を考慮して，それが法秩序全体の見地から許容されるべきものと認められることを要する（最大判昭48．４．25刑集27−３−418）。

「正当な業務」による行為であるか否かについては，取材活動が問題とされたことがある。

◆報道機関が取材の目的で公務員に秘密漏示を唆しただけで違法性が推定されるものではなく，真に報道の目的から出たもので，その手段・方法が法秩序全体の精神に照らし相当なものとして社会観念上是認され得るものであれば，正当な業務行為として違法性を欠くが，取材の手段・方法が刑罰法令に触れない場合であっても，肉体関係を持つなどして依頼を拒み難い心理状態に陥れ秘密文書を持ち出させるような取材対象者の人格の尊厳を著しく蹂躙（じゅうりん）するような態様のものであるときは，正当な取材活動の範囲を逸脱し違法である（最決昭53. 5. 31刑集32-3-457）。

4　正当防衛

正当防衛とは，刑法上，急迫不正の侵害に対して自己又は他人の権利を防衛するためにやむを得ずにした行為をいう（刑36Ⅰ）。

⑴　喧嘩闘争と正当防衛

実務上問題となるのは喧嘩闘争の事案である。かつては，喧嘩両成敗の下，喧嘩の場合は正当防衛の観念を入れる余地はないとされていたが，判例は，「いわゆる喧嘩は，闘争者双方が攻撃及び防禦を繰り返す一団の連続的闘争行為であるから，闘争のある瞬間においては，闘争者の一方がもつぱら防禦に終始し，正当防衛を行う観を呈することがあつても，闘争の全般からみては，刑法36条の正当防衛の観念を容れる余地がない場合がある」（最判昭32. 1. 22刑集11-1-31）としつつ，一定の場合には，喧嘩闘争の場合であっても，正当防衛の成立する余地があることを認めている。

⑵　急迫不正の侵害

正当防衛は，「急迫不正の侵害」に対するものであることを要する。「不正」とは違法を意味するが，「急迫」の意義が問題となる。

刑法36条1項の「急迫」とは，法益の侵害が現に存在しているか，又は間近に押し迫っていることを意味し，その侵害があらかじめ予期されていたものであるとしても，そのことから直ちに急迫性を失うものではない（最判昭46. 11. 16刑集25-8-996）。しかし，単に予期された侵害を避けなかったというにとどまらず，その機会を利用し積極的に相手に対して加害行為をする意思で侵害に臨んだときは，もはや急迫性の要件を満たさない（最決昭52. 7. 21刑集31-4-747）。

急迫不正の侵害が終わった後は，正当防衛は成立しない。許されるとすれば自救行為であり，自救行為は犯罪の成立を阻却する事由である（最決昭46. 7. 30刑集25-5-756）。

❖コラム❖　自招防衛

急迫不正の侵害を自ら招いた場合における防衛行為，つまり自招防衛の場合には，一般的には正当防衛は成立しない。

相手方の攻撃に対して被告人が反撃行為を行った場合であっても，相手方の攻撃が，被告人が相手方に対して先に加えた暴行に触発された，その直後における近接した場所での一連一体の事態ということができるときには，被告人は不正の行為により自ら侵害を招いたものといえるから，相手方の攻撃が被告人の暴行の程度を大きく超えるものではない事実関係の下においては，被告人において何らかの反撃行為に出ることが正当とされる状況にあるとはいえず，正当防衛は成立しない（最決平20. 5 . 20刑集62- 6 -1786）。

(3)　防衛の意思

正当防衛は，「防衛するため」であること，すなわち，防衛の意思を要する。もっとも，相手の加害行為に対し憤激又は逆上して反撃を加えたからといって，直ちに防衛の意思を欠くものではない（前掲最判昭46. 11. 16）。

防衛に名を借りて侵害者に対し積極的に攻撃を加える行為は，防衛の意思を欠く結果，正当防衛とは認められないが，防衛の意思と攻撃の意思とが併存している場合の行為は，防衛の意思を欠くものではない（最判昭50. 11. 28刑集29-10-983）。

(4)　防衛手段の相当性

正当防衛は，「やむを得ずにした行為」であることが必要である。「やむを得ずにした行為」とは，急迫不正の侵害に対する反撃行為が，権利防衛の手段として必要最小限度のものであること，すなわち，防衛手段として相当性を有するものであることを意味し，反撃行為が右の限度を超えず，したがって相当性を有する以上，その反撃行為により生じた結果がたまたま侵害されようとした法益より大であっても，その反撃行為が正当防衛でなくなるものではない（最判昭44. 12. 4 刑集23-12-1573）。

(5)　過剰防衛

刑法36条 2 項は，「防衛の程度を超えた行為は，情状により，その刑を減軽し，又は免除することができる。」と規定する。防衛行為が相当な限度を超えた場合であって講学上，過剰防衛といわれる場合である。

過剰防衛の成否は個別具体的な事情によるが，全体を考察して判断する必要がある。例えば，正当防衛の要件を備える反撃行為により相手方の侵害態勢が崩れた後もなお反撃を続け，相手方を殺害するに至ったときは，全体として過剰防衛に当たる（最判昭34．２．５刑集13－１－１）。

他方，正当防衛に当たる行為の後，時間的場所的に連続して暴行を加えたが，後者について侵害の継続性及び防衛の意思が否定される点で両暴行は明らかに性質を異にし，両者間に断絶がある場合には全体的に考察して一個の過剰防衛の成立を認めることはできない（最決平20．６．25刑集62－６－1859）。

また，急迫不正の侵害に対して一連一体のものとして加えた複数の暴行は，同一の防衛の意思に基づく一個の行為と認められ，全体的に考察して一個の過剰防衛としての傷害罪が成立し，その傷害が単独で見れば防衛手段としての相当性を備えた暴行から生じたものであるとしても，そのことは有利な情状として考慮すれば足りる（最決平21．２．24刑集63－２－１）。

⑹　誤想防衛

急迫不正の侵害がないのに，それがあると誤想し，それを防衛する意思で行う行為を講学上，誤想防衛という。行為は客観的に違法であるが，行為者の主観においては事実の認識を欠くので，故意は成立しない。

誤想過剰防衛とは，そもそも急迫不正の侵害がないのに，それがあると思って防衛の意思で攻撃を加えたが，仮にその誤想したとおりの侵害事実があったとしても，それに対する反撃行為としては過剰であったという場合の誤想防衛をいう。誤想過剰防衛は，誤想により完全に故意は阻却されず，防衛の程度を超えたものとして，刑法36条２項の適用があり，過剰防衛としての罪責を負う（最決昭41．７．７刑集20－６－554）。

5　緊急避難

自己又は他人の生命，身体，自由又は財産に対する現在の危難を避けるため，やむを得ずにした行為は，これによって生じた害が避けようとした害の程度を超えなかった場合に限り，罰しない。ただし，その程度を超えた行為は，情状により，その刑を減軽し，又は免除することができる（刑37Ⅰ）。

これを緊急避難という。

(1) 現在の危難

緊急避難は,「現在の危難」に対する行為である。正当防衛とは異なり,「不正」の侵害に対する行為ではない。「現在の危難」の正・不正は問われない。「現在の危難」は，人によりもたらされるものに限られず，自然によりもたらされるものでもよい。

刑法37条には，現在の危難により侵害される法益が列挙されているが，これらの法益は重大なものの例示であり，制限的な列挙ではない。

❖コラム❖　カルネアデスの板

緊急避難に関する有名な事例として，古代ギリシアの哲学者，カルネアデスが出したといわれる「カルネアデスの板」という問題がある。

舞台は紀元前2世紀のギリシアにおいて，1隻の船が難破し，乗組員は全員海に投げ出された。1人の男が命からがら，一片の板切れにすがりついたが，するとそこへもう1人，同じ板につかまろうとする者が現れた。しかし，2人がつかまれば板そのものが沈んでしまうと考えた男は，後から来た者を突き飛ばして水死させてしまった。その後，救助された男は殺人の罪で裁判にかけられたが，罪に問われなかった，というものである。

(2) 補充性

緊急避難は，「やむを得ずにした行為」であり，「これによって生じた害が避けようとした害を超えなかった場合」に限ることを要する。

緊急避難は，正当防衛のように,「正」対「不正」の対立関係はないので,「やむを得ずにした行為」であることは厳格に解されており，また，被侵害利益と侵害利益との間の法益の権衡が要求される。すなわち，正当防衛における「やむを得ずにした行為」とは，必ずしも他に採るべき方法の存しないことを要求するものではないが（大判昭2．12．20評論17-刑18），緊急避難における「やむを得ずにした行為」とは，当該避難行為をする以外には他に方法がなく，かかる行動に出たことが条理上肯定し得る場合を意味する（最大判昭24．5．18刑集3-6-772）。

◆急病人を救助するためであっても，救急車の出動を要請するなどの他の適切な方法を講じ得る場合には，自ら無免許で運転して病人を病院へ運ぶ行為は，危難を避ける唯一の方法とは言い難いから緊急避難を認めることはできない（東京高判昭46. 5. 24判タ267-382）。

なお，現在の危難が行為者の有責行為により自ら招いたものであり，社会通念に照らしてやむを得ないものとしてその避難行為を是認し得ない場合は，緊急避難の適用はない（大判大13. 12. 12刑集3-867）。

(3)　過剰避難

被侵害利益と侵害利益との間の法益の権衡の限度を超える場合には，刑法37条1項ただし書により情状により刑が減軽され，又は免除される。法益の権衡の限度を超える場合を過剰避難という。

◆自己の生命，身体に切迫した危険を避けるため，酒気帯びの状態で自動車を運転し警察署に赴き助けを求める行為は，やむを得ない方法であって，条理上肯定し得るが，適当な場所で運転をやめ，電話連絡等の方法で警察の助けを求めることが不可能でなかった以上，酒気帯び運転の罪が成立し，全体として過剰避難に当たる（東京高判昭57. 11. 29刑月14-11・12-804）。

6　被害者の承諾

被害者の承諾があれば犯罪が成立しない場合があるが，この場合には違法性が阻却されると一般に解されている。被害者の承諾は，相当の精神的な能力のある者のものであること（大判昭9. 8. 27刑集13-1086），真意であること（最大判昭24. 7. 22刑集3-8-1363）を要する。

ただし，犯罪の保護法益によっては，違法性が阻却されない場合もある。

☞個人の自由又は財産を保護法益とする犯罪については，被害者の承諾があれば違法性が阻却されるが，個人的法益のほかに社会的法益又は国家的法益が保護法益とされている場合には，違法性は阻却されない。

例えば，特別公務員暴行陵虐罪等の職権濫用の罪の保護法益は個人的法益とともに国家的法益があるので，直接の被害者の同意があっても違法性は阻却されない。

☞個人的法益が生命であるなど重大な法益である場合にも，違法性は阻却されない。同意殺人（刑202）がその例であるが，ただし，法定刑は殺人（刑199）と比較して減軽されている。

☞傷害（刑204）の保護法益は個人の身体であるが，被害者の承諾がある場合にその違法性が阻却されるかが問題となる。

判例は，被害者が身体傷害を承諾した場合の傷害罪の成否は，承諾の存在だけではなく，その承諾を得た動機，目的，身体傷害の手段，方法，損傷の部位，程度などの諸般の事情を照らし合わせて決すべきであるとしており，例えば，保険金詐取の目的で身体傷害の承諾を得た場合には傷害罪の違法性は阻却されないとしている（最決昭55. 11. 13刑集34－6－396）。

第５　責任能力

１　責任能力の意義

責任能力とは刑事責任の前提としての能力のことであり，是非善悪を弁別し，その弁別に従って行動する能力をいう。

「責任なければ刑罰なし」という責任主義の原則は，罪刑法定主義と並ぶ刑法の基本原則である。責任主義とは，一般に，行為者に故意又は過失がなければ処罰されないという原則をいう。そして，行為者に故意又は過失があるというためには，その前提として行為者に責任能力があることを要する。

(1)　刑法上の規定

刑法39条１項は，「心神喪失者の行為は，罰しない。」，同法41条は，「14歳に満たない者の行為は，罰しない。」と規定する。これらの規定は，行為者について刑事責任を問うためには，責任能力が必要であるという趣旨である。

刑法39条２項は，「心神耗弱者の行為は，その刑を減軽する。」と規定するが，責任能力は認められるものの，その能力が著しく減弱した状態にある心神耗弱者については，その刑を必要的に減軽するものと定める。

責任能力は刑事責任を問うことのできる能力であり，行為能力，すなわち，私法上法律行為を単独でできる能力とは異なる（民４～21）。

(2)　刑事訴訟上の訴訟能力

責任能力と似た概念として，刑事訴訟上の訴訟能力がある（刑訴27～29）。訴訟能力とは，有効に訴訟をなし得る能力をいい，具体的には，被告人としての重要な利害を弁識しそれに従って相当な防御をなし得る能力をいう。被告人が心神喪失の状態にあるときは訴訟手続を停止しなければならない（刑訴314）。この場合の心神喪失とは，訴訟能力に欠ける状態をいう。

2　心神喪失・心神耗弱について

(1)　心神喪失及び心神耗弱の意義

刑法39条1項の心神喪失とは，精神の障害により事物の理非善悪を弁識する能力又はその弁識に従って行動する能力のない状態をいい，心神耗弱とは，精神の障害がまだこのような能力を欠如する程度には達していないが，その能力が著しく減退した状態をいう（大判昭6．12．3刑集10-682）。

(2)　心神喪失及び心神耗弱の判定基準

心神喪失及び心神耗弱は，精神の障害の有無及びその程度が問題となるので，生物学的要素・心理学的要素を含む。しかし，被告人の精神状態が，刑法39条にいう心神喪失又は心神耗弱に該当するかどうかは法律判断であって専ら裁判所に委ねられるべき問題であり，その前提となる生物学的，心理学的要素についても，上記法律判断との関係で究極的には裁判所の評価に委ねられるべき問題である（最決昭58．9．13判時1100-156）。

また，被告人が犯行当時精神分裂病に罹患していたからといって，直ちに心神喪失とされるものではなく，責任能力の有無・程度は，被告人の犯行当時の病状，犯行前の生活状態，犯行の動機・態様等を総合して判定すべきこととされている（最決昭59．7．3刑集38-8-2783）。

☞もっとも，心理学的要素及び生物学的要素についての専門家の判断を尊重すべきであることは当然である。

責任能力の前提となる生物学的要素（精神障害の有無及び程度）並びにこれが心理学的要素に与えた影響の有無及び程度については，その診断は臨床精神医学の本分であることから，専門家たる精神医学者の意見が鑑定等として証拠となっている場合には，鑑定人の公正さや能力に疑いが生じたり，鑑定の前提条件に問題があったりするなど，これを採用し得ない合理的な事情が認められるのでない限り，その意見を十分に尊重して認定すべきである（最判平20．4．25刑集62-5-1559）。

3　原因において自由な行為

原因において自由な行為とは，アルコール又は薬物の摂取により自己を無責任状態に陥れ，その状態で犯行を行うことをいう。他方，責任能力のない状態で犯罪の実行行為を行った場合には行為者に責任を問うことはできないのが原則であり，これを「責任と犯罪行為の同時存在の原則（同時存在の原則)」という。

原因において自由な行為について，刑事責任を認めることができるか否かが問題となる。

⑴　アルコール等により無責任能力状態に陥った場合

アルコール又は薬物の摂取により自己を責任無能力状態に陥れ，その状態で殺人行為を行った場合において，同時存在の原則を厳格に貫けば，殺人（刑199）の刑事責任を問うことはできないこととなる。

学説上は，一定の場合には原因において自由な行為について刑事責任を認める見解が有力である。通説は，原因において自由な行為を間接正犯(「第８　共同正犯」６参照）と同様の構造を持つものとして把握する。すなわち，原因において自由な行為は，責任無能力状態の自分自身を道具として利用するものであり，アルコール又は薬物の摂取という原因行為を犯罪の実行行為とするものである（間接正犯類似説)。この見解によれば，同時存在の原則は維持されることとなるが，アルコール等の摂取それ自体を殺人の実行行為とするには，両者の間に相当程度の関連性を必要とするため，故意犯においては適用の余地が乏しい。他方，同時存在の原則を否定又は修正し，犯意が形成された時点で責任能力があり，その犯意がそのままの形で責任無能力状態において実現された場合には，刑事責任を問うことができるとする見解も有力である。

下級審の裁判例の中には原因において自由な行為の刑事責任を認めるものもあるが，最高裁は慎重な態度をとっている。ただし，酒酔い運転の行為当時に飲酒酩酊により心神耗弱の状態にあったとしても，飲酒の際，酒酔い運転の意思が認められる場合には，刑法39条２項を適用して刑の減軽をすべきではないとしている（最大判昭26．１．17刑集５－１－20)。

⑵　実行行為の過程で心神喪失等に陥った場合

実行行為の当初には責任能力があったが，実行行為を行う過程で心神喪失又は心神耗弱に陥った場合はどのように考えるべきか。実行行為の開始時に責任能力があるのであるから同時存在の原則を修正するものでもなく，刑法39条の適用はなく，責任能力が認められる。

◆犯行の途中から酒酔いのため錯乱状態に陥ったとしても，責任能力のある段階での暴行が致死の結果をもたらし得るものであり，錯乱状態が被告人自らの飲酒及び暴行等の行動によって招かれたものであって，上記状態での暴行が前段階でのそれと態様を異にするものでない場合には，刑法39条１項又は２項は適用されない（大阪地判昭58．３．18判時1086-158）。

4　責任年齢

刑法41条は，「14歳に満たない者の行為は，罰しない。」と規定し，責任能力を有する者を14歳以上の者とする。したがって，14歳未満の者は，たとえ犯罪の構成要件に該当する行為を行ったとしても処罰されない。

少年法２条１項の規定により，「少年」とは，20歳未満の者をいうが，少年が罪を犯した場合の手続等については，少年法に特別な定めがある。

⑴　犯罪少年

「罪を犯した少年」（少３Ⅰ①）を講学上犯罪少年という。犯罪少年は，まず，家庭裁判所の審判に付されるが，その審判により検察官に当該事件が送致され（少20），検察官により公訴が提起され（少45），裁判所で有罪判決を受けたときに，刑罰が科される。

少年に対する刑罰の執行については，少年法51条から60条に特別の定めがある。犯罪少年については，責任能力がある場合であっても，家庭裁判所の先議に付されることとなり，保護処分，刑事処分のいずれの処分が相当であるかが審議される。

⑵　触法少年

「14歳に満たないで刑罰法令に触れる行為をした少年」（少３Ⅰ②）を講学上触法少年という。触法少年は責任年齢に達しないので刑罰を受けることはない。

Point　受刑者と受刑能力

刑事施設に収容されている受刑者は，裁判により有罪判決を受けた者であるので，犯行時に責任能力が認められ，裁判時に訴訟能力が認められた者である。

死刑又は自由刑の執行を受ける者については，一定の能力が要求されており，これを受刑能力という。死刑又は自由刑の執行を受ける者が心神喪失の状態にあるときは，刑の執行を停止しなければならない（刑訴479・480）。

死刑の執行を受ける者にとっての「心神喪失」とは，死刑の執行に際して自己の生命が裁判に基づいて絶たれることの認識能力がない状態をいう。自由刑の執行を受ける者にとっての「心神喪失」とは，裁判によって自由刑の執行を受けていることを認識し得る能力を欠如し，自由刑の執行の趣旨を理解し得ない状態をいう。これらの者に対して刑罰の執行を停止されるのは，刑の執行としての意義を有しないばかりではなく，刑の執行の目的である正義を全うする理念に反するためである。

第6　故意・過失

1　故意・過失の趣旨

犯罪の構成要件に該当する行為をした者であっても故意又は過失がなければ犯罪は成立しない。この原則を責任主義という。「責任なければ刑罰なし」という刑法上の原則は，罪刑法定主義とともに近代刑法の基本原則である。

刑法38条1項は，「罪を犯す意思がない行為は罰しない。ただし，法律に特別の規定がある場合は，この限りでない。」と規定する。同規定の趣旨は，犯罪は故意によるものが原則であり，故意がない場合に行為者を処罰するには法律に特別の規定がある場合に限るというものであるが，責任主義の実体法上の根拠である。

2　故　意

(1)　意　義

故意とは，「罪を犯す意思」のことである。故意があるとされるには，犯罪事実の認識が必要である。

認識の対象は，構成要件に該当する事実であり，行為，結果及び両者の因果関係を含むが，微細にわたる具体的な事実までは必要としない。例えば，覚醒剤密輸入の罪の故意について，覚醒剤を含む身体に有害で違法な薬物類であるとの認識があれば，覚醒剤かもしれないし，その他の身体に有害で違法な薬物かもしれないとの認識はあったことになり，その故意に欠けるところはない（最決平2．2．9判時1341-157）。

故意が認められるためには，犯罪事実の実現を意欲する必要はなく，犯罪事実の認識及び認容があれば足りる（認容説）。例えば，「Aという人物を殺したい」という積極的な意味での意欲はなくても，「Aという人物の心臓目掛けて刃物を突き刺せばAという人物は死亡する」ということを認識しつつ，Aという人物の心臓を刃物で突き刺せば，殺人（刑199）の故意に欠けるところはない。

⑵　未必の故意

故意における犯罪事実の認識及び認容は確定的である必要はなく，未必のものでよい。未必の故意とは，行為者が罪となる事実の発生を積極的に意図し，又は希望したわけではないが，そのような事実が発生するかもしれないと思いながら，あえてその危険を冒して行為する場合の心理状態をいう。

犯罪の故意（犯意）は，罪となるべき事実の認識予見があれば足り，その認識予見が確定的である必要はない。例えば，盗品等有償譲受け罪の故意が成立するには，盗品等であるかもしれないと思いながら，あえてこれを買い受ける意思があれば足りる（最判昭23．3．16刑集2－3－227）。

⑶　事実の錯誤

刑法上，錯誤とは，行為者の認識（予見）した事実と客観的に実現した事実との間の不一致をいう。錯誤のうち，犯罪事実に関する錯誤を事実の錯誤という。

事実の錯誤には，抽象的事実の錯誤と具体的事実の錯誤がある。抽象的事実の錯誤とは，行為者が認識した事実と客観的に実現した事実とが構成要件を異にする場合であって，双方が互いに重なり合うことがない場合をいう。具体的事実の錯誤とは，法律に規定された構成要件の範囲内で錯誤が生ずる場合をいう。

【錯誤】

行為者が認識した事実　≠　客観的に実現した事実

不一致

事実の錯誤：犯罪事実に関する錯誤

- 抽象的事実の錯誤：行為者が認識した事実と客観的に実現した事実とが構成要件を異にする場合
- 具体的事実の錯誤：法律に規定された構成要件の範囲内で錯誤が生ずる場合

(4) 事実の錯誤と故意の阻却

いかなる事実の錯誤があったときに故意が阻却されるのかについては議論がある。故意犯が成立するためには，行為者が認識した事実と客観的に実現した事実が一致することを要するとする見解（具体的符合説）もあるが，判例・通説は，行為者の主観的な観念と客観的に実現した事実が構成要件の範囲内で一致していれば故意の成立を認め，構成要件の概念上重要でない点で錯誤があっても故意を阻却しないとする見解（法定的符合説）をとる。法定的符合説によれば，具体的事実の錯誤は故意を阻却しないが，抽象的事実の錯誤は故意を阻却する。

◆犯罪の故意があるとするには，犯人の認識した事実と発生した事実とが法定の構成要件の範囲内で一致すれば足り，殺意をもって殺害行為に出た以上，犯人の認識しなかった人に結果が発生した場合でも故意はある（最判昭53．７．28刑集32－５－1068）。

錯誤により特定の犯罪事実の認識が欠ける場合であっても，異なる犯罪事実についての構成要件に該当する事実の認識があれば，その認識の重なり合う範囲で異なる犯罪事実についての故意が成立する。

◆覚醒剤と誤信して麻薬を輸入した場合でも，両者は実質的に同一の法律による規制に服しているとみることができるし，両罪の法定刑も同一であるから，両罪の構成要件は実質的に全く重なり合っているとみるのが相当であり，上記の誤信は麻薬密輸入罪の故意を阻却せず，麻薬密輸入罪が成立する（最決昭54．３．27刑集33－２－140）。

刑法38条２項は，「重い罪に当たるべき行為をしたのに，行為の時にその重い罪に当たることとなる事実を知らなかった者は，その重い罪によって処断することはできない。」と規定する。これは抽象的事実の錯誤の例である。

例えば，人が戯れに殺してくれと言った言葉を真意に出たものとして誤解して，これを殺そうとする行為は，客観的には殺人未遂（刑203・199）に該当するが，主観的な意図は嘱託殺人未遂（刑203・202）であり，かかる場合には，重い殺人未遂の法条に従って処断することはできず，嘱託殺人未遂の刑をもって処断される。

⑸　違法性の意識

刑法38条3項は，「法律を知らなかったとしても，そのことによって，罪を犯す意思がなかったとすることはできない。ただし，情状により，その刑を減軽することができる。」と規定する。故意について違法性の意識を必要とするか否かについては議論があるが，違法の意識を必要としないとするのが判例である（最判昭25. 11. 28刑集4-12-2463)。

刑法38条3項ただし書は，刑罰法令の不知により行為の違法であることを意識しなかったにもかかわらず，それが故意犯として処罰される場合において，違法の意識を欠くことにつき宥恕すべき事由があるときは，刑の減軽をなし得ることを定めたものである。よって，違法の意識がある場合には，具体的な刑罰法令や法定刑の寛厳の程度を知らなかったとしても，同項ただし書の適用はない（最判昭32. 10. 18刑集11-10-2663)。

⑹　法律の錯誤

故意と違法性の意識の問題に関連し，法律の錯誤という問題がある。法律の錯誤とは，行為が法律上許されないことを知らないこと又は許されたと信ずることをいう。法律の錯誤は故意を阻却しない。

事実の錯誤は故意を阻却するが，法律の錯誤は故意を阻却しないのでその相違は重大である。この点について，わいせつ文書におけるわいせつ性の認識において問題となった。

判例は，刑法175条の罪（わいせつ文書頒布等）について，同罪の犯意としては，問題となる記載の存在とこれを頒布販売することの認識があれば足り，かかる記載のある文書が同条所定のわいせつ性を具備するかどうかの認識まで必要としているものでなく，当該文書が客観的にわいせつ性を有すれば，わいせつ文書に当たらないとの誤信は法律の錯誤であって犯意を阻却しないとした（最大判昭32. 3. 13刑集11-3-997)。

3　過　失

⑴　意　義

過失を処罰する犯罪を過失犯という。過失とは，不注意によって犯罪事実を認識又は認容しないことをいう。

刑法上は故意犯の処罰が原則であるが，故意がない場合に行為者を処罰するためには，法律に特別の規定を要する（刑38Ⅰただし書）。過失犯については法律に特別の規定を要するのが原則である。例えば，建造物等失火（刑116Ⅰ）は「失火により，……物を焼損した者」，過失傷害（刑209）は「過失により人を傷害した者」，業務上過失致死傷（刑法211前段）は「業務上必要な注意を怠り，よって人を死傷させた者」と規定されている。

(2)　結果的加重犯

結果的加重犯とは，ある故意犯の構成要件の実現行為から更に一定の結果を生じることによって責任が加重され，これを特別の構成要件とするものをいう。基本的な犯罪については故意を要するが，重い第二の結果については，故意はもちろん過失も要しない。

例えば，暴行（刑208）の結果的加重犯である傷害致死（刑205）について，暴行と傷害致死との間に因果関係の存する以上，被告人において致死の結果をあらかじめ認識，予見する可能性は必要ではなく，過失も要しない（最判昭32．2．26刑集11−2−906）。

結果的加重犯の規定は刑法38条１項の「特別の規定」に該当する。

(3)　結果予見義務と結果回避義務

過失の要件は，結果の発生を予見することの可能性とその義務及び結果の発生を未然に防止することの可能性とその義務である（最決昭42．5．25刑集21−4−584）。前者の義務を結果予見義務といい，後者のそれを結果回避義務という。過失とは，結果予見義務違反及び結果回避義務違反をいうが，実務上は，結果予見義務の前提となる予見可能性の有無が問題となる。予見可能性がなければ結果予見義務が成立し得ないからである。

結果予見義務：結果の発生を予見することの可能性とその義務

結果回避義務：結果の発生を未然に防止することの可能性とその義務

❖コラム❖　注意能力の基準

結果予見義務を負わせるべき注意能力の基準をどのように考えるべきかについても争いがある。具体的な行為者の注意能力を標準とする見解（主観説）もあるが，一般人の注意能力を標準とする見解（客観説）が判例・通説である。

この場合の「一般人」とは，その注意義務を負担すべき行為者の属性によって類型化された一般通常人をいう（最決平17．11．15刑集59−9−1558，最決平20．3．3刑集62−4−567）。例えば，一定の業務を行う者の過失犯が問われる場合には，当該業務を行う者に属する者のうち一般的な能力を有するものの注意能力が基準となる。

4　業務主処罰規定（両罰規定）と責任主義

刑罰法規の中には，業務主処罰規定（両罰規定）といわれるものがある。行政犯において，被使用者がその業務に関して違反行為をしたときに，その行為者だけではなく，使用者まで罰する規定である。

例えば，覚醒剤取締法44条は，「法人の代表者又は法人若しくは人の代理人，使用人その他の従業者がその法人又は人の業務に関して第41条第2項（略）の違反行為をしたときは，行為者を罰するほか，その法人又は人に対しても各本条の罰金刑を科する。」と規定する。覚醒剤取締法41条2項は営利目的覚醒剤輸入等の罪であるが，行為者が事業主（「法人又は人」）の業務として行った場合には，当該行為者以外に，当該事業主に対しても同条の罰金を科すことができる。

業務主処罰規定は，事業主は過失がない場合でも処罰されるかのように条文の文言上は読めることから，責任主義に反するのではないかが問題となるが，業務主処罰規定は，事業主が直接行為者たる従業者の選任・監督その他違反行為防止に必要な注意を尽くさなかったという過失を推定するものであり，事業主が処罰を尽くしたことを証明しない限り刑責を免れないという趣旨である（最大判昭32．11．27刑集11−12−3113）。

業務主処罰規定により事業主に刑罰が科される場合においても，事業主の過失を要するという意味で責任主義に反するものではないが，立証責任が検察官から事業主に転換されていることに注意を要する。事業主が法人であって，行為者がその代表者ではない従業者である場合であっても同様であり，当該事業主の反証がない限り，従業者の選任・監督等について過失が推定される（最判昭40．3．26刑集19−2−83）。

第7　未遂犯

1　未遂の意義

故意による犯罪が実現する過程を時系列的にみれば，犯罪の故意が発生し，犯罪を実現するための準備行為（予備）や陰謀が行われ，犯罪の実行の着手があり，犯罪の結果が発生するという経緯をたどることが一般的である。

未遂とは犯罪の実行に着手しこれを遂げないことをいい，未遂犯とは未遂の犯罪のことをいう。未遂は，実行に着手したことをもって予備及び陰謀と区別され，犯罪を遂げないことをもって既遂と区別される。

故意の発生　⇒　準備行為（予備）　⇒　実行の着手　⇒　結果の発生

刑法上，犯罪は既遂を処罰することが原則であり，未遂を処罰するためには法律の定めがある場合に限られる（刑44）。未遂の前段階である予備及び陰謀を処罰する場合もあるが，特に重要な犯罪について例外的に規定が設けられている。例えば，以下等が挙げられる。

> 内乱予備陰謀（刑78），外患予備陰謀（刑88），私戦予備陰謀（刑93），放火予備（刑113），通貨偽造準備（刑153），殺人予備（刑201），強盗予備（刑237）

未遂の処罰は例外であるとはいえ，刑法では多くの犯罪について未遂処罰規定を設けている。

2　実行の着手

(1)　形式的客観説と実質的客観説

未遂犯が成立するためには「犯罪の実行に着手」（刑43）することを要する。いかなる場合に実行に着手したといえるかが問題である。

この点については主観説と客観説との対立がある。主観説は，実行の着手を犯意の明確化に求め，犯罪意思が外形的に明らかになった時点で実行の着手を認める。客観説は，行為のもつ法益侵害の危険性を基準として，行為の客観面から着手時期を定める。客観説には構成要件に該当する行為の一部を開始することをもって実行の着手ありとする見解(形式的客観説)と，犯罪事実を実現する意思でその具体的危険性のある行為を開始することをもって実行の着手ありとする見解（実質的客観説）がある。

判例は，基本的に客観説の立場から個々具体的な事例における具体的な事情を考慮して当該犯罪の実行の着手の有無を判断している。ただし，形式的客観説を厳密に解した場合には，実行の着手を認める時期が遅すぎて十分に法益を保護できないこともある。

(2)　実行の着手の時期

窃盗（刑235）については，構成要件該当行為に密接な行為がなされた時点で，実行の着手が認められる。

◆犯人が被害者方店舗内で，所携の懐中電灯で真っ暗な店内を照らしたところ，電気器具類が積んであることが分かったが，なるべく金をとりたいので煙草売場の方に行き掛けたときには窃盗の着手があるとするもの（最決昭40．3．9刑集19－2－69)。

◆被害者のズボン右ポケットから現金をすり取ろうとして同ポケットに手を差し伸べ，その外側に触れた以上窃盗の着手があるとするもの（最決昭29．5．6刑集8－5－634)。

平成29年第193回国会において成立した「刑法の一部を改正する法律」による改正前の強姦（刑177）については，未遂犯の処罰根拠が既遂に至る危険性を発生させる点にあることから,実行行為の着手時期においても，この点が重視されていた。

なお，強姦罪については，同法の成立により，その構成要件及び法定刑が改められるとともに，罪名が強制性交等罪とされたが，実行の着手時期については，強姦罪の場合と同様の方法で判断されることになると考えられている。

◆被告人らが，夜間，ダンプカーの運転席に通行中の女性を引きずり込み，ダンプカーを発進させて同所から5キロメートル離れた護岸工事で姦淫したときは，女性をダンプカーに引きずり込もうとした段階において，既に強姦に至る客観的な危険性が明らかに認められるから，強姦の着手があるとした（最決昭45．7．28刑集24－7－585）。

このように，実行の着手の時期は，構成要件該当行為に形式的に該当するか否かのみならず，これに密接な行為がなされたか否か（密接性の基準）及び既遂に至る危険性を発生させたか否か（危険性の基準）を総合考慮した上で決定される。

殺人（刑199）の事案において，以下の判例がある。

◆クロロホルムを吸引させて失神させた被害者を自動車ごと海中に転落させて溺死させようとした場合において，クロロホルムを吸引させる行為が自動車ごと海中に転落させる行為を確実かつ容易に行うために必要不可欠であり，失神させることに成功すれば，それ以降の殺害計画を遂行する上で障害となるような特段の事情が存しなかったなどの事実関係の下では，クロロホルムを吸引させる行為を開始した時点で殺人罪の実行の着手があったものと認めた（最決平16．3．22刑集58－3－187）。

本件事案は，複数の行為を段階的に行う計画的な犯行であるが，当初のクロロホルムを吸引させる行為（準備的行為）と自動車ごと海中に転落させる行為（構成要件該当行為）の密接性とクロロホルムを吸引させる行為の危険性を踏まえつつ，犯人の計画をも考慮に入れ，①準備的行為と構成要件該当行為の不可分性，②両行為の時間的場所的近接性，③準備的行為終了後の犯罪結果発生の障害の有無等の事情を総合考慮して殺人の実行の着手ありと判断した。

⑶　隔離犯における実行の着手

隔離犯とは，犯罪の結果が生ずる場所から離れた場所で，当該犯罪の発生を実現するための行為を行う犯罪をいう。殺人の目的で，毒薬を混入した砂糖を郵送したという殺人の隔離犯においては，その相手方がこれを受領したときに，同人又はその家族が食用することができる状態の下に置かれたこととなり，殺人の実行行為の着手が認められる（大判大7．11．16

刑録24-1352)。毒薬を発送した時点では予備にとどまる。

3　着手未遂と実行未遂

未遂とは，犯罪の実行に着手してこれを遂げないものをいうが，実行行為そのものを終了しなかった場合（着手未遂）と，実行行為を終了したが結果を発生しなかった場合（実行未遂）の二つの態様がある。

着手未遂の例としては，人を殺害する意図で，刃物を手にして襲いかかったが，その身体を切りつける前に，又は手指の一部を切り付けた段階で周りの者に取り押さえられ，殺人の実行行為を終了しなかったような場合である。

実行未遂の例としては，前者の着手未遂の例に引き続き，実際にその心臓，頸部等身体の枢要部を切り付けたが重傷を負わせたにとどまり，死亡の結果を惹起させるには至らなかったような場合である。

4　未遂による刑の減軽

未遂犯はその刑を減軽することができる（刑43本文)。刑を減軽するか否かは裁判所の裁量である。

刑の減軽の方法は刑法68条の規定による。死刑を減軽するときは，無期の懲役若しくは禁錮又は10年以上の懲役若しくは禁錮とし（刑68①)，無期の懲役又は禁錮を減軽するときは，７年以上の有期の懲役又は禁錮とし（同条②)，有期の懲役又は禁錮を減軽するときは，その長期及び短期の２分の１を減ずる（同条③)。

5　中止犯

(1)　中止犯の法的性質

中止犯とは行為者が実行の着手後自己の意思によって犯罪を中止した場合をいう（刑43ただし書)。中止未遂ともいい，未遂犯の中に含まれる。実行の着手後自己の意思によらずに犯罪を中止した場合は障害未遂という。中止犯が成立する場合には，裁判所は，その刑を減軽し，又は免除しなければならない。

【着手未遂】

実行の着手　⇒　実行行為終了せず

自らの意思により中止：中止犯

自己の意思によらず中止：障害未遂

【実行未遂】

実行の着手　⇒　実行行為終了　⇒　結果発生せず

積極的に防止：中止犯

❖コラム❖　刑の減軽の根拠

中止犯により刑が減軽され，又は免除されるその根拠に関する見解としては，政策説，違法減少説，責任減少説がある。

政策説は，行為者に「後戻りのための黄金の橋」を与えることによって，なるべく犯罪の完成を未然に防止するという政策的な配慮に基づくものという説である。違法減少説は，中止犯は結果に対する具体的な危険性を減少させるので違法性が減少するという説である。責任減少説は，自己の意思で犯罪の完成を思いとどまった以上責任が減少するという説である。なお，これらを組み合わせた見解もある。

⑵　中止の意義

中止犯が成立するためには「自己の意思」により犯罪を中止すること，すなわち，犯罪を中止したことが行為者の任意の意思によることを要する。

◆外部的障害の原因が存在しないにもかかわらず，内部的原因により任意に実行を中止し，又は結果発生を防止した場合に中止犯は成立するが，流血のほとばしるのを見て恐怖に駆られて中止したときは，中止犯は成立しない（大判昭11．3．6刑集16-272）。

◆被告人が犯行完成の意力を抑圧せしめられて犯行を中止した場合は，犯罪の完成を妨害するに足る性質の障害に基づくものと認めるべきであって中止犯は成立せず，殺意をもって母を殴打したが，流血痛苦の様子を見て驚愕恐怖して中止したときは，中止犯に当たらないとするもの（最決昭32．9．10刑集11-9-2202）。

⑶　着手未遂における中止犯

「犯罪を中止した」といえるためには，犯罪の既遂の結果が発生する前に犯罪の完成を阻止する行為を行う必要がある。着手未遂の場合には，実行行為そのものを終了していない場合であるので，着手未遂の段階でこれを中止すれば中止犯が成立する。

◆牛刀で被害者に切り付けたところ，これを腕で防いだ同人から助命を哀願されたため犯行を中止し，謝罪の上病院に運んだ上，被告人には最初の一撃で目的が達せられないときは追撃する意図があったことが明らかであるので，着手未遂に該当し，任意にそれ以上の実行行為に出ていない以上，中止犯が成立する（東京高判昭62．7．16判時1247-140）。

(4)　実行未遂における中止犯

実行未遂の場合は，既に実行行為は終了しているので，結果の発生を防止するための積極的な努力が必要であるとされている。

◆犯人自身が結果発生の防止に自ら当たらないときは，犯人自身が防止に当たったのと同視するに足るべき程度の努力を払うことを要し，放火犯が，放火したからよろしく頼むと叫びながら走り去った場合は，中止犯は成立しない（大判昭12．6．25刑集16-998）。

❖コラム❖　遵守事項等に違反する行為の「企て」，「あおり」，「唆し」

刑事収容施設法74条2項11号は，遵守事項等に違反する行為を「企て，あおり，唆し，又は援助してはならないこと。」と規定する。しかし，それぞれの意義は自明ではない。例えば，「企て」とは，遵守事項違反行為を計画準備することであり当該行為の着手前の行為を含むが，計画の想像にとどまる場合は該当しない。どの程度の段階に達した場合に「企て」に該当するか。

同一の法令用語は，それぞれの法令の趣旨・目的によりその意義を異にする場合もあるが，一般には同義で用いられることが多いので，ある法令用語が他の法令でどのような意味で用いられているのかを知ることは重要である。

国家公務員又は地方公務員により禁止されている争議行為等の違法な行為については，何人もその「遂行を共謀し，そそのかし，若しくはあおり，又はこれらの行為を企ててはならない」と規定され，罰則も設けられている（国公111の2①・98Ⅱ，地公62の2・37Ⅰ前段）。判例上，「そそのかし」とは，当該違法行為を実行させる目的をもって，他人に対し，その行為を実行する決意を新たに生じさせるに足りるしょうよう行為をすること，「あおり」とは，当該違法行為を実行させる目的をもって，他人に対し，その行為を実行する決意を生じさせるような，又は既に生じている決意を助長させるような勢いのある刺激を与えること（最大判昭51. 5. 21刑集30-5-1178等），「企て」とは，当該違法行為の共謀，そそのかし，又はあおり行為の遂行を計画準備することであって，当該違法行為発生の危険性が具体的に生じたと認め得る状態に達したものをいう（最大判昭48. 4. 25刑集27-4-547）。

これらは，処罰範囲の明確を期するために施された解釈の事例であるが，刑事収容施設法の解釈においても参考となる。

第8　共同正犯

1　共犯の概念

未決拘禁者の処遇に当たっては，未決の者としての地位を考慮し，その逃走及び罪証の隠滅の防止並びにその防御権の尊重に特に留意しなければならないが（刑事収容施設31），未決拘禁者が共犯者である場合には，罪証隠滅のおそれが高く，その収容及び処遇は分離されるのが通常である。

それでは，刑法上，共犯とはいかなる概念をいうのであろうか。

広義の共犯とは，

・共同正犯（刑60）

・教唆犯（刑61）

・幇助犯（刑62）

をいう。共同正犯とは2人以上共同して犯罪を実行した者をいい，その者は正犯として処罰される。正犯とは，自ら犯罪の基本的構成要件を充足する行為，すなわち実行行為を行った者をいう。

狭義の共犯とは，この実行行為以外の態様で正犯の実行行為に関与した者をいい，教唆犯及び幇助犯をいう。

なお，正犯に対し従犯という概念がある。従犯とは，正犯を幇助する者をいう。幇助とは，他人の犯罪の実行を助け，その実現を容易にする行為をいう。従犯の刑は，正犯の刑を減軽する（刑63）。

共同正犯は，その正犯とされる者が実際に構成要件上の行為に該当する行為を行ったか否かにより，実行共同正犯と共謀共同正犯に区別される。

- 共犯
  - 正犯　：実行行為を行った者
    - 構成要件に該当する行為を実行　→　実行共同正犯
    - 構成要件に該当する行為を実行せず　→　共謀共同正犯
  - 従犯　：正犯を幇助した者

2　共同正犯

刑法60条は，共同正犯は，「2人以上共同して犯罪を実行」すること，すなわち，共同実行の意思及び共同実行の事実を要する。刑法60条が明記する共同正犯は，いわゆる実行共同正犯をいう。

(1)　共同実行の意思

「共同して犯罪を実行」するには2人以上の者が共同実行の意思を有することを要する。共同実行の意思は行為の際に存在すれば足り，必ずしも事前にあることを要しない（最判昭23. 12. 14刑集2-13-1751）。

共同実行の意思とは犯罪実行についての意思の連絡であるが，直接の意思の連絡に限られず，第三者を介した順次の意思の連絡でもよい（最大判昭33. 5. 28刑集12-8-1718）。

(2)　意思の連絡と共同正犯の成立

意思の連絡が片面的・一方的なものであるため，他方に当該犯罪の共同実行の意思が欠けた場合には，共同正犯は成立しない。各自が犯罪の一部しか実行しないのに犯罪全体について責任を負うのは，相互に意思の連絡すなわち共同犯行の認識があり，互いに他の行為を利用し全員協力して犯罪を実現することによるものであり，意思の連絡を欠けば一方の共同犯行の意思があっても共同正犯は成立しない（大判大11. 2. 25刑集1-79）。

意思の連絡の範囲は共同実行される犯罪事実の全部に及ぶ必要があり，共同実行される犯罪の一部にとどまる場合にはその範囲で共同正犯が成立するにとどまる。例えば，未必的な殺意をもって，必要な医療措置を受けさせないまま放置して患者を死亡させた医師である被告人には，不作為による殺人罪が成立し，殺意のない患者の親族との間では保護責任者遺棄致死罪（刑219）の限度で共同正犯となるにとどまる（最決平17. 7. 4刑集59-6-403）。

(3)　共同実行の事実

刑法60条の規定によれば，共同正犯が成立するためには，犯罪の共同実行，すなわち，構成要件該当事実の実現行為を分担することを要する。ただし，2人以上の者が犯罪を共謀し，そのうちのある者がこれを実行したときは，実行行為に加担しなかった者にも共同正犯が成立することが認められている。これが共謀共同正犯である。

3　共謀共同正犯

共謀共同正犯とは，２人以上の者が犯罪を共謀し，そのうちある者に犯罪を実行させた場合は，実行しなかった者も共同正犯の責任を負うというものである（大判昭11．５．28刑集15-715）。

暴力団犯罪などいわゆる組織犯罪では，その首魁は犯罪の実行行為を分担することなく，組織の末端の者にこれを行わせる実態がある。かような場合には，その首魁を教唆犯としてではなく，共謀共同正犯として把握するのが実務の運用である。

(1)　共　謀

共謀共同正犯の処罰根拠については，実行行為者が共同意思主体の下で犯罪行為を行うことに求める見解，実行行為を行っていない者も実行行為を行った者を介して違法な結果を惹起したことに求める見解等がある。

判例は，共謀共同正犯の成立要件について，「共謀共同正犯が成立するには，２人以上の者が，特定の犯罪を行うため，共同意思の下に一体となつて互に他人の行為を利用し，各自の意思を実行に移すことを内容とする謀議をなし，よつて犯罪を実行した事実が認められなければならない。したがつて右のような関係において共謀に参加した事実が認められる以上，直接実行行為に関与しない者でも，他人の行為をいわば自己の手段として犯罪を行つたという意味において，その間刑責の成立に差異を生ずると解すべき理由はない。さればこの関係において実行行為に直接関与したかどうか，その分担または役割のいかんは右共犯の刑責じたいの成立を左右するものではないと解するを相当とする」（最大判昭33．５．28刑集12-８-1718）と判示する。

すなわち，共謀共同正犯の「共謀」とは，「特定の犯罪を行うため，共同意思の下に一体となって互に他人の行為を利用し，各自の意思を実行に移すことを内容とする謀議」であり，「共謀に参加した事実が認められる以上，直接実行行為に関与しない者でも，他人の行為をいわば自己の手段として犯罪を行った」点にその処罰根拠が求められる。

(2) 黙示的な意思の連絡

明示の意思の表示がなくても，暗黙に意思の連絡があれば，共謀ということができる（最判昭23. 11. 30裁集刑 5 -525）。判例は，暴力団の組長が配下の者に拳銃を所持させたという事案において，暴力団組長である被告人は，直接指示を下さなくても，自己のボディーガードらが襲撃に備えて拳銃を所持していたことを確定的に認識しながら，これを当然のこととして受け入れて認容し，ボディーガードらも，被告人のこのような意思を察していたのであるから，拳銃等の所持につき黙示的に意思の連絡があったといえ，また，被告人は，ボディーガードらと終始行動を共にしていたものであり，彼らを指揮命令する権限を有する被告人の地位と彼らによって警護を受けるという被告人の立場を併せ考えれば，実質的には，正に被告人が本件拳銃等を所持させていたと評し得るのであるから，被告人には共謀共同正犯が成立するとした（最決平15. 5. 1 刑集57- 5 -507）。

4　承継的共同正犯

承継的共同正犯とは，正犯の実行行為の一部が終了した後，初めて共同意思を生じて，残る実行行為に共同加功し，あるいはこれに加担する場合をいう。

❖コラム❖　承継的共同正犯の成立範囲

共同意思を生じ又は加担した以降の行為により生じた事実について共犯としての責任を負うのは当然であるが，加担以前の行為により既に発生した結果についても責任を負うかどうかについては争いがある。

先行者の犯罪にその途中から共謀加担した後行者に対し，加担前の先行者の行為及びこれによって生じた結果（以下「先行者の行為等」という。）をも含めた当該犯罪全体につき共同正犯の刑責を問い得るのかどうかについては，後行者の行為と先行者の行為等との間には因果関係がない以上，承継的共同正犯を全て否定する見解がある一方で，後行者において，先行者の行為等を認識・認容して一罪の一部に途中から共謀加担した以上，常に全体につき共同正犯の刑責を免れないとする見解もある。

従来の実務の有力な見解としては，先行者の犯罪遂行の途中からこれに共謀加担した後行者に対し，先行者の行為等を含む当該犯罪の全体につき共同正犯の成立を認め得る実質的根拠は，後行者において，先行者の行為等を自己の犯罪遂行の手段として積極的に利用したということにあり，従って，いわゆる承継的共同正犯が成立するのは，後行者において，先行者の行為等を認識・認容するにとどまらず，これを自己の犯罪遂行の手段として積極的に利用する意思のもとに，実体法上の一罪を構成する先行者の犯罪に途中から共謀加担し，当該行為等を現にそのような手段として利用した場合に限られると解するものがある（大阪高判昭62. 7. 10高刑集40-3-720）。

承継的共同正犯の成立を認めた下級審の裁判例としては，以下等がある。

◆強盗致傷（刑240前段）について，先行者が強盗目的で暴行を加えた事実を認識してこの機会を利用して共に金品を強取しようと決意し，意思連絡の上金品を強取した者は，たとえ先行者の事前の暴行から生じた傷害の認識を欠いているとしても，それにつき責めを負い，強盗致傷罪の共同正犯が成立するとしたもの（札幌高判昭28. 6. 30高刑集6-7-859）。
◆監禁致傷罪（刑221）について，甲を監禁しているのを認識しながら監禁行為に加わり，その後，更に連行されてきた乙を共同して監禁し，乙に傷害を負わせた事案において，後行者は監禁行為全体について責任を負うとしたもの（東京高判昭34. 12. 7高刑集12-10-980）。

最高裁は，近時，承継的共同正犯の成否が問題となった傷害（刑204）の事案において，承継的共同正犯の成立を否定し，共謀加担後の暴行が共謀加担前に他の者が既に生じさせていた傷害を相当程度重篤化させた場合の傷害罪の共同正犯の成立範囲に関し，被告人は，共謀加担前に先行者らが既に生じさせていた傷害結果については，後行者である被告人の共謀及びそれに基づく行為がこれと因果関係を有することはないから，傷害罪の共同正犯としての責任を負うことはなく，共謀加担後の傷害を引き起こすに足りる暴行によって被害者らの傷害の発生に寄与したことについてのみ，傷害罪の共同正犯としての責任を負う旨判示した（最決平24. 11. 6刑集66-11-1281）。

この判例は傷害の結果に対する因果関係の有無という観点から承継的共同正犯を否定したものと理解されるが，その趣旨が強盗（致傷）罪，監禁（致傷）罪等の結合犯や継続犯にも及ぶのかについては，なお慎重な検討を要する。

5　過失の共同正犯

共同正犯においては，２人以上の者が特定の犯罪を行うことについて意思の連絡を行い，共同して実行することが必要である。故意犯について，共同正犯が成立することは当然であるが，過失犯については，その実行行為は注意義務違反の態様で行われ，無意識に行われる場合もあるので，特定の犯罪を行うことについて共同実行の意思及び事実があるといえるのかが問題となる。

判例は，２名以上の犯人が過失により意思を連絡して一定の行為を行ったことをもって，共同実行の意思を認め，一定の範囲で過失の共同正犯を認めている（最判昭28．１．23刑集７-１-30）。

6　間接正犯

共同正犯とは異なる概念であるが，間接正犯といわれるものがある。自ら各犯罪の基本的構成要件を充足する行為をする者を正犯というのに対し，間接正犯とは，責任無能力者又は故意のない者を利用して犯罪を実行する者，又はこれを実行することをいう。例えば，責任能力のない心神喪失者を唆して人を殺させたり，事情を全く知らない看護師を利用して患者に薬の代わりに毒物を与えたりする場合のように，人を道具として利用する場合がその典型である。

共同正犯が２人以上共同して犯罪を実行する場合をいうのに対し，間接正犯はそのうちの一方が他方を専ら道具として利用するのみで，利用される他人には責任がない場合をいう。

間接正犯を認める場合には，その実行の着手時期が問題となり，利用者の行為を標準とする見解と被利用者の行為を標準とする見解がある。学説は前者の立場を採るものもあるが，判例は後者の立場を採っている。上記の看護師を利用して毒物を与える例について，判例の立場に立って理解すれば，責任能力のない心神喪失者，情を知らない看護師が被利用者であるので，これらの者が殺人の実行行為を開始した時点で間接正犯である利用者にも実行の着手があったものと認められる。

第９　教唆犯と幇助犯

1　教唆犯と幇助犯の意義

広義の共犯とは共同正犯（刑60），教唆犯（刑61）及び幇助犯（刑62）をいうのに対し，狭義の共犯とは実行行為以外の態様で正犯の実行行為に関与する犯罪をいい，教唆犯と幇助犯を指す。

教唆犯とは教唆による犯罪をいう。教唆とは他人を唆して犯罪実行の決意を生じさせることをいう。教唆犯の処罰は正犯，すなわち犯罪の実行行為を行った者の刑に準ずる（刑61）。

幇助犯とは幇助による犯罪をいう。幇助とは他人の犯罪の実行を助け，その実現を容易にすることをいう。

正犯を幇助した者は従犯であり，従犯を教唆したものには従犯の刑が科される（刑62）。従犯の刑は，正犯の刑を減軽する（刑63・68）。この減軽は必要的なものである。また，拘留又は科料のみに処すべき罪の教唆者及び従犯は，特別の規定がなければ，罰しない（刑64）。

2　共犯の従属性

狭義の共犯においては，正犯による実行行為を前提とするか否かが問題となり得る。この問題を共犯の従属性という。

共犯の従属性については，正犯が犯罪を実行することを必要とする説（共犯従属性説）と，正犯による実行行為をまたず教唆又は幇助自体で可罰的であるとする説（共犯独立性説）がある。判例は前者の共犯従属性説である。もっとも，犯罪の構成要件として，教唆又は幇助を独立して処罰する旨の規定があるときは，正犯による実行行為を要しない。例えば，破壊活動防止法が定める教唆犯は，犯罪の実行があることを要しない（破防41）。

共犯従属性説によった場合において，正犯者について犯罪が成立する場合には，正犯が処罰されなくても教唆犯，幇助犯は成立する。教唆犯を処罰するには被教唆者が教唆された犯罪を実行すれば足り，処罰されることまでは要せず（大判明44. 12. 18刑録17-2211），幇助犯についても，正犯が処罰されたか否かは問わない（大判昭15. 4. 22刑集19-253）。

正犯の行為が違法性を欠く場合には，共犯は成立しない。正犯の行為が有責であることを要するか否かについては争いがあるが，通説によれば，有責性は個別の事情によるので正犯が有責であることまでは要しない。例えば，正犯が責任能力を欠いた状態で殺人行為を行った場合には，正犯には犯罪は成立しないが，これを教唆した者には殺人罪の教唆犯が成立する。

3　教唆犯

教唆は，人に犯罪実行の決意を生ぜしめることである。そのためには，犯罪実行の決意を生ぜしめる行為と犯罪実行の決意を生ぜしめる意思とが必要である。

(1)　教唆行為

教唆犯の成立には，ただ漠然と特定しない犯罪を惹起させるにすぎないような行為では足りないが，いやしくも一定の犯罪を実行する決意を生じさせるものであれば足り，その方法は問わない（最判昭26. 12. 6刑集5-13-2485）。しかし，なすべき個々の行為につき具体的に指示することまでは要しない（大判大5. 9. 13刑録22-1335）。犯罪行為の日時，場所，方法等の細部を特定して教唆する必要もない。

教唆と幇助は異なる概念であり，助言によって他人の犯罪に加功した場合に，その助言が犯行の故意を決定させたときは教唆犯であり，単に既発の犯意を強固にしたときは従犯である（大判大6. 5. 25刑録23-519）。

(2)　教唆の意思

人を教唆する者が，被教唆者を未遂に終わらせる目的で教唆する場合について，犯罪実行の決意を生ぜしめる意思があるといえるのかが問題となる。このような教唆をアジャン・プロヴォカトゥールという。

通説は，教唆は，犯罪実行の決意を生ぜしめる意思があれば足り，未遂もこれを処罰する規定がある場合には犯罪に該当するので，この場合も教唆犯は成立すると解する。

なお，過失犯への教唆については，教唆は他人に犯意を起こさせることを要素とするので，過失犯に対する教唆という観念は認める余地がない（東京高判昭26．11．7高刑判特25-31）。

⑶　再間接教唆

教唆犯を教唆した者には，正犯の刑を科することとされている（刑61Ⅱ）。教唆犯を教唆した者を更に順次遡り教唆した者についても，教唆犯として処罰される（大判大11．3．1刑集1-99）。

4　幇助犯

幇助犯が成立するためには，正犯を幇助する行為と幇助する意思が必要である。

⑴　幇助行為

幇助とは，実行行為以外の行為をもって正犯の実行行為を容易ならしめる行為である。凶器の貸与，交付など物質的方法によると，助言，激励など精神的方法によるとを問わない。新たに犯罪の決意を生ぜしめるのは教唆であるが，既に犯罪を決意している者に対してその決意を強めるのは幇助である。

幇助行為は，時間的に正犯の実行行為と同時に行われるか，これに先立つかを問わない。正犯の実行行為が終わった後は，正犯の実行行為を容易ならしめる行為は行い得ないので，幇助は成立しない。

⑵　不作為による幇助

幇助行為は，実行行為以外の行為であって正犯の実行行為を容易ならしめる行為であるので，幇助行為により正犯の実行行為が容易となったという意味での因果関係を要する。また，そのような幇助行為であれば，不作為であっても幇助犯が成立する場合がある。

下級審の裁判例であるが，不作為による幇助犯の成立には，犯罪の実行をほぼ確実に阻止し得たにもかかわらずこれを放置したという要件は不要であり，内縁の夫による子どもに対する暴行を監視ないし制止することによってこれを阻止する作為義務のある母親が，不作為によって内縁の夫の暴行を容易にし，子どもを死亡させた場合には，傷害致死幇助（刑65・205）が成立するとした事案がある（札幌高判平12．3．16判時1711-170）。

(3) 承継的幇助

承継的共犯の問題として，正犯者が犯罪の実行行為を行う途中から幇助者がその犯罪の実行を容易ならしめる行為をした場合に，幇助者に当該犯罪について承継的幇助が成立することが認められている。

既に強盗目的で人を殺していた夫から金員強取について協力を求められ，ろうそくで照らすことにより強取を容易にした妻の行為は強盗殺人(刑240後段）の従犯を構成する（大判昭13. 11. 18刑集17-839)。

(4) 幇助の意思

幇助犯は正犯の実行行為を認識してこれを幇助する意思をもっていたことを要する。ただし，幇助者が正犯の日時・場所・目的・手段・態様等の細部まで具体的に認識していなくても，特定の犯罪についてその内容をある程度概括的に認識していればよい（東京高判昭51. 9. 28東高刑時27-9-128)。

共同正犯の成立には，主観的要件として，共犯者間に意思の連絡，すなわち共犯者が相互に共同して犯罪を行うことの認識があることを要するが，幇助犯の成立の主観的要件として，幇助者において正犯の行為を認識しこれを幇助する意思があれば足り，幇助者と被幇助者との間に相互の意思連絡があることを必要としないので，正犯者が従犯の幇助行為を認識する必要はない（大判大14. 1. 22刑集3-921)。

(5) 間接幇助

刑法62条1項は，正犯を幇助した者を従犯とするが，幇助者を幇助した場合については，判例は，正犯者による犯行を間接的に幇助した場合も従犯が成立するものとしている（最決昭44. 7. 17刑集23-8-1061)。

(6) 正犯と幇助の区別

正犯と幇助の区別は，実行行為への直接的な関与の有無により判断される。実務上は，個々の事案においては，実行行為を行うに当たって不可欠な行為に関与したか否か，自己の犯罪として当該犯罪を実現する意思を有したものか否か，自己の利益を図る目的で行ったものであるか否か等を総合考慮し，実行行為への直接的な関与の有無が判断される。

◆強盗を共謀して被害者の誘い出しを分担した者は実行正犯であり（大判昭10．6．25刑集14-732），共謀があれば見張りも共同正犯足り得る（最判昭23．3．11刑集２-３-185）。

◆大麻密輸の実行を依頼されるや大麻入手の欲求に駆られたが，執行猶予中の身であることから知人を身代わりとして紹介するとともに，密輸入した大麻の一部をもらい受ける約束の下にその相当額の資金の提供をした者は共謀共同正犯である（最決昭57．７．16刑集36-６-695）。

第10　身分犯

1　身分犯の意義

身分犯とは，犯罪の主体が一定の身分を持つことを必要とする犯罪をいう。「身分」とは，性別，内外国人の別，親族の関係，公務員たる資格等ばかりではなく，一定の犯罪行為に関する犯人の人的関係である特殊な地位又は状態をいう（最判昭27．9．19刑集6－8－1083）。

(1)　真正身分犯と不真正身分犯

身分犯には，身分があることによって初めて犯罪が成立する真正身分犯（構成的身分犯）と身分があることにより刑が加重・減軽される不真正身分犯（加減的身分犯）がある。身分犯は個々の犯罪の構成要件の規定により定まる。

刑法65条の規定によれば，前者の真正身分犯は，「犯人の身分によって構成すべき犯罪行為」であり，後者の不真正身分犯は，「（犯人の）身分によって特に刑の軽重がある」犯罪行為である。

(2)　犯罪の主体

ア　真正身分犯の犯罪の主体の例

- 偽証（刑169）における「法律により宣誓した証人」
- 収賄（刑197Ⅰ）における「公務員」
- 事後強盗（刑238）における「窃盗犯人」
- 背任（刑247）における「他人のためにその事務を処理する者」
- 横領（刑252）における「他人の物の占有者」
- 単純逃走における「裁判の執行により拘禁された既決又は未決の者」（刑97）
- 公務員職権濫用（刑193）における「公務員」
- 特別公務員職権濫用（刑194）及び特別公務員暴行陵虐（刑195）における「裁判，検察若しくは警察の職務を行う者又はこれらの職務を補助する者」

イ　不真正身分犯の犯罪の主体の例

・常習賭博（刑186Ⅰ）における「常習性」を有する者

・業務上堕胎（刑214前段）における「医師（等)」

・業務上横領（刑253）における「業務上他人の物を占有する者」

2　共犯と身分

⑴　非身分者の共犯の成立範囲

刑法65条１項は,「犯人の身分によって構成すべき犯罪行為に加功したときは，身分のない者であっても，共犯とする。」と規定する。同項の「共犯」は，共同正犯のほか，教唆犯及び幇助犯を含む。

なお，非身分者であるにもかかわらず，身分犯が成立する実質的な理由は，身分者を介して犯罪の実現に関与することができる以上，非身分者について身分犯の共同正犯の成立を排除する理由はないことにある。

平成29年第193回国会において成立した「刑法の一部を改正する法律」により，強姦罪が強制性交等罪に改正される前の事案であるが，判例は，非身分者である女性に強姦（刑177）の共同正犯を認めた事例について，その判旨において,「身分のない者も，身分のある者の行為を利用することによって，強姦罪の保護法益を侵害することができるから，身分のない者が，身分のある者と共謀して，その犯罪行為に加功すれば，同法65条１項により，強姦罪の共同正犯が成立する」（最決昭40．３．30刑集19−２−125）としている（なお,強姦罪とは異なり,強制性交等罪の行為主体には,男性のみならず,女性も含まれることとなったため,同罪は身分犯ではない。)。

⑵　教唆犯及び幇助犯における成立

狭義の共犯である教唆犯及び幇助犯については，教唆及び幇助は犯罪の実行行為そのものではないので，身分がない者でも教唆犯及び幇助犯になり得る。

例えば，収賄（刑197Ⅰ）は公務員を犯罪の主体とする真正身分犯であるが，非公務員が公務員を教唆して賄賂を収受させれば，当該公務員には収賄罪が成立し，非公務員である教唆者には収賄罪の教唆犯が成立する。

⑶　共同正犯における成立

共同正犯について，真正身分犯を行い得るのは当該身分を有する身分者に限られると解すれば，当該身分を有しない非身分者については，当該身分犯の共同正犯は成立しないとも考えられる。しかし，共同正犯においても，正犯に身分があれば，当該身分犯を実行することは可能であり，共犯の全員が身分を有することが必要なわけではない。判例･通説いずれも，刑法65条１項は非身分者であっても共同正犯の成立することを認めている。

⑷　不真正身分犯の科刑

刑法65条２項は，「身分によって特に刑の軽重があるときは，身分のない者には通常の刑を科する。」と規定する。「身分のない者には通常の刑を科する。」とは，非身分者について当該身分犯が成立する場合には，非身分者を主体とする犯罪行為に該当する刑罰が科されるとする趣旨である。

❖コラム❖　不真正身分犯の成否

不真正身分犯に加功した非身分者の共同正犯の者について，不真正身分犯の罪名の共同正犯が成立するのか，それとも現実に通常の刑に対応する犯罪の共同正犯が成立するのかが問題となる。これは刑法65条１項・２項の解釈の問題である。

まず，刑法65条１項は真正身分犯の成否についての規定であり，同条２項は不真正身分犯の成否についての規定であるとする見解がある。この見解によれば，不真正身分犯の身分者の間では身分者による犯罪の共同正犯が成立するが，非身分者については身分者による犯罪の共同正犯は成立せず，通常の刑に相当する犯罪の共同正犯が成立するにとどまる。

次に，刑法65条１項は真正身分犯・不真正身分犯の双方の成否についての規定であり，同条２項は不真正身分犯の科刑について定めた規定であるとする見解がある。この見解によれば，身分者及び非身分者の双方について身分者に対応する犯罪の共同正犯が成立し，非身分者については，ただ単に「通常の刑」が科されることとなる。

判例は，業務性もなく，占有もない非身分者が業務上横領罪に加功した場合において，刑法65条１項により，身分者及び非身分者を問わず，犯罪に加功した者全員について業務上横領罪が成立するが，科刑は個別に扱い，非占有者には横領罪の刑を科するものとした（最判昭32. 11. 19刑集11-12-3073)。判例は後者の考えに立っている。

判例の考え方に対しては，犯罪の成否と科刑を分離するものであって相当ではないとの反対説もあるが，刑法65条２項は，同条１項で共犯とされた者のうち非身分者の科刑について「通常の刑に科す」と規定したものであり，同項の文理にも即するものと解される。

第11　刑罰の本質

1　刑罰の意義

刑罰とは，犯罪に対する法律上の効果として行為者に科せられる法益（刑法によって保護される生活利益）の剥奪（制裁）を内容とする処分をいう。どのような行為が犯罪であるのかを規律するのは刑法であるが，行為者の行った犯罪に対していかなる刑罰を定めるのかは刑訴法の定めるところによる。

2　刑法理論と刑罰

刑罰の本質に関する議論は様々であるが，伝統的な刑法理論の対立に由来する面もあるので，まず，刑法の学派を素描する。

⑴　古典派――処罰されるべきは犯罪行為そのもの

古典派（旧派）によれば，犯罪行為を行った者に対して刑罰を科し得るのは，行為者の有する反社会的性格のためではなく，客観的な犯罪行為そのものに由来する。

犯罪行為は，社会で最も有害な悪行であって，行為者はこれに関与したために処罰される。処罰されるべきは，客観的な犯罪行為そのものであり，行為者ではない。行為者には本来理性があり，自由意思により，自己の行動について理性的な判断ができ，行為者としては犯罪行為を行うかどうかを自由に選択することができたのに，あえて犯罪行為を行ったために非難され，刑罰が科される。

刑罰の効果は，一般人をして悪果を知らせることによりその理性的判断に訴え，犯罪行為を行わないように威嚇することに主眼がある。したがって，刑の重さは犯罪行為に比例し，それ以上に苛酷な刑を科す必要はない。

⑵　近代派――処罰されるべきは行為者の反社会的性格

近代派（新派）によれば，古典派とは異なり，人間の自由意思を否定し，人間の行動は，自由な意思の決断によるものではなく，その人の遺伝的素質及び社会的環境によって決定されている。したがって，犯罪行為も行為者の遺伝的素質と社会的環境によって形成された性格の必然的な表れであり，本来処罰されるべきは，客観的な犯罪行為ではなく，行為者の反社会的性格そのものであるが，現代の科学水準では，外部的にはそれを直接知り得る方法はないので，反社会的行為の極端な例である犯罪行為として発現した段階で処罰する。

行為者が処罰されるのは，行為者としてはどうしようもなかったので，本来的な意味での責任非難があるためではない。反社会的性格を持った行為者の存在が社会の存立を揺るがすので，社会を防衛するために刑罰が科される。

刑罰は，行為者の反社会的性格を矯正し，再犯を防ぐことを目的としており，その刑の重さは，犯罪行為ではなく，行為者の性格の反社会的危険性に比例するとする。

3　応報刑論と目的刑論

(1)　応報刑論――刑罰の本質は応報

応報刑論とは，刑罰の本質を応報とみる立場であり，古典派の考えに由来する。応報刑論では，「犯罪が行われたから刑罰を科する」とするものであり，それ自体が正義にかなうために刑罰を科することが正当化される。応報刑論の論者は，刑罰が応報であるがゆえに正当化されるとするが，その刑罰が犯罪との間に均衡を保った応報であること，すなわち，責任に応じた非難であることを要求する。

他方，刑罰が犯罪防止の効果，すなわち一般予防の効果を持つことを否定するものではないが，その効果ゆえに刑罰を科することが正当化されるものではない。かかる意味での応報刑論を絶対的応報刑論ともいう。

絶対的応報刑論に対し，相対的応報刑論と呼ばれる考えもある。相対的応報刑論によれば，刑罰は，応報であるというだけで正当化されるものではなく，刑罰が，犯罪者を含めて一般の人々が犯罪に陥ることを防止する効果，すなわち一般予防の効果があり，そのために必要である場合にだけ正当化されるとする。したがって，刑罰は犯罪の重さ以上のものであってはならないが，場合によってはそれ以下でもよく，あるいは刑罰を科さないで済ませることができる場合もある。

⑵　目的刑論――刑罰の目的は犯罪防止

目的刑論は，刑罰は犯罪を防止するために科すものであり，犯罪の防止効果があることから正当化されるとする立場である。

目的刑論には，刑罰の予告と賦課により，潜在的な犯罪者による犯罪を抑止することを内容とする一般予防論と犯罪者自身が将来罪を行うことを防止しようとする特別予防論とがある。近代派は目的刑論を採用するが，この場合の目的とは，特別予防のことをいい，犯罪者の悪性を改善し，再び犯罪を行わないようにすることをいう。

ア　一般予防論

一般予防論は，伝統的には，刑罰の威嚇による予防を考えているが，近年では，犯罪者を処罰することにより，規範の存在を確証し，一般国民の規範意識を覚醒・強化することにより犯罪を予防するという考え方も主張されている。この考え方は，法規範が侵害された場合に制裁が加えられないと，それに対する信頼が崩れ，犯罪を行う者が出てきてしまうため，刑罰を科することによりそれを防ぐという意味において，一般予防を問題とするものであるが，その方法が伝統的な一般予防論とは異なる。

なお，応報刑論は刑罰の一般予防を目的として刑罰を科するものではないが，一般予防の効果を否定するものではない。相対的応報刑論においては一般予防の効果が全くない刑罰は否定される。応報刑論は，刑罰の一般予防の効果と結び付いて主張されることに注意を要する。

イ　特別予防論

他方，特別予防論でいう特別予防には，犯罪者自身への威嚇による抑止，犯罪者を社会から隔離することによる抑止，刑罰の執行の際の処遇に基づく犯罪者の改善更生の結果としての再犯の抑止が含まれるが，一般的に，特別予防という場合には，最後の意味で用いられることが多い。

目的刑論の中には教育刑論という考えがある。この考えによれば，刑罰とは受刑者を教育する方法であり，犯罪者を社会的に改善させる手段であるとするものである。教育刑論の立場からは，その教育目的を達成するために，刑罰の個別化，不定期刑が主張され，犯罪者の社会的危険性に適した教育を行うための処遇の個別化が要求されることとなる。

(3) 三元説

刑罰の目的については，応報刑論，目的刑論という伝統的な考えから，立法，裁判，刑の執行の各段階において，それぞれの目的や指導理念が異なるとする見解がある（三元説）。この見解では，立法段階では威嚇による一般予防が，裁判段階では一般予防と特別予防が，執行段階では改善教育による特別予防がそれぞれ主たる目的であると解されている。

4　刑罰と保安処分等

(1) 刑罰と保安処分の関係

保安処分とは，行為者の危険性を基礎とし，社会防衛と本人の矯正・教育を目的として科される処分をいうが，責任主義の適用がない点で刑罰とは異なる。すなわち，保安処分を行うに当たって対象者に故意・過失や責任能力は要しない。

刑罰の目的を過去の行為に対する応報のみに求める絶対的応報刑論によれば，刑罰は，対象者による再犯の危険を除去することを目的とする保安処分とはその目的において異なる。これに対し，刑罰は犯罪を防止することを目的とする目的刑論によれば，その目的において刑罰と保安処分は重なることとなり，両者を区別する基準は，責任主義の適用があるか否かという点である。

目的刑論を徹底し，刑罰は犯罪者の危険性を除去し社会を防衛するために科されるものであるとして責任の観念を重視しない近代派の立場からすれば，刑罰と保安処分の間に本質的な差異は認められず，両者を区別する必要はなくなる。

(2) 補導処分

我が国の刑法典には保安処分は定められていないが，他の法律において保安処分的な性格を有するものとしては，売春防止法上の補導処分（売春17）がある。売春の勧誘等（売春５）の罪を犯した満20歳以上の女子に対して，その罪又はその罪と他の罪とに係る懲役又は禁錮につきその執行を猶予するときは，その者を補導処分に付することができるとするものである（売春17Ｉ）。

補導処分に付された者は，婦人補導院に収容し，６か月を限度として，更生のために必要な補導を行うこととされる（売春17Ⅱ・18)。補導処分では，婦人補導院法の定めるところにより，生活指導，職業の補導及び更生の妨げとなる心身の障害に対する医療が行われる。

⑶　保護処分

保護処分とは，家庭裁判所が非行のある少年に対して行う処分である。少年法は，少年の健全育成を期し，非行のある少年に対して性格の矯正と環境の調整に関する保護処分を行うものと定めるが（少１)，保護処分は，教育的・社会福祉的な措置を内容とする。少年法は，非行のある少年に対する保護処分として，①保護観察，②児童自立支援施設・児童養護施設送致，③少年院送致の三種類を定める（少24Ⅰ)。少年院送致の保護処分に付された少年には，矯正教育として，生活指導，職業指導，教科指導，体育指導，特別活動指導が行われる（少院23～29)。詳細は，第４章「第１　少年法」を参照のこと。

保護処分は保安処分の一種であると解する見解が一般である。もっとも，通常の保安処分が社会防衛を主たる目的とするのに対し，保護処分では少年の健全育成という社会福祉的見地がより重要であり，教育的に構成された保安処分であるという点に特色がある。なお，保護処分は治安予防の目的からするものではなく，少年の保護育成を目的とするものであり，保安処分の観念には入らないとする見解もある。

⑷　心神喪失者等医療観察法上の措置

心神喪失者等医療観察法は，放火，性犯罪，殺人，傷害，強盗等の対象行為（医療観察２②）を行い，心神喪失又は心神耗弱が認定されて不起訴処分となった者，又は裁判で心神喪失を理由として無罪とされたか若しくは心神耗弱を理由として刑が減軽された者であって，懲役又は禁錮の実刑判決を受けていない者について，裁判所の決定で入通院を命ずるものである。

この法律は，精神の障害が原因となって犯罪を行った者に特化された処分を定めるものという意味において保安処分に類似する側面もあるが，「継続的かつ適切な医療並びにその確保のために必要な観察及び指導」（医療観察１）を行うものであり，基本的には精神医療制度の延長線上にある制度である。

第12　刑の種類

1　刑の種類

刑（刑罰）とは，犯罪に対する法律上の効果として行為者に科せられる法益（刑法によって保護される生活利益）の剝奪を内容とする制裁のための処分をいう。罪刑法定主義により犯罪及び刑罰は法律の定めがなければならないこととされているところ，刑罰については，刑の種類（刑種）及びその分量（刑量）が個々の犯罪について定められることを要する。

刑には，剝奪する法益の種類に応じ，生命刑，身体刑，自由刑，財産刑，名誉刑等があるが，刑法9条は，「死刑，懲役，禁錮，罰金，拘留及び科料を主刑とし，没収を付加刑とする。」と規定し，

・生命刑としての死刑
・自由刑としての懲役，禁錮及び拘留
・財産刑としての罰金，科料及び没収

を定める。

身体刑と名誉刑は，現行刑法では刑として認められていない。

☞身体刑とは，身体に対する侵害を内容とする刑罰であり，杖刑やち刑のように罪人をむちで打ち，身体に苦痛を与えるもの，げい刑のように身体に痕跡（入れ墨）を残すもの，さらに身体の一部を切り取るものなどがある。このような刑罰は，憲法36条の残虐な刑罰の禁止の趣旨に反するものと解される。

☞名誉刑とは，人の名誉を剝奪することを内容とする刑罰であり，旧刑法の剝奪公権，停止公権がこれに当たる。

2　受刑者の権利又は資格の制限等

刑法9条は名誉刑を認めていないが，刑の言渡しを受けた者は，その権利

や資格が制限されることがある。

⑴　**資格の制限**

第一は，公職その他の業務に関する資格の制限である。国家公務員を例にとると，禁錮以上の刑に処せられ，その執行を終わるまで，又は執行を受けることがなくなるまでの者は，国家公務員に任命されない（国公38①）。また，国家公務員が，禁錮以上の刑に処せられたときは，人事院規則の定める場合を除き，当然に失職する（国公76）。

⑵　**権利の制限**

第二は，選挙権・被選挙権その他の権利の喪失又は停止である。最も重要な権利の一つである選挙権及び被選挙権を例にとると，禁錮以上の刑に処せられその執行を終わるまでの者や，その他法律に定める者は選挙権及び被選挙権を有せず（公選11Ⅰ②～⑤），公職選挙法の罰則の罪（若干のものは除外される。）を犯した者で罰金の刑に処せられたもののうち，その裁判が確定した日から５年を経過しないもの等は選挙権及び被選挙権を有しない（公選252）。

3　刑罰と他の行政上の罰等との関係

刑罰以外の制裁として，過料その他の罰がある。

⑴　**過　料**

過料は金銭罰であるが，秩序罰（法律秩序を維持するために法令違反者に対して制裁として科される制裁），執行罰（行政上の義務についての強制執行の一手段として科される制裁），懲戒罰（公法上の特別の監督関係の規律を維持するために，義務違反に対して科される制裁）等として科される。

ある行為について過料などの行政上の制裁に加えて刑罰を科すことは，憲法39条の禁止する二重処罰の禁止に違反しない。

過料に加えて罰金又は拘留が科された事案としては，刑事裁判で証人として宣誓したが，裁判官により尋問された際に，正当な理由がないのに証言を拒否したため，刑訴法160条により過料に処された後，同法161条により証言拒否罪として起訴された事案がある。

◈刑訴法160条は訴訟手続上の秩序を維持するために秩序違反行為に対して当該手続を主宰する裁判所又は裁判官により直接に科せられる秩序罰としての過料を規定したものであり，同法161条は刑事司法に協力しない行為に対して通常の刑事訴訟手続により科せられる刑罰としての罰金，拘留を規定したものであって，両者は目的，要件及び実現の手続を異にし，必ずしも二者択一の関係にあるものではなく併科を妨げないと解すべきであるので，憲法31条，39条後段に違反しない（最判昭39．6．5刑集18-5-189）。

⑵　監　置

特殊な罰として監置がある。監置は，法廷等の秩序を乱した者に対して科される制裁であり，裁判所が決定によりこれを科し，20日以内監置場に留置するものである（法廷秩序2）。詳細は,「第22　監置」を参照のこと。

⑶　刑事施設における懲罰

刑事施設の長は，被収容者が遵守事項に違反した場合等には，懲罰を科し得る（刑事収容施設150）。

懲罰は刑事施設の規律及び秩序の維持を目的とし，その目的，要件及び実現の手続が刑罰とは異なるので，犯罪行為を行った被収容者に対し懲罰に加えて刑罰を科すことは憲法39条の二重処罰の禁止に反しない。

4　主刑と付加刑

⑴　概　要

刑には，主刑と付加刑がある。主刑は，独立して科することのできる刑であり，付加刑は主刑を言い渡す場合にこれに付加してのみ言い渡すことのできる刑罰である。刑法では，

・主刑……死刑，懲役，禁錮，罰金，拘留及び科料

・付加刑……没収

である（刑9）。

例えば，殺人（刑199）を犯した者に対して主刑として懲役15年を科する場合において，殺人に利用した凶器であるナイフを犯罪に供した物として没収することがあり（刑19Ⅰ②），その際には主刑に加えて付加刑である没収が科される。

(2) 換刑処分

罰金を完納することができないとき，罰金の言渡しを受けた者は労役場に留置し（刑18Ⅰ），一定の没収対象物について没収不能の場合には追徴を科する（刑19の２）。

労役場留置と追徴はそれぞれの刑の特別な執行方法，すなわち換刑処分であり，刑法９条に定める刑そのものではない。

5　刑の軽重

刑の軽重は，刑種及び刑量を基準とする。

(1) 軽重の順序

主刑の軽重は，刑法９条記載の順序による。すなわち，死刑，懲役，禁錮，罰金，拘留，科料の順序による（刑10Ⅰ）。

☞無期の禁錮と有期の懲役とでは禁錮を重い刑とし，有期の禁錮の長期が有期の懲役の二倍を超えるときも，禁錮を重い刑とする（刑10Ⅰただし書）。

☞同種の刑は，長期の長いもの又は多額の多いものを重い刑とし，長期又は多額が同じであるときは，短期の長いもの又は寡額の多いものを重い刑とする（同条Ⅱ）。

☞２個以上の死刑又は長期若しくは多額及び短期若しくは寡額が同じである同種の刑は，犯情によってその軽重を定める（同条Ⅲ）。「犯情」とは，個々の犯罪事実における具体的な諸般の情状であり，当該犯罪の性質，犯行の手口，被害の程度その他一切の情状をいう。

(2) 刑の軽重が問題となる場合

刑の軽重が問題となる場合としては，以下等の場合がある。

① 犯罪後の法律によって刑の変更があったときは，その軽いものによる（刑６）。

② 併合罪のうちの２個以上の罪について有期の懲役又は禁錮に処するときは，その最も重い罪について定めた刑の長期にその２分の１を加えたものを長期とする（刑47Ⅰ本文）。

③ １個の行為が２個以上の罪名に触れ，又は犯罪の手段若しくは結果である行為が他の罪名に触れるときは，その最も重い刑によ

り処断する（刑54Ⅰ）。

④　ガス等漏出致死傷（刑118Ⅱ），往来妨害致死傷（刑124Ⅱ），浄水汚染致死傷等（刑145），特別公務員職権濫用致死傷等（刑196），不同意堕胎致死傷（刑216），遺棄致死傷等（刑219），逮捕監禁致死傷（刑221）又は建造物損壊致死傷（刑260）の罪をした者は，傷害の罪と比較して，重い刑により処断する。

⑤　罰金及び科料を除き，２個以上の主刑の執行の順序を定めるときは，その重いものを先にする（刑訴474Ⅰ本文）。

第13　死　刑

1　死刑制度の概要

死刑は生命刑であり，人の生命を絶つ究極の刑罰である。刑法上，死刑は，刑事施設内において，絞首して執行し（刑11Ⅰ），死刑の言渡しを受けた者は，その執行に至るまで刑事施設に拘置すること（同条Ⅱ）とされている。

(1)　死刑を規定している罪

死刑を科し得る罪は，刑法犯で12の犯罪であり，特別刑法犯で７の犯罪である。

刑法犯

内乱首謀（刑77Ⅰ①），外患誘致（刑81），外患援助（刑82），現住建造物等放火（刑108），激発物破裂（刑117Ⅰ），現住建造物等浸害（刑119），船車転覆致死（刑126Ⅲ），電汽車往来危険転覆等（刑127），水道毒物等混入致死（刑146後段），殺人（刑199），強盗致死（刑240後段），強盗・強制性交等致死（刑241Ⅲ）

特別刑法犯

爆発物使用（爆発１），決闘殺人（決闘３・刑199），航空機墜落等致死（航空危険２Ⅲ），航空機強取等致死（航空強取２），人質殺害（人質４），組織的な殺人（組織犯罪３Ⅰ⑦・Ⅱ），海賊行為致死（海賊４）

このうち，法定刑として死刑のみを規定しているもの（絶対的死刑）は外患誘致のみであり，他の罪については無期懲役などの他の刑も選択できる。これまでの裁判実務において，実際に死刑が適用されたのは，殺人及び強盗殺人の場合に限られる。

少年については，死刑の適用に特則がある。犯行時に18歳未満であった者に対しては，死刑をもって処断すべきときは無期刑を科すものとされている（少51）。

(2)　死刑の執行及び停止

死刑の執行及び停止については，刑訴法がその概要を定める。詳細は，第３章「第18　刑の執行」を参照のこと。

2　死刑に関する憲法判断

(1)　死刑の合憲性

憲法36条は，「残虐な刑罰」を禁じており，死刑がこの「残虐な刑罰」に該当するか否かが問題となる。判例は，刑法の定める死刑を「残虐な刑罰」には該当しないとしつつ，その執行の方法によっては，「残虐な刑罰」に該当し得る旨判示する。

> 「生命は尊貴である。一人の生命は，全地球よりも重い。死刑は，まさにあらゆる刑罰のうちで最も冷厳な刑罰であり，またまことにやむを得ざるに出ずる窮極の刑罰である。それは言うまでもなく，尊厳な人間存在の根元である生命そのものを永遠に奪い去るものだからである。現代国家は一般に統治権の作用として刑罰権を行使するにあたり，刑罰の種類として死刑を認めるかどうか，いかなる罪質に対して死刑を科するか，またいかなる方法手続をもつて死刑を執行するかを法定している。そして，刑事裁判においては，具体的事件に対して被告人に死刑を科するか他の刑罰を科するかを審判する。かくてなされた死刑の判決は法定の方法手続に従つて現実に執行せられることとなる。……憲法第13条においては，すべて国民は個人として尊重せられ，生命に対する国民の権利については，立法その他の国政の上最大の尊重を必要とする旨を規定している。しかし，同時に同条においては，公共の福祉という基本的原則に反する場合には，生命に対する国民の権利といえども立法上制限乃至剝奪されることを当然予想しているものといわねばならぬ。そしてさらに，憲法第31条によれば，国民個人の生命の尊貴といえども，法律の定める適理の手続によつて，これを奪う刑罰を科せられることが，明かに定められている。すなわち憲法は現代多数の文化国家におけると同様に，刑罰として死刑の存置を想定し，これを是認したものと解すべきである。言葉をかえれば，死刑の威嚇力によつて一般予防をなし，死刑の執行によつて特殊な社会悪の根元を絶ち，これをもつて社会を防衛せんとしたものであり，また個体に対する人道観の上に全体に対する人道観を優位せしめ，結局社会公共の福祉のために死刑制度の存続の必要性を承認したものと解せられるの

である。弁護人は，憲法第36条が残虐な刑罰を絶対に禁ずる旨を定めているのを根拠として，刑法死刑の規定は憲法違反だと主張するのである。しかし死刑は，冒頭にも述べたようにまさに窮極の刑罰であり，また冷厳な刑罰ではあるが，刑罰としての死刑そのものが，一般に直ちに同条にいわゆる残虐な刑罰に該当するとは考えられない。ただ死刑といえども，他の刑罰の場合におけると同様に，その執行の方法等がその時代と環境とにおいて人道上の見地から一般に残虐性を有するものと認められる場合には，勿論これを残虐な刑罰といわねばならぬから，将来若し死刑について火あぶり，はりつけ，さらし首，釜ゆでの刑のごとき残虐な執行方法を定める法律が制定されたとするならば，その法律こそは，まさに憲法第36条に違反するものというべきである。前述のごとくであるから，死刑そのものをもつて残虐な刑罰と解し，刑法死刑の規定を憲法違反とする弁護人の論旨は，理由なきものといわねばならぬ。」（最大判昭23．3．12刑集2－3－191）

⑵　絞首刑の合憲性

刑法に定める絞首の方法による死刑の執行が，憲法に違反するものではないかが問題となる。

最大判昭30．4．6刑集9－4－663は，「現在各国において採用している死刑執行方法は，絞殺，斬殺，銃殺，電気殺，瓦斯殺等であるが，これらの比較考量において一長一短の批判があるけれども，現在わが国の採用している絞首方法が他の方法に比して特に人道上残虐であるとする理由は認められない。」として合憲の判断を示している。

⑶　死刑の執行方法について法律に根拠がないことの合憲性

死刑の具体的な執行の方法は明治6年太政官布告第65号（絞罪器械図式）の定めるところによるが，形式的意味における法律ではないことから，死刑の執行方法が法律に定められていないことが問題となる。

最大判昭36．7．19刑集15－7－1106は，「死刑の執行方法に関する事項を定めた所論明治6年太政官布告65号は，同布告の制定後今日に至るまで廃止されまたは失効したと認むべき法的根拠は何ら存在しない。そして同布告の定めた死刑の執行方法に関する事項のすべてが，旧憲法下また新憲法下において，法律をもつて規定することを要する所謂法律事項であるとはいえないとしても，同布告は，死刑の執行方法に関し重要な事項（例えば，

「凡絞刑ヲ行フニハ……両手ヲ背ニ縛シ……面ヲ掩ヒ……絞架ニ登セ踏板上ニ立シメ……絞縄ヲ首領ニ施シ……踏板忽チ開落シテ囚身……空ニ懸ル」等）を定めており，このような事項は，死刑の執行方法の基本的事項であつて，死刑のような重大な刑の執行方法に関する基本的事項は，旧憲法下においても法律事項に該当すると解するを相当とし（旧憲法23条），その限度においては同布告は旧憲法下において既に法律として遵由の効力を有していたものと解するを相当とする。」として，絞罪器械図式に死刑の執行方法が定められていることをもって合憲であるとしている。

3　死刑の判断基準

刑法上，絶対的法定刑として死刑が定められているのは外患誘致罪のみであり，それ以外の罪では，裁判所において死刑の選択を判断する必要がある。

死刑の判断基準を示すものとしては，最判昭58．7．8刑集37-6-609が重要である。同判決は，以下のとおり判示している。

「死刑が人間存在の根元である生命そのものを永遠に奪い去る冷厳な極刑であり，誠にやむをえない場合における窮極の刑罰であることにかんがみると，その適用が慎重に行われなければならないことは原判決の判示するとおりである。……死刑制度を存置する現行法制の下では，犯行の罪質，動機，態様ことに殺害の手段方法の執拗性・残虐性，結果の重大性ことに殺害された被害者の数，遺族の被害感情，社会的影響，犯人の年齢，前科，犯行後の情状等各般の情状を併せ考察したとき，その罪責が誠に重大であつて，罪刑の均衡の見地からも一般予防の見地からも極刑がやむをえないと認められる場合には，死刑の選択も許されるものといわなければならない。」

同判決では，

①　犯行の罪質

②　犯行の動機

③　犯行の態様

④　結果の重大性

⑤　遺族の被害感情

⑥　社会的影響

⑦ 犯人の年齢

⑧ 前科

⑨ 犯行後の情状

が例示されているが，その他の要素が否定されるものではなく，

⑩ 犯行の計画性の有無及び程度

⑪ 共犯がいる場合の被告人の役割

等も考慮される。これら一切の事情を総合考慮し，罪責の重大性，罪刑の均衡，一般予防の見地から，極刑がやむを得ないと認められる場合に限り，死刑が選択されているのが実情である。

4 死刑の存廃について

死刑の存廃については，様々な意見がある。

廃止論の主な論拠は，

① 死刑は野蛮であり，残酷であるから廃止するべきである。

② 死刑の廃止は国際的潮流であるので，我が国においても死刑を廃止すべきである。

③ 死刑は，憲法36条が絶対的に禁止する「残虐な刑罰」に該当する。

④ 死刑は，一度執行すると取り返しがつかないから，裁判に誤判の可能性がある以上，死刑は廃止すべきである。

⑤ 死刑に犯罪を抑止する効果があるか疑わしい。

⑥ 犯人には，被害者・遺族に被害弁償をさせ，生涯，罪を償わせるべきである。

⑦ どんな凶悪な犯罪者であっても，更生の可能性はある。

などがある。

他方，存置論の主なものは，

① 人を殺した者は，自らの生命をもって罪を償うべきである。

② 一定の極悪非道な犯人に対しては死刑を科すべきであるとするのが国民の一般的な法確信である。

③ 最高裁判所の判例上，死刑は憲法にも適合する刑罰である。

④ 誤判が許されないことは，死刑以外の刑罰についても同様である。

⑤　死刑の威嚇力は犯罪抑止に必要である。

⑥　被害者・遺族の心情からすれば，死刑制度は必要である。

⑦　凶悪な犯罪者による再犯を防止するため，死刑は必要である。

などである。

世界的には死刑廃止の国は増加傾向にある。1989年12月には，国連において，「死刑の廃止を目指す市民的及び政治的権利に関する国連規約第2議定書」（いわゆる死刑廃止条約）が採択され，1991年に発効した。その内容は，これに批准した国に死刑の執行を行わないようにするとともに，死刑廃止に向けた措置を執ることを義務付けるものである。我が国はアメリカ等とともに反対し，この条約を批准していない。

第14　自由刑

1　自由刑の概要

現行刑法上の自由刑は，刑事施設に拘置して受刑者の自由を剥奪することを内容とするものであり，懲役，禁錮及び拘留がこれに該当する。

⑴　懲　役

懲役は，無期及び有期とし，有期懲役は1月以上20年以下とする（刑12Ⅰ）。懲役は，刑事施設に拘置して所定の作業を行わせる（同条Ⅱ）。

懲役は原則として破廉恥犯に対して科される刑罰である。破廉恥犯とは，廉直性を欠き，道義的非難に値する不純な動機原因からされる犯罪をいう。破廉恥犯の代表的なものとして，殺人の罪（刑199～202），放火の罪（刑108～115），窃盗（刑235）等があるが，いずれも懲役刑が刑罰として掲げられている。

懲役刑の執行のため拘置される懲役受刑者は，「所定の作業」（刑務作業）を行うことが義務付けられる。刑務作業は懲役受刑者の改善更生という観点からも有益である。刑務作業の具体的な内容については，刑事収容施設法にその詳細が定められている（刑事収容施設92～102）。

⑵　禁　錮

禁錮は，無期及び有期とし，有期禁錮は1月以上20年以下とする（刑13Ⅰ）。禁錮は，刑事施設に拘置する（同条Ⅱ）。

懲役刑は破廉恥犯に対して科される刑罰であるのに対し，禁錮刑は概して政治犯的色彩を持つ非破廉恥犯や過失犯に対して科されるのが原則である。ただし，過失犯について懲役刑が科される場合も多いなど実務上の運用は必ずしも原則を反映しない。

禁錮受刑者が刑事施設の長が指定する作業を行いたい旨の申出をした場合には，刑事施設の長は，法務省令で定めるところにより，その作業を行うことを許すことができる（刑事収容施設93）。

⑶　無期と有期

「無期」とは期間の定めがないことをいうが，仮釈放は認められる（刑28）。犯行時に18歳未満であった者については，無期刑をもって処断すべきときであっても有期の懲役又は禁錮を科することができ，この場合には10年以上20年以下の刑を言い渡す（少51Ⅱ）。

「有期」とは期間が定められていることをいい，定期刑を指す。ただし，少年法においては，少年に対し懲役又は禁錮の刑を言い渡す場合には，その長期と短期を定めて刑を言い渡す場合が定められている（少52）。

⑷　有期の懲役及び禁錮の加減の限度

懲役及び禁錮の刑は，有期の場合の上限を20年と定めるが，死刑又は無期の懲役若しくは禁錮を減軽して有期の懲役又は禁錮とする場合，有期の懲役又は禁錮を加重する場合は，その上限は30年となり（刑14Ⅰ・Ⅱ），減軽する場合は1月未満とすることができる（同条Ⅱ）。

⑸　拘　留

拘留は，1日以上30日未満とし，刑事施設に拘置する（刑16）。

刑務作業が義務付けられていない点において禁錮と同じであるが，刑期が短く，微罪又は軽罪に対して科される刑罰である。刑法上は，公然わいせつ（刑174），暴行（刑208），侮辱（刑231）に法定されるのみである。

拘留の刑の執行を受けるため拘置される拘留受刑者が刑事施設の長が指定する作業を行いたい旨の申出をした場合には，禁錮受刑者の場合と同様にこれを許すことができる（刑事収容施設93）。

2　自由刑における拘置の場所

刑法の規定によれば，自由刑の執行を受ける者は刑事施設に拘置される。これに基づき，刑事収容施設法は，刑事施設に収容する者として，「懲役，禁錮又は拘留の刑の執行のため拘置される者」（刑事収容施設3①）と定める。

ただし，これに該当する者であっても，これらの刑の執行以外の逮捕，勾留その他の事由により刑訴法その他の法令の規定に基づいて拘禁される者としての地位を有するものについては，刑事施設に収容することに代えて，都道府県警察に設置される留置施設に留置されることがある（刑事収容施設15Ⅰ①）。

3　自由刑の刑期の計算

懲役若しくは禁錮又は拘留の刑には当該刑を執行すべき期間があり，これを刑期という。自由刑の刑期の計算の詳細については，第3章「第18　刑の執行」を参照のこと。

4　自由刑の執行及び停止

自由刑の執行等については，刑訴法の定めるところによる。詳細は，第3章「第18　刑の執行」を参照のこと。

5　自由刑に関する問題

(1)　懲役と禁錮の一体化について（自由刑単一化論）

刑法は自由刑としての懲役刑と禁錮刑とを区別する。これは，破廉恥犯と非破廉恥犯を区別し，破廉恥犯を行った者に対しては苦役として作業を義務付け，非破廉恥犯である政治犯には名誉拘禁による処罰を科するのが妥当であるとの考えに基づく。

他方，破廉恥犯と非破廉恥犯との区別は相対的であり，実務においては，非破廉恥犯であるがゆえに禁錮刑が科されているとは一概には言い難く，受刑者の圧倒的多数は懲役受刑者である。また，破廉恥犯を行った者に対して苦役として刑務作業を科すという現在の刑罰法制は，刑務作業が苦役であることを前提とするものであるが，刑事収容施設法においては，刑務作業は改善指導，教科指導とともに矯正処遇として位置付けられており，社会復帰のための処遇の一環でもある。禁錮受刑者の中には，希望して刑務作業を行う者も多い。破廉恥性の有無によって懲役と禁錮を区別するという倫理的判断を持ち込むのは，過度のモラリズムであるとの批判もある。

以上の理由から，懲役刑と禁錮刑を，刑務作業を伴う統一の刑とするのが適当であるとの見解もある。

(2)　短期自由刑について

短期自由刑については明確な定義はないが，おおむね6か月未満の自由刑をいうものとされている。

短期自由刑については，かねてから様々な問題点が指摘されてきたが，その主なものとしては，①刑期が短すぎて，受刑者の改善更生のための効果的な処遇ができない，②刑事施設に収容されることによる社会的地位の喪失や施設内における犯罪傾向の進んだ者との接触により受刑者が再犯に陥りやすくなる，③刑事施設の過剰拘禁の原因になる等がある。

他方，短期自由刑の積極的活用を図るべきとの見解もみられる。その論拠としては，①応報，威嚇，改善などの見地からは，軽い犯罪にあっては，軽い刑で処罰するべきである，②刑事施設が過剰拘禁等の問題を抱えている場合には，刑期の短期化は望ましい，③短期間の間に厳しく衝撃を与える方法が処遇効果を上げることもある等がある。

第15　不定期刑

1　不定期刑の意義

(1)　定期刑と不定期刑

裁判において自由刑を言い渡す場合において，自由刑の期間を確定して言い渡す刑を定期刑という。

刑罰の本質は応報であり，刑事裁判の機能は罪に相当する刑を言い渡すことにあると解する立場からすれば，定期刑は当然の制度であり，我が国においても自由刑の言渡しは定期刑を原則とする。しかし，刑罰の特別予防を重視する立場からすれば，定期刑は固定的であり，不便でもある。そこで，不定期刑の主張が生まれ，我が国においても，少年に対する自由刑の言渡しにおいて一部採用されている。

(2)　絶対的不定期刑と相対的不定期刑

不定期刑とは，自由刑の宣告刑の期間を裁判において確定することなく，その刑の執行の経過に従って事後的に決定する刑をいう。

不定期刑には，裁判において全く刑期を定めない絶対的不定期刑と，裁判において長期と短期を定めて言い渡す相対的不定期刑とがある。

不定期刑は，刑罰の特別予防と社会防衛の目的の立場から主張される。そして，絶対的不定期刑は，刑罰の個別化の当然の帰結であると主張されることもある。しかしながら，我が国においては，絶対的不定期刑については，刑の執行機関が刑期を決定することとなる結果，刑期が不当に長期となるおそれがあるため，人権保障上問題があることが指摘されており，罪刑法定主義の見地から認められていない。

現行法上は，少年法52条において，少年に対する相対的不定期刑が認められているのみである。

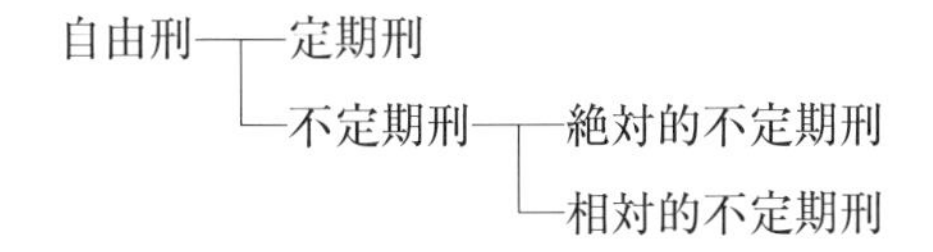

2　少年法における不定期刑

(1)　概　要

少年法は，少年に有期の懲役又は禁錮を科する場合に言い渡す不定期刑について定める（少52)。少年に対して不定期刑を認めた趣旨は，少年には可塑性があり，教育による改善更生が期待できるという教育的な考慮による。

少年に対する不定期刑については，少年法の一部を改正する法律（平成26年法律第23号）（以下「平成26年改正」という。平成26年５月８日施行）及び少年法等の一部を改正する法律（令和３年法律第47号）（以下「令和３年改正」という。令和４年４月１日施行）により，重要な改正がなされた。

これらの改正を経て，現行の少年法52条においては，少年に有期の懲役又は禁錮をもって処断すべきときには，処断刑の範囲内で長期を定め，長期の２分の１（長期が10年を下回るときは，長期から５年を減じた期間）を下回らない範囲内において短期を定めて，これを言い渡すこととされたが，長期は15年，短期は10年を超えることができず（少52Ⅰ)，少年の改善更生の可能性その他の事情を考慮し特に必要があるときは，処断刑の短期の２分の１を下回らず，かつ，長期の２分の１を下回らない範囲内において，刑を言い渡すことができることとされた（少52Ⅱ)。少年に刑の執行猶予を言い渡すときは，不定期刑に関する規定の適用はなく，定期刑の言渡しがなされる（少53Ⅲ)。

平成26年改正前は，長期が３年未満の有期の懲役又は禁錮をもって処断すべき場合には定期刑の言渡しがなされることとされていたが，平成26年改正後は，少年に対して有期の懲役又は禁錮を科するときには，無期刑が緩和されて定期刑が言い渡されるときを除き，不定期刑が言い渡されることとなった。その趣旨は，少年に対し不定期刑をもって教育的配慮を施すことにある。また，少年に対して不定期刑を言い渡すときの刑期の上限について，平成26年改正前は，長期は10年，短期は５年であったが，平成26年改正後は，長期は15年，短期は10年とされ，いずれの上限も引き上げられた。こちらは，被害者の生命を奪うなど重大な犯罪を行った少年に対して適切な科刑を実現するという趣旨による。

次に，令和３年改正では，18歳・19歳の者については「特定少年」として，有期の懲役又は禁錮をもって処断すべきときには，少年法52条の規定は適用せず（少67Ⅳ），刑法の規定どおり定期刑の言渡しをすることとされた。令和３年改正の趣旨は，選挙権年齢や民法の成年年齢が20歳から18歳に引き下げられ，「特定少年」は，社会において，責任ある主体として積極的な役割を果たすことが期待される立場になったことに鑑み，「特定少年」が罪を犯した場合には，科刑についてもその立場に応じた取扱いとすることが必要であると考えられたことによる。

少年に対して不定期刑を言い渡すときの判決主文のうち，主刑に関する部分は，「被告人を懲役１年以上３年以下に処する。」，「被告人を１年以上３年以下の懲役に処する。」という形でなされる。

「懲役１年以上　３年以下に処する」
短期　　　長期

(2)　不定期刑の終了

不定期刑の終了を判断するのは，地方更生保護委員会である（更生16⑤）。刑事施設の長又は少年院の長は，不定期刑の執行のため収容している者について，その刑の短期が経過し，かつ，刑の執行を終了するのを相当と認めるときは，地方更生保護委員会に対し，刑の執行を受け終わったものとすべき旨の申出をしなければならず（更生43），地方更生保護委員会は，刑の執行を終了するのを相当と認めるときは，決定をもって，刑の執行を受け終わったものとしなければならない（更生44Ⅰ）。

地方更生保護委員会は，不定期刑の終了の決定をしたときは，速やかに，その対象とされた者を収容する刑事施設又は少年院の長に対し，その旨を書面で通知するとともに，当該決定を受けた者に対し，当該決定をした旨の証明書を交付しなければならない（同条Ⅱ）。また，その決定の対象とされた者の刑期は，その通知が刑事施設又は少年院に到達した日に終了するものとする（同条Ⅲ）。

(3) 基準となる年齢

少年法52条を適用するには，判決の言渡時に少年であることを要する。第一審判決時に少年であった者が控訴審判決時に20歳以上の者となっている場合には，控訴の理由がないとして控訴を棄却する場合は，第一審判決時の被告人の年齢を基準とする（最決昭34. 7. 3刑集13-7-1110）。破棄自判，つまり事後審査の裁判所が上訴を理由があるものと認めて原判決を破棄して被告事件について自ら裁判（自判）をする場合は，自判時を基準とする（最判昭26. 8. 17刑集5-9-1799）。したがって，上訴審における自判時に20歳以上となった者に対しては，不定期刑を科すことはできない。

❖コラム❖　不定期刑の量刑の基準

不定期刑の量刑の基準については，不利益変更の禁止の原則（刑訴402）との関係で問題となる。不利益変更の禁止とは，刑事訴訟において，上訴審で原判決より重い刑が科されるのでは被告人側が上訴をちゅうちょして救済制度としての機能を十分に果たすことができないおそれがあるため，被告人側のみの上訴の場合には原判決より重い科刑を制限するものである。

上訴審が不定期刑を破棄自判する場合，被告人が不定期刑を言い渡すことができない年齢になっていると定期刑に変更されるので，定期刑が不利益か否か，不定期刑のどの期間と比較すべきかについて見解が分かれる。これには，おおむね，①短期説，②長期説，③全体基準説，④中間位説がある。

短期説は，責任刑の基準を不定期刑の短期とする説である。短期説は，短期を超える部分は保護処分・保安処分を考えるものであり，少年法58条1項3号が仮釈放許可の基準を短期としていること，更生保護法43条・44条が，短期を経過した者は刑終了可能としていることなどを根拠とする。短期説によれば，不利益変更の際に基準とすべき刑期は短期である。

長期説は，責任刑の基準を不定期刑の長期とする説である。長期説は，責任主義の趣旨に合致すること，長期の終了以前に刑の執行終了が認められたのは少年の可塑性から短期間での矯正効果が期待できること，少年への人道的・温情的配慮に基づくものであることなどを根拠とする。長期説によれば，不利益変更の際に基準とすべき刑期は長期である。

全体基準説は，短期から長期にわたる期間全体について責任刑としての意味を持つと同時に保安的，教育的意味を持つとする説である。責任には幅があることを前提として，不定期刑は全体として一つの責任刑であるとする。

中間位説とは，責任刑は，長期と短期の中間の期間であるとする説である。全体基準説，中間位説によれば，不利益変更の際に基準とすべき刑期は，長期・短期の中間となると考えられる。
判例は，第一審判決の不定期刑を第二審判決で定期刑に変更する場合において，両者の刑の軽重は，第一審判決の不定期刑の中間位を標準とし，これを定期刑の刑期と比較対照して，その長い方を重いものとしており（最大判昭25. 3. 15刑集 4－3－335，最大判昭29. 1. 20刑集 8－1－41，最判昭32. 9. 20刑集11－9－2353），中間位説を採用している。

(4)　不定期刑が適用されない場合

罪を犯すとき18歳に満たない者に対しては，無期刑をもって処断すべきときであっても有期の懲役又は禁錮を科することができ，その場合には定期刑を言い渡すこととされているところ，平成26年改正前の少年法では10年以上15年以下の範囲で定めることとされていたが，現行の少年法では10年以上20年以下の範囲で定めることとされた（少51Ⅱ）。無期刑と改正前の少年法の有期刑の上限との間に大きな格差があったことからその是正を図るためである。なお，平成26年改正前の少年法では，長期３年以上の有期の懲役又は禁錮の刑をもって処断されるときは定期刑を言い渡すこととされていたが，(1)のとおり，現行の少年法では不定期刑を言い渡すこととされた（少52Ⅰ）。

少年に対して刑の執行猶予の言渡しをする場合には，不定期刑の言渡しに関する少年法52条１項・２項の適用はない（少52Ⅲ）。したがって，この場合には，定期刑を言い渡した上，執行猶予の言渡しを行うこととなる。不定期刑は，少年に対する施設内処遇における教育的配慮からなされるものであり，執行猶予の場合にはかかる配慮は不要であることによる。

❖コラム❖　常習犯罪者に対する不定期刑

不定期刑における刑罰の特別予防と社会防衛の目的という機能的観点から，立法論として，常習犯罪者に対して，不定期刑を科すことができるようにするべきであるとの見解があり，昭和49年に法制審議会によって公表された改正刑法草案59条において，常習累犯に対しては相対的不定期刑を言い渡すことができる旨の規定が設けられていた。
しかしながら，不定期刑の創設については，仮釈放の弾力的な運用により定期刑についても不定期刑に近い運用が可能であること，社会内処遇の諸方策の発達により従前ほど不定期刑の必要性が強調されていないこと，不定期刑については刑の執行機関によって刑の期間が実質的に定められ，恣意的な判断が行われるのではないかという懸念があること，不定期刑が必ずしも刑事政策的手段として再犯防止等の観点から有効であるとする実証的な検証がなされていないこと，不定期刑は必要以上に長期の収容を招来する危険性があり，運用上，人権侵害を伴うおそれがあること等から消極説も有力である。

第16　罰金と科料

1　罰金及び科料

(1) 概　要

刑法上，財産刑には，

- ・主刑としての罰金と科料
- ・付加刑としての没収

がある。ここでは，罰金と科料を取り扱う。

罰金は１万円以上であるが（刑15本文），これを減軽する場合には，１万円未満に下げることができる（同条ただし書）。

科料は1,000円以上１万円未満である（刑17）。科料は，拘留とともに軽微な犯罪に科される。拘留又は科料のみに当たる罪については，特別の規定がなければ，犯罪組成物件（刑19Ⅰ①）を除き没収を科すことができず（刑20），拘留又は科料のみに処すべき罪の教唆者及び幇助犯は，特別な規定がなければ罰しない（刑64）。

(2) 罰金及び科料の執行

罰金及び科料の裁判は検察官の命令によってこれを執行し，その命令は執行力のある債務名義と同一の効力を有する（刑訴490Ⅰ）。「債務名義」とは，民事執行法22条に掲げる確定判決等をいい，「執行力のある債務名義と同一の効力を有する」とは，強制執行を実施することができることをいう（民執51）。

罰金及び科料の裁判の執行は，民事執行法その他強制執行の手続に関する法令の規定に従って行うが，執行前に裁判の送達をすることを要しない（刑訴490Ⅱ）。

(3) 相続財産に対する執行等

刑罰による制裁は，個人責任，すなわち一身専属的に帰属することが原則である。自由刑の場合にはその例外はないが，財産刑の場合には例外が存する。租税その他の公課若しくは専売に関する法令の規定により言い渡した罰金は，刑の言渡しを受けた者が判決の確定した後死亡した場合には，相続財産についてこれを執行することができる（刑訴491）。

また，法人に対して罰金又は科料を言い渡した場合に，その法人が判決の確定した後合併によって消滅したときは，合併の後存続する法人又は合併によって設立された法人に対して執行することができる（刑訴492）。

⑷　仮納付

裁判所は，罰金又は科料を言い渡す場合において，判決の確定を待ってはその執行をすることができず，又はその執行をするのに著しい困難を生ずるおそれがあると認めるときは，検察官の請求により又は職権で，被告人に対し，仮に罰金，科料又は追徴に相当する金額を納付すべきことを命ずることができる（刑訴348Ⅰ）。仮納付の裁判は刑の言渡しと同時に，判決でその言渡しをしなければならず（同条Ⅱ），直ちにこれを執行することができる（同条Ⅲ）。

なお，刑訴法は，第一審と第二審とにおいて仮納付の裁判があった場合における仮納付の執行の調整（刑訴493），仮納付の執行があった場合における本刑との調整（刑訴494）について規定を設けている。

2　労役場留置

⑴　概　要

罰金又は科料を完納することができない者は，労役場に留置される（刑18）。労役場留置は換刑処分であり，罰金又は科料の特別な執行方法である。

刑法18条は，罰金又は科料を完納することができない者は何人でも労役場に留置することを定めたもので，いずれも人種，信条，性別，社会的身分又は門地等の差異を理由として差別的待遇をしているものではないから憲法14条の平等の原則に反するものではない（最大判昭25．6．7刑集4－6－956）。

労役場留置は換刑処分であり，財産刑の執行の特別な方法であるが，労役場留置の期間の変更によりその処分を受ける者は不利益を受ける。したがって，刑罰そのものではないものの，犯罪後の法律により労役場留置の期間に変更があったときは，刑法6条の趣旨に鑑み，その軽いものを適用する（大判昭16. 7. 17刑集20-425）。

また，刑訴法402条は不利益変更の禁止についての規定であり，上訴審の判決は原審の判決よりも重くしてはならないことを規定するところ，労役場留置の期間の長短は同条の規定の適用がある。この点について，最判昭33. 9. 30刑集12-13-3190は，以下のとおり判示している。

「第一，二審判決の刑の軽重を比較するには，これを形式的にのみ判断することなく，綜体的考察の下に実質的具体的になすべきものである……。従つて罰金刑の場合においては，その罰金額の多寡の点のみを見て判断すべきではなく，これと共に，その不完納の場合における換刑処分としての労役場留置期間の長短の点をも綜合して判断すべきものであるといわなければならない。」

(2)　留置の期間

罰金を完納することができない者は，1日以上2年以下の期間，科料を完納することができない者は，1日以上30日以下の期間，労役場に留置する（刑18Ⅰ・Ⅱ）。

☞罰金を併科した場合又は罰金と科料とを併科した場合における留置の期間は，3年を超えることができない（同条Ⅲ前段）。
☞科料を併科した場合における留置の期間は，60日を超えることができない（同条Ⅲ後段）。
☞罰金と科料，あるいは科料と科料を併科する場合には，労役場留置の期間をそれぞれ定める必要がある。

(3)　留置の言渡し

罰金又は科料の言渡しをするときは，その言渡しとともに，罰金又は科料を完納することができない場合における留置の期間を定めて言い渡さなければならない（刑18Ⅳ）。

罰金又は科料の言渡しをするときは，執行猶予を言い渡す場合であっても労役場留置の言渡しをしなければならない。罰金又は科料の言渡しをするに当たって，その全額を未決勾留日数に算入することも可能である（刑21）。この場合は，労役場留置の言渡しをすることは要しない。

(4) 言渡しができない対象

少年に対しては，罰金を科することはできるが，労役場留置の言渡しをしてはならない（少54）。労役場留置は，教育を目的としない短期の自由拘束であるので，少年の情操に与える悪影響が大きいため，労役場留置を認めないこととしたものである。

法人に対しては，罰金を科することはできるが，その留置を観念することはできないので，労役場留置の言渡しをしてはならない。

(5) 留置の執行

罰金については裁判が確定した後30日以内，科料については裁判が確定した日から10日以内は，本人の承諾がなければ留置の執行をすることができない（刑18Ⅴ）。本人に納付のための調達に努力する余裕を与える趣旨である。

罰金又は科料の一部を納付した者についての留置の日数は，その残額を留置1日の割合に相当する金額で除して得た日数（その日数に1日未満の端数を生じるときは，これを1日とする。）とする（同条Ⅵ）。

Point　労役場に留置されている者の処遇についての規定の準用

労役場は，法務大臣が指定する刑事施設に附置することとされている（刑事収容施設287Ⅰ）。また，労役場に留置されている者の処遇については，その性質に反しない限り，懲役受刑者に関する規定が準用される（刑事収容施設288）。

労役場留置は，財産刑の特別な執行方法であり，その処遇には受刑者処遇の目的，すなわち，改善更生の目的等を含むものではない。よって，刑事収容施設法第2編第2章第10節に規定する矯正処遇等の中の第2款の作業のうち，単純・機械的に作業を行わせることに関する規定についての準用はあるが，その他の矯正処遇等に関する規定である刑事収容施設法85条（刑執行開始時及び釈放前の指導等），88条（制限の緩和），89条（優遇措置），94条（作業の実施），96条（外部通勤作業），103条（改善指導），104条（教科指導），106条（外出及び外泊）等の規定は準用されない。

第17　刑の執行猶予

1　刑の執行猶予の意義

刑の執行猶予とは，裁判所が，刑の言渡しをする場合において，一定の要件があるときに，情状によって，その執行を一定の期間留保し，その猶予期間内に猶予を取り消されず，無事経過したときは，刑を科さないこととする制度である。

刑の執行猶予は，刑罰の執行に伴う弊害をできるだけ避けるとともに，猶予の取消しを猶予を受ける者に警告することにより，猶予の期間中その者に善行を保持させ，同時に刑を受けないという希望を持たせ，もって再犯防止の目的を達成しようとするものである。刑の執行猶予は，短期自由刑に伴う弊害を回避することに主な意義を有するが，法制上は，財産刑である罰金刑も執行猶予の対象である。

刑の執行猶予に付随する処分として，保護観察（刑25の２）のほか，売春の勧誘等（売春５）の罪を犯した満20歳以上の女子に対する補導処分（売春17・20）がある。

なお，刑の執行猶予については，従前は刑の全部の執行を猶予する制度しかなかったが，平成25年６月13日，刑法等の一部を改正する法律及び薬物法（薬物使用等の罪を犯した者に対する刑の一部の執行猶予に関する法律）が成立し，平成28年６月１日から施行されたことにより，刑の一部執行猶予制度が導入された。

刑の執行猶予は，刑の言渡しと同時に，判決でその言渡しをしなければならない（刑訴333Ⅱ前段）。判決で刑の全部の執行猶予の言渡しがなされる場合には，その主文に，例えば，

「被告人を懲役２年に処する。

この裁判が確定した日から４年間その刑の執行を猶予する。」

などと表示される。

2　刑法25条１項の刑の全部の執行猶予

(1) 執行猶予の要件

前に禁錮以上の刑に処せられたことがない者（刑25Ⅰ①）又は前に禁錮以上の刑に処せられたことがあっても，その執行を終わった日又はその執行の免除を得た日から5年以内に禁錮以上の刑に処せられたことがない者（同項②）が，3年以下の懲役若しくは禁錮又は50万円以下の罰金の言渡しを受けたときは，情状により，裁判が確定した日から1年以上5年以下の期間，その刑の全部の執行を猶予することができる（刑25Ⅰ）。

(2) 「前に禁錮以上の刑に処せられたことがない者」

刑法25条1項1号の「前に禁錮以上の刑に処せられたことがない者」の「前に」とは，同項の規定による執行猶予の判決の言渡しをする前に，という意味であり，前刑の罪と当の罪との犯罪時の前後をいうものではない（最判昭31．4．13刑集10-4-567）。

「処せられた」とは，これを言い渡した刑が確定したことをいい，刑の執行を受けたことではない。

すなわち，刑法25条1項1号の「前に禁錮以上の刑に処せられたことがない者」とは，同項の規定による執行猶予の判決の言渡しの前に禁錮以上の確定判決を受けたことがない者をいう（最判昭24．3．31刑集3-3-406）。

「禁錮以上の刑に処せられた」というためには刑の言渡しの効力があることが前提であるので，刑の全部の執行猶予期間の経過（刑27），刑の消滅（刑34の2），恩赦（恩3）等によって刑の言渡しがその効力を失ったときは，その刑に処せられなかったこととなる。

(3) 前刑の罪と併合罪の関係にあるとき

前に執行猶予の判決が確定し，文理上は，刑法25条1項1号に該当する場合であっても，新たに刑を言い渡す罪が，前刑の罪との間で刑法45条後段の併合罪の関係に立つ余罪であるときは，刑法25条1項の規定により再度の執行猶予を言い渡すことができる。すなわち，併合罪である数罪が前後して起訴されて裁判され，前の判決では執行猶予が言い渡されていた場合には，刑法25条1項1号にいう「刑に処せられた」とは実刑判決の場合をいうものと解され（最大判昭28．6．10刑集7-6-1404），前に実刑に処せられなかったときは，執行猶予の判決を言い渡すことができる。

実刑判決である確定判決のあった罪と併合罪関係に立つ余罪については，執行猶予を言い渡すことはできない（最判平7．12．15刑集49-10-1127）。

(4) 余罪について再度執行猶予を言い渡す場合

刑法25条１項により刑の執行猶予を受けた犯罪の余罪について，同項により再度執行猶予を言い渡す場合には，両罪を同時に審判することが著しく困難若しくは不可能であること，同時に審判されたならば執行猶予を言い渡すことができる情状があることは必要ではない（最大判昭32．２．６刑集11－２－503）。

(5) 「５年以内に禁錮以上の刑に処せられたことがない者」

刑法25条１項２号の「５年以内に禁錮以上の刑に処せられたことがない者」とは，禁錮以上の刑に処せられることなく，５年以上が経過した者をいう。

3　刑法25条２項の刑の全部の執行猶予（再度の執行猶予）

前に禁錮以上の刑に処せられたことがあっても，その刑の全部の執行を猶予された者が１年以下の懲役又は禁錮の言渡しを受け，情状に特に酌量すべきものがあるときも，その刑の全部の執行を猶予することができるが，ただし，前刑の言渡しにおいて，保護観察に付せられ，その期間内に更に罪を犯した者については，その刑の全部の執行を猶予することはできない（刑25Ⅱ）。

刑法25条２項にいう「執行を猶予された者」とは，執行猶予の期間内に罪を犯した者ではなく，裁判時において現に執行猶予中の者をいう（福岡高判昭29．３．23高刑集７－２－202）。

刑法25条２項の規定による再度の刑の全部の執行猶予は，裁判所の裁量により付されるものであるが，その犯罪が特に軽微であって，科刑の必要がない場合に行われる。しかし，同項ただし書の規定により，前刑の言渡しにおいて，保護観察に付せられ，その期間内に更に罪を犯した者については，再度の刑の全部の執行猶予を付することはできない（売春防止法16条に特例がある。）。

4　保護観察

(1) 概　要

保護観察とは，刑法25条の２第１項の規定により保護観察に付されている者その他更生保護法48条に掲げる者の改善更生を図ることを目的として，同法57条及び第65条の３第１項に規定する指導監督並びに同法58条に規定する補導援護を行うことにより実施するものである（更生48・49）。保護観察は，保護観察所の長が管轄し，保護観察官又は保護司が実施する

（更生60・61等）。刑の執行猶予は，保護観察により，その対象者の改善更生という機能を全うする。

刑法25条１項の規定により刑の全部の執行を猶予した場合は，猶予の期間中，保護観察に付することができ，同条２項の規定により刑の全部の執行を猶予した場合は，保護観察に付するものとされている（刑25の２Ⅰ）。前者の保護観察は裁判所の裁量により付されるのに対し，後者の保護観察は必要的である。

⑵　保護観察の仮解除

刑の全部の執行猶予の期間中に付された保護観察は，「行政官庁」である地方更生保護委員会の処分によって仮に解除することができる（刑25の２Ⅱ）。また，保護観察を仮に解除されたときは，刑法25条２項ただし書及び26条の２第２号の規定の適用については，その処分を取り消されるまでの間は，保護観察に付せられなかったものとみなされる（同条Ⅲ）。

⑶　判決における言渡し

刑の執行猶予の期間中保護観察に付する場合には，刑の言渡しと同時に，判決でその言渡しをしなければならない（刑訴333Ⅱ後段）。判決の主文には，

「被告人を懲役２年に処する。

この裁判が確定した日から４年間その刑の執行を猶予する。

被告人をその猶予の期間中保護観察に付する。」

などと表示される。

5　刑の全部の執行猶予の取消し

刑の全部の執行猶予は，必要的に取り消される場合（刑26・26の３）と裁判所の裁量により取り消される場合（刑26の２）がある。

⑴　必要的に取り消される場合

刑法26条の規定により刑の全部の執行猶予が必要的に取り消される場合とは，

①　猶予の期間内に更に罪を犯して禁錮以上の刑に処せられ，その刑の全部について執行猶予の言渡しがないとき（刑26①）

②　猶予の言渡し前に犯した他の罪について禁錮以上の刑に処せられ，その刑の全部について執行猶予の言渡しがないとき（同条②）

③　猶予の言渡し前に他の罪について禁錮以上の刑に処せられたことが発覚したとき（同条③）

である。

ただし，③の場合において，猶予の言渡しを受けた者が，前に禁錮以上の刑に処せられたことがあるが，その執行を終わった日又はその執行の免除を得た日から５年以内に禁錮以上の刑に処せられたことがない者であるとき（刑25Ⅰ②），又は猶予の言渡し前に他の罪について禁錮以上の刑に処せられ，その刑の全部の執行を猶予されたことが発覚したとき（刑26の２③）に該当するときは，必要的に取り消すべき場合ではない（刑26）。

(2)　裁判所の裁量により取り消される場合

刑法26条の２の規定により刑の全部の執行猶予が裁判所の裁量により取り消される場合とは，

①　猶予の期間内に更に罪を犯し，罰金に処せられたとき（刑26の２①）

②　刑法25条の２第１項の規定により保護観察に付せられた者が遵守すべき事項を遵守せず，その情状が重いとき（同条②）

③　猶予の言渡し前に他の罪について禁錮以上の刑に処せられ，その刑の全部の執行を猶予されたことが発覚したとき（同条③）

である。

刑法26条の２第２号の「保護観察に付せられた者が遵守すべき事項」としては，更生保護法の定める一般遵守事項（更生50）と特別遵守事項（更生51）とがある。

(3)　取消しの手続

刑の執行猶予を取り消すべき場合には，必要的な取消し及び裁判所の裁量による取消しのいずれについても，検察官が，刑の言渡しを受けた者の現在地又は最後の住所地を管轄する地方裁判所，家庭裁判所又は簡易裁判所に対しその請求をしなければならないが（刑訴349Ⅰ），刑法26条の２第２号の又は27条の５第２号の規定による場合は，検察官の請求は，保護観察所の長の申出に基づいてこれをしなければならない（同条Ⅱ）。

刑法26条又は26条の２の規定により禁錮以上の刑の全部の執行猶予の言渡しを取り消したときは，執行猶予中の他の禁錮以上の刑についても，その猶予の言渡しを取り消さなければならない（刑26の３）。これは，同一人に対し一方において自由刑を執行しながら，他方において自由刑の執行を猶予するのは執行猶予の趣旨に矛盾するためである。

6　猶予期間経過の効果

刑の全部の執行猶予の言渡しを取り消されることなくその猶予の期間を経過したときは，刑の言渡しは効力を失う（刑27）。

刑の言渡しによる法的効果が将来に向かって消滅するという意味であり，刑の執行猶予の制限事由とはならず，また他の法令による資格制限もこれによって消滅する。しかし，その効果は過去に遡らないから，刑の言渡しによって生じた法的効果には影響を及ぼすものではない。

7　刑法上の刑の一部執行猶予制度について

(1)　趣　旨

刑の一部執行猶予制度が導入される前は，刑の言渡しの選択肢として，全部実刑か全部執行猶予のいずれかしか存在せず，また，仮釈放制度における仮釈放の期間は，言い渡された実刑のうち服役した残りの期間に限られるため，社会内処遇の期間を十分に確保することができないという問題が指摘されていた。

そこで，犯罪をした者の再犯防止及び改善更生を図るためには，刑務所等の刑事施設内で一定期間の施設内処遇を行った上，相応の期間，執行猶予の取消しによる心理的強制の下で社会内において更生を促す社会内処遇を実施することが有用である場合があるとの考えの下，刑の一部執行猶予制度が導入された。

(2)　概　要

刑法上の一部執行猶予制度は，①前に禁錮以上の刑に処せられたことがない者，②前に禁錮以上の刑に処せられたことがあっても，その刑の全部の執行を猶予された者又は③前に禁錮以上の刑に処せられたことがあっても，その執行を終わった日又はその執行の免除を得た日から５年以内に禁錮以上の刑に処せられたことがない者（以下①から③のいずれかに該当する者を「初入者等」という。）について，その初入者等が３年以下の懲役又は禁錮の言渡しを受けた場合において，犯情の軽重及び犯人の境遇その他の情状を考慮して，再び犯罪をすることを防ぐために必要であり，かつ，相当であると認められるときは，１年以上５年以下の期間，その刑の一部の執行を猶予することができるというものである（刑27の２Ⅰ）。

刑の一部の執行猶予期間中の保護観察は任意的である（刑27の３Ⅰ）。

判決で，保護観察付きの刑の一部の執行猶予の言渡しがなされる場合には，その主文に，例えば，

「被告人を懲役３年に処する。
未決勾留日数中30日をその刑に参入する。
その刑の一部である懲役６月の執行を２年間猶予し，その猶予の期間中被告人を保護観察に付する。」

などと表示される。

保護観察の仮解除の手続及び効果については，刑の全部の執行猶予期間中の保護観察の場合と同様である（刑27の３Ⅱ・Ⅲ）。

刑の一部の執行猶予の取消しについても刑の全部の執行猶予の場合と概ね同様であるが（刑法27の４から27の６），刑の一部の執行猶予の裁量的取消しにおいては，保護観察に付された者が遵守事項を遵守しなかったときは，その情状のいかんにかかわらず，保護観察を取り消し得るとしている点が刑の全部の執行猶予の取消しの場合とは異なる（刑法27の５②）。

刑の一部の執行猶予の言渡しを取り消したときは，執行猶予中の他の禁錮以上の刑についても，その猶予の言渡しを取り消さなければならない（刑27の６）。

刑の一部の執行猶予の言渡しを取り消されることなくその猶予の期間を経過したときは，その懲役又は禁錮を執行が猶予されなかった部分の期間を刑期とする懲役又は禁錮に減軽する。この場合においては，当該部分の期間の執行を終わった日又はその執行を受けることがなくなった日において，刑の執行を受け終わったものとする（刑27の７）。

8　薬物法上の刑の一部執行猶予制度について

(1)　趣　旨

薬物使用等の罪を犯した者については，薬物への依存性を有する者が多く，その再犯を防止するためには，施設内処遇によって薬物への依存性を

改善するだけでなく，これに引き続き，薬物の誘惑があり得る社会内においても改善の効果を維持・強化することが重要である。また，薬物への依存性を有する者に必要とされる処遇については，施設内処遇及び社会内処遇のいずれにおいても，専門的処遇プログラムが用意されている。

このようなことからすれば，薬物使用等の罪を犯した者の再犯を防止するためには，施設内処遇に引き続いて社会内処遇を行うことが有用である場合がある。

そこで，薬物使用等の罪を犯した者については，犯罪をした者の刑事責任に見合った量刑を行うことを前提としつつ，刑法の特則である薬物法により，初入者等以外の者であっても，一部執行猶予の対象とされている。

(2) 概　要

薬物使用等の罪（薬物２Ⅱ）を犯した者であって，刑法27条の２第１項各号の初入者等以外のものについて，その者がその罪又はその罪及び他の罪について３年以下の懲役又は禁錮の言渡しを受けた場合において，犯情の軽重及び犯人の境遇その他の情状を考慮して，刑事施設における処遇に引き続き社会内において規制薬物等（薬物２Ⅰ）に対する依存の改善に資する処遇を実施することが，再び犯罪をすることを防ぐために必要であり，かつ，相当であると認められるときは，１年以上５年以下の期間，その刑の一部の執行を猶予することができる（薬物３）。

薬物使用者に対する刑の一部の執行猶予制度は，薬物使用等の罪を犯した者であって，刑法27条の２第１項各号の初入者等以外のものを対象とするが，初入者等以外と比べて，刑事責任が重く，規制薬物等に対する依存も進んでいる場合が多いこと，薬物使用を反復する犯罪的傾向を改善するための施設内処遇及び社会内処遇における専門的処遇プログラムも既に存在していることなどから，必要的に保護観察を付することとしている（薬物４Ⅰ）。そして，保護観察における特別遵守事項として，その改善更生のために特に必要とは認められない場合を除き，規制薬物等の使用を反復する犯罪的傾向を改善するための処遇を受けることが定められなければならないこととされている（更生51の２Ⅰ，51Ⅱ④）。

薬物法における保護観察の仮解除，刑の一部執行猶予取消し等についても薬物法に必要な規定が設けられている（薬物４Ⅱ・５）。

第18　仮釈放

1　仮釈放の意義

懲役又は禁錮の刑に処せられた者に改悛の状があるときは，有期刑についてはその刑期の３分の１を，無期刑については10年を経過した後，行政官庁の処分によって，仮に釈放することができる（刑28）。これを仮釈放という。刑法28条の「行政官庁」とは，地方更生保護委員会をいう（更生16①）。

仮釈放は，懲役又は禁錮の執行を受けている者に対し，その行状により刑期満了前における一定時期をもってこれを釈放し，現実の刑の執行を免除する制度である。できるだけ無用の拘禁を回避するとともに，受刑者に将来の希望を与えてその改善更生を促し，併せて刑期終了後における社会復帰に資することを目的とするものであって，刑事政策上の配慮に基づく処分である。

⑴　仮釈放の法的性質

仮釈放の法的性質については，

①　仮釈放は刑事施設内の行状により与えられる恩恵であるという見解（恩恵説）

②　刑罰を個別化し，自由刑の弊害を避けるための制度であるとする見解（刑の個別化説）

③　仮釈放を社会防衛のためとみる見解（社会防衛説）

④　仮釈放は刑の一執行段階であり，刑期の範囲内で執行を緩和したものとみる見解（刑の執行の一形態説）

⑤　刑の一部執行猶予の後に残刑期間の執行を猶予する制度であり，仮釈放と刑の執行猶予と同視する見解（刑の一形態説）

等がある。この中で，刑の執行の一形態説が通説的な地位を占めている。

現行法上，仮釈放の期間は残刑期間とする考え（残刑期間主義）を採用している。立法論としては，仮釈放の期間を残刑期間とするのではなく，再犯の危険性に応じて仮釈放の期間を定め，その間保護観察に付するべきであるという考え（考試期間主義）もあり得る。ただし，考試期間主義に対しては，保護観察の期間を専ら行政官庁（地方更生保護委員会）の権限に委ねるのが妥当であるのか否かという問題とも関連し，これを専ら行政官庁に委ねた場合には，司法判断よりも行政判断を事実上優先することにつながることから，消極的な意見もある。

(2) 少年の場合

少年法においては，少年のとき懲役又は禁錮の言渡しを受けた者について，刑法上の仮釈放の要件が緩和され，仮釈放をすることができる期間が短縮されている。仮釈放の要件が緩和されているのは，少年が可塑性に富み，施設内における教育の効果がより期待できるということにある。

刑法上は無期刑については10年，有期の懲役又は禁錮の場合は当該刑期の3分の1を経過しなければ仮釈放をすることはできないが（刑28），少年のとき懲役又は禁錮の言渡しを受けた者については，①無期については7年，②罪を犯すとき18歳に満たない者であって，無期刑をもって処断すべきところ10年以上20年以下の有期の懲役又は禁錮の定期刑を科した者については，その刑期の3分の1，③懲役又は禁錮の不定期刑を科した者については，その刑の短期の3分の1を経過した後，仮釈放をすることができる（少58Ⅰ）。

ただし，少年法51条1項の規定により罪を犯すとき18歳未満の者であって，死刑をもって処断すべきところ無期刑の言渡しを受けた者については，少年法58条1項1号の規定の適用はなく（少58Ⅱ），刑法28条の規定どおり10年を経過することを要する。かかる場合には，少年法51条1項により死刑に処されるべきところを，少年であるということを考慮して刑が無期刑に緩和されており，仮釈放の期間についてその他の無期刑の言渡しと同様に緩和することは，死刑相当事案が極めて重大な凶悪犯罪であり，被害感情，社会一般の正義感情に照らして相当ではないことによる。

仮釈放の趣旨は20歳以上の者と同じであるが，少年の場合には，教育的な観点からより有効活用の余地が大きい。

なお，少年法等の一部を改正する法律（令和3年法律第47号）により，18歳・19歳の者については「特定少年」として，社会において，責任ある主体として積極的な役割を果たすことが期待される立場になったことに鑑み，「特定少年」のときに刑の言渡しを受けた者については，少年法の仮釈放に関する規定（少58・59）は適用されず（少67Ⅴ），その結果，刑法上の仮釈放の規定（刑28）が適用される。

2　仮釈放の要件

仮釈放を許す要件として，刑法は「懲役又は禁錮に処せられた者に改悛の状があるとき」（刑28）と規定するが，更生保護法は「法務省令で定める基準に該当すると認めるとき」（更生34Ⅰ）と規定し，犯罪をした者及び非行のある少年に対する社会内における処遇に関する規則（社会内処遇規則）において，仮釈放を許すべき旨の申出は，「悔悟の情及び改善更生の意欲があり，再び犯罪をするおそれがなく，かつ，保護観察に付することが改善更生のために相当であると認めるときにするものとする。ただし，社会の感情がこれを是認すると認められないときは，この限りでない。」（社会内処遇規28・12）と定められている。

詳細は，第４章「第２　更生保護法」を参照のこと。

3　仮釈放の手続及び取消し等

仮釈放の手続等に関しては，第４章「第２　更生保護法」を参照のこと。

4　仮出場

拘留に処せられた者は，情状により，いつでも，行政官庁の処分によって仮に出場を許すことができる（刑30Ⅰ）。罰金又は科料を完納することができないため労役場に留置された者も，同様である（同条Ⅱ）。

5　矯正・更生保護の取組

仮釈放は，収容期間満了前に施設内処遇から社会内処遇に移行させて再び犯罪をすることを防ぎ，その改善更生を図ることを目的としており，刑事政策上極めて重要な意義を有している。このことに鑑み，近時，矯正においても，更生保護と連携し，仮釈放の積極的な運用の推進を図っている。

その取組については，「仮釈放の積極的な運用の推進について」（令和３年保観第24号矯正局長・保護局長通達）及び「『仮釈放の積極的な運用の推進について』の運用上留意すべき事項について」（令和３年矯成第237号法務省矯正局成人矯正課長通知）が発出されているので，刑務官としては十分留意する必要がある。

第19　刑罰の適用

1　刑罰の適用

国家の刑罰権は犯罪の成立と同時に発生するが，その段階における刑罰権はいまだ観念的なものである。現実の刑罰権は，捜査，訴追を経て，裁判所の確定判決によりはじめて執行することが可能となる。

裁判所が具体的な刑罰権を確定するためには，刑罰法規に定められている犯罪事実を認定し，これに対して当該法規が規定する刑罰を適用しなければならない。

その際，適用されるべき刑罰の種類（刑種）及びその分量（刑量）が犯罪の種類ごとに確定していればその適用は容易であるが，刑法は，同一の犯罪に対するものでも数種の刑罰を規定している場合があり，また，同種のものでもその上限と下限のみを定めてその範囲内における裁判所の自由な選択を許している。また，刑罰を加重したり，減軽したり，免除することを認めているので，裁判所は具体的な犯罪事実に対していかなる種類の刑罰を選択し，それをいかに加減し，いかに量定するかを定める必要がある。

これを一般的に，刑罰の適用又は刑罰の具体化という。

2　法定刑・処断刑・宣告刑

刑罰が具体化するまでの間に，構成要件に対応して定められている各法条の刑罰は，三つの段階に区別されている。

(1)　法定刑

第一の段階は法定刑である。法定刑とは，各法条で犯罪に対応するものとして規定されている刑罰をいう。刑罰は，個々の犯罪に対する刑種及び刑量により規定される。我が国の刑法は，刑種及び刑量を相対的に規定し，その定められた範囲内で刑の言渡しを裁判所の裁量に委ねている（相対的法定刑主義）。

(2) 処断刑

第二の段階は処断刑である。処断刑とは，法定刑に法律上又は裁判上の加重減軽をしたもの，すなわち，それによって，刑の量定及び言渡しをするものをいう。法定刑に修正を加えた刑であり，具体的な処断の範囲を画する。法律上又は裁判上の加重減軽を要しない場合は，法定刑と処断刑は一致する。法令上又は裁判上の刑の加重減軽を行うことがあるため，かかる修正が必要となる。

(3) 宣告刑

第三の段階は宣告刑である。宣告刑とは，法定刑又は処断刑の範囲内で，裁判所により具体的に量定された刑をいう。宣告刑は判決において言い渡される（刑訴333Ⅰ）。判決の宣告をするには，主文及び理由を朗読し，又は主文の朗読と同時に理由の要旨が告げられなければならない（刑訴規35Ⅱ）。

法定刑	→ 処断刑	→ 宣告刑
犯罪に当たるとして規定された刑罰	法定刑を加重減軽したもの	裁判所により具体的に量定された刑

3　処断刑の決定

刑訴法335条１項は，「有罪の言渡をするには，罪となるべき事実，証拠の標目及び法令の適用を示さなければならない。」と規定する。「法令の適用」とは，罪となるべき事実がいかなる刑罰本条に該当するかを示し，さらに刑の加重減免規定を示して処断刑の範囲を明らかにすることにある。

(1) 科刑上の一罪の処理

１個の行為が２個以上の罪名に触れる場合（刑54Ⅰ前段）に２個以上の罪名に触れるそれぞれの犯罪を観念的競合といい，犯罪の手段又は結果である行為が他の罪名に触れる場合（同項後段）にそれぞれの犯罪を牽連犯という。観念的競合及び牽連犯は科刑の上では一罪として扱われる。

２個以上の罪が観念的競合又は牽連犯である場合は，それぞれの法定刑を比較して最も重い刑により処断する。

(2)　刑種の選択

法定刑にいくつかの刑種が定められ，その間に選択の余地があるとき，あるいは科刑上の一罪として処理した後にも刑種の選択の余地があるときは，その数種類の刑から犯罪の具体的な情状に応じた１種類の刑罰を選択しなければならない。刑種の選択は，裁判所の裁量による。

(3)　刑罰の加重減軽

(2)により選択された刑罰について，法律がこれを加重若しくは減軽するよう義務付け，又は裁量により減軽する場合がある。刑罰の加重事由としては，累犯と併合罪があり，刑罰の減軽事由としては，法律上の減軽と裁判上の減軽（酌量減軽）がある。

①　刑罰の加重事由

累犯加重は刑法57条・59条が，併合罪加重は刑法47条・48条がそれぞれ定める。

②　刑罰の減軽事由

法律上の減軽事由には，必要的減軽事由と任意的減軽事由とがある。必要的減軽事由とは，必ず減軽しなければならないものであり，心神耗弱（刑39Ⅱ），中止未遂（刑43ただし書），従犯（刑63）がある。任意的減軽事由とは，減軽するかどうかを裁判所の自由な裁量に委ねられているものであり，障害未遂（刑43本文），過剰防衛（刑36Ⅱ），過剰避難（刑37Ⅰただし書），法律の不知（刑38Ⅲ），自首（刑42Ⅰ）等がある。法律上の減軽をする場合には，減軽事由がいくつあっても１回のみ減軽し，刑法68条の定めるところによる。

刑罰の加重減軽に当たっては，有期の懲役及び禁錮の加減の限度（刑14）の適用がある。

裁判上の減軽として酌量減軽がある。酌量減軽とは，犯罪の情状に酌量すべきものがあるときに，裁判所が自由な裁量によりその刑を減軽することである（刑66）。法律上の加重減軽をした場合でも，なお酌量減軽することはできる（刑67）。減軽の方法は，法律上の減軽と同じである（刑71）。

③　加重減軽の順序

数個の加重減軽事由がある場合には，累犯加重，法律上の減軽，併合罪の加重，酌量減軽の順序による（刑72）。

4　宣告刑の決定

処断刑が決定されると，その範囲内で被告人に科すべき具体的な刑，すなわち宣告刑を定めることとなる。宣告刑を定めることを刑の量定という。刑の量定は裁判所の合理的な裁量に委ねられる。

刑法は，刑の量定の基準について定めるところはないが，犯罪行為に対する被告人の責任の限度を超える刑罰を科すことはできないと解されている。被告人に対しては，犯罪行為に対して負うべき責任の範囲で，犯罪の性格，被告人の生育環境，犯罪後の被告人の態度等を考慮し，その社会復帰にも配慮した刑罰の量定を行うことが可能であり，事案に応じた刑の量定が行われている。

第20　科刑上の一罪と併合罪

1　問題の所在

犯人による一連の行為を，１個の犯罪として構成するか複数の犯罪として構成するか，複数の犯罪として構成した場合にそれらを１個の犯罪として評価するか互いに別個独立の犯罪として構成するかにより，刑罰の軽重が修正され，その処断刑が異なる場合がある。これが罪数の問題であり，刑罰の適用において問題となる。

ここでは，科刑上の一罪（科刑上一罪）と併合罪を取り扱う。

2　科刑上一罪

科刑上一罪とは，本来は数罪であるが，科刑上は一罪として処理されるものである。犯人による一連の行為について，複数の犯罪が成立するが，そのうちの最も重い刑により処断する。観念的競合と牽連犯がこれに当たる。

(1)　観念的競合

観念的競合とは，「１個の行為が２個以上の罪名に触れ（る）」（刑54Ⅰ前段）ものである。

「１個の行為」とは，法的評価を離れ，構成要件的観点を捨象した自然的観察の下で，行為者の動態が社会的見解上１個のものとの評価を受ける場合をいう（最大判昭49．５．29刑集28－４－114）。「２個以上の罪名」とは，２個以上の別異の罪名であると同一の罪名であると問わない（大判明42．３．11刑録15－205）。

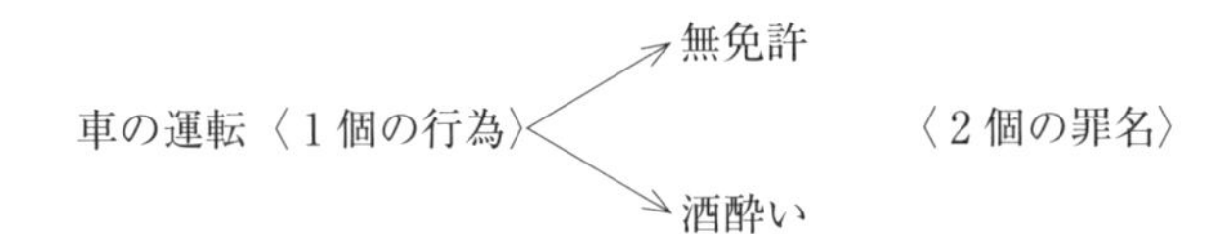

観念的競合の例として，以下等がある。

◆１個の過失行為で16人を死亡させたときの16個の過失致死罪（大判大７．１．19刑録24-４）
◆無免許運転と酒酔運転（最大判昭49．５．29刑集28-４-114）
◆ひき逃げにおける道路交通法上の救護義務違反と報告義務違反（最大判昭51．９．22刑集30-８-1640）

なお，数人が共同して２人以上に暴行傷害を加えたときは，被害者数に応じた傷害罪等が成立し，観念的競合ではなく，併合罪となる（最決昭53．２．16刑集32-１-47）。

⑵　牽連犯

牽連犯とは，「犯罪の手段若しくは結果である行為が他の罪名に触れる」（刑54Ⅰ後段）ものをいう。

牽連犯であるためには，犯人が主観的にその一方を他人の手段又は結果の関係において実行したというだけでは足りず，その数罪間にその罪質上通常手段結果の関係が存在することが必要である（最判昭32．７．18刑集11-７-1861）。

住居侵入〈犯罪（＝放火）の手段〉⇔ **放火**〈目的となる犯罪〉

牽連犯の例は，以下のとおり。

◆住居侵入罪との間における放火罪（大判明43．２．28刑録16-349），強姦罪（大判明44．５．23刑録17-953），殺人罪（大判明43．６．17刑録16-1220），窃盗・強盗罪（大判明45．５．23刑録18-658）
◆私文書偽造罪と詐欺罪（大判明42．１．22刑録15-27）

⑶　牽連犯における「かすがい現象」

牽連犯の場合には，「かすがい現象」という処理がなされる場合がある。例えば，他人の住居に侵入して３人を殺害した場合，３個の殺人（刑199）は１個の住居侵入（刑法130）とそれぞれ牽連犯の関係にあり，刑法54条１項後段により全体を一罪として構成される（最決昭29．５．27刑集８-５

-741)。

このように，手段となる犯罪が1個，目的となる犯罪が数個ある場合において，目的となる犯罪それ自体は併合罪の関係にあっても，手段となる犯罪と目的となる犯罪との間にそれぞれ牽連犯の関係にある場合には，全体として一罪として構成される。

(4)　科刑上一罪の場合の処理

科刑上一罪は，「その最も重い刑により処断する」。刑の軽重は刑法10条の定めるところによる。

科刑上一罪は，数個の罪名中最も重い刑を定める法条によって処断するが，他の法条の最下限の刑より軽く処断することはできない（最判昭28.4.14刑集7-4-850)。

例えば，偽造有印私文書行使（刑161Ⅰ）と詐欺（刑246）は観念的競合であるが，偽造有印私文書行使罪の法定刑は3月以上5年以下の懲役であり，詐欺罪のそれは10年以下の懲役であるので，詐欺罪の法定刑により処断することとなれば，1月以上10年以下の懲役に処することとなるが，法定刑の短期について他方の罪（偽造有印私文書行使罪）の方が重い場合には他方の罪の最下限より軽く処断することはできないので，この場合の処断刑の範囲は，3月以上10年以下の懲役となる。

科刑上一罪の場合における公訴時効は，その最も重い罪の刑について定めた時効期間による（最判昭41.4.21刑集20-4-275)。

3　併合罪

確定裁判を経ていない2個以上の罪を併合罪とし，ある罪について禁錮以上の刑に処する確定裁判があったときは，その罪とその裁判が確定する前に犯した罪とに限り，併合罪とする（刑45)。

(1)　刑法45条前段の併合罪

刑法45条前段の併合罪は，確定裁判を経ていない2個以上の罪をいう。例えば，A罪に続いてB罪が行われ，A罪とB罪が併せて裁判で処理される場合は，裁判時において，A罪とB罪はいずれも確定裁判を経ていない。この場合におけるA罪とB罪は，刑法45条前段の併合罪である。

(2) 刑法45条後段の併合罪

Ａ罪に続いてＢ罪が実行された場合において，Ａ罪については発覚が遅れたため訴追されたとき又は判決の言渡しを受けるときには，既にＢ罪については訴追されて禁錮以上の刑に処する確定裁判がある場合がある。この場合におけるＡ罪とＢ罪は，刑法45条後段の併合罪である。さらに，この場合において，Ｂ罪の確定裁判の後にＣ罪が行われたときは，Ａ罪とＢ罪は刑法45条後段の併合罪であるが，Ａ罪とＣ罪は刑法45条の併合罪ではない。

刑法45条後段の併合罪については，「ある罪について禁錮以上の刑に処する確定裁判があったとき」であることを要し，その場合の「確定裁判」とは，執行猶予の期間の経過によって刑の言渡しが失効した場合（最決昭45．9．29刑集24-10-1421）や刑法34条の２の規定により刑が消滅した場合（最判昭29．3．11刑集８-３-270）を含む。

「確定する前に犯した犯罪」とは，当該犯罪に対する判決の確定した日時までに犯した犯罪の意味である（東京高判昭28．2．26高刑判特38-48）。ただし，継続犯の実行行為中に別罪について確定裁判があったときは，当該犯罪は正に継続中であって，「確定する前に犯した犯罪」ではないため，刑法45条後段の併合罪ではない（最決昭35．2．9刑集14-１-82）。

(3) 併科の制限

併合罪のうちの１個の罪について死刑に処するときは，他の刑を科さない。ただし，没収はこの限りでない（刑46Ⅰ）。

また，併合罪のうちの１個の罪について無期の懲役又は禁錮に処するときも，他の刑を科さない。ただし，罰金，科料及び没収は，この限りでない（同条Ⅱ）。

(4) 有期の懲役及び禁錮の加重

併合罪のうちの２個以上の罪について有期の懲役又は禁錮に処するときは，その最も重い罪について定めた刑の長期にその２分の１を加えたものを長期とする。ただし，それぞれの罪について定めた刑の長期の合計を超えることはできない（刑47）。

刑法47条は，併合罪のうちの２個以上の罪について有期の懲役又は禁錮に処するときは，同条が定めるところに従って併合罪を構成する各罪全体に対する統一刑を処断刑として形成し，その範囲内で各罪全体に対する刑を決することとした規定であり，併合罪の構成単位である各罪について個別的な量刑判断を行うことは，法律上予定されていない（最判平15．7．10刑集57－7－903）。Ａ罪とＢ罪が併合罪であるときに，「Ａ罪は○年，Ｂ罪は△年，よって両方併せて×年」という個別的な量刑判断は法の予定するところではなく，併合罪全体に対して１個の刑を定めるべく量刑判断が行われる。

最も重い罪について定めた刑を決定するには，まず，各本条につき適用すべき有期の懲役刑又は禁錮刑を選択した上，これに再犯加重，法律上減軽を行った処断刑のみを標準として刑法10条に従い決すべきであり，各本条に併科的又は選択的に規定されている死刑，無期刑又は罰金刑等を比較の対照として定めるものではない（最判昭24．8．18刑集３－９－1455）。

⑸　罰金の併科等，没収の付加，拘留及び科料の併科

罰金と他の刑とは，併科する。ただし，併合罪のうちの一罪について死刑に処するときは，罰金の併科はしない（刑48Ⅰ）。

併合罪のうちの２個以上の罪について罰金に処するときは，それぞれの罪について定めた罰金の多額の合計以下で処断する（同条Ⅱ）。

併合罪のうちの重い罪について没収を科さない場合であっても，他の罪について没収の事由があるときは，これを付加することができ，２個以上の没収は併科する（刑49）。

拘留又は科料と他の刑とは，併科する。ただし，併合罪のうちの一罪について死刑に処するときは，拘留又は科料の併科はせず，併合罪のうちの一罪について無期の懲役又は禁錮に処するときは，拘留の併科はしない（刑53Ⅰ）。

２個以上の拘留又は科料は，併科する（同条Ⅱ）。

⑹　余罪の処理

併合罪のうちに，既に確定裁判を経た罪とまだ確定裁判を経ていない罪とがあるときは，確定裁判を経ていない罪について更に処断する（刑50）。

本条は，併合罪のうちまだ確定裁判を経ていない罪について処断する場合の規定である。数個の犯罪が行われた中間時に，他の罪について禁錮以上の刑に処する裁判の確定した事実があるときは，その確定時を境として併合罪の関係が遮断され，その結果，刑が２個以上科されることとなる。この場合を実務では，「主文２つの場合」などという。

確定裁判の前に犯した罪をＡ罪とし，確定裁判の後に犯した罪をＢ罪とした場合において，いずれも有罪である場合の判決主文は，「被告人をＡの罪について懲役３年に，Ｂの罪について懲役２年に処する。」などと表示される。

(7)　併合罪に係る２個以上の刑の執行

併合罪について２個以上の裁判があったときは，その刑を併せて執行する。ただし，死刑を執行すべきときは，没収を除き，他の刑を執行せず，無期の懲役又は禁錮を執行すべきときは，罰金，科料及び没収を除き，他の刑を執行しない（刑51Ⅰ）。

２以上の主刑を執行する場合には，罰金及び科料を除いては，その重いものを先にし，ただし，検察官は，重い刑の執行を停止して，他の刑の執行をさせることができる（刑訴474）。

併合罪について２個以上の裁判があったときにその刑を併せて執行する場合において，有期の懲役又は禁錮を執行するときは，その最も重い罪について定めた刑の長期にその２分の１を加えたものを超えることができない（刑51Ⅱ）。

第21　累　犯

1　累犯の意義

(1)　犯罪学上の「累犯」と刑法上の「累犯」

累犯とは，犯罪学的には犯罪を累行することをいう。刑事施設において，「累犯者の処遇は困難である」といわれるときの「累犯」とは，犯罪学上の累犯の概念である。

他方，刑法上の累犯とは，刑法第１編第10章に規定があるとおり，単に以前に処罰された者が犯罪を反復するというだけでなく，刑法56条の定める所定の要件を満たすことを要し，累犯加重という法律上の効果を付与するものである。再犯でも三犯以上でも累犯である。刑法上の累犯とは，法律上刑を加重すべき原因となる犯罪の累行を指す。

(2)　憲法との関係

刑法56条は，行為者が再犯者であるということに基づいて，新たに犯した罪に対し重い刑を科すことを認めたものであり，前科に対する確定判決を動かしたり，前犯に対し重ねて刑罰を科する趣旨ではないから，憲法39条が定める二重処罰の禁止には違反しない（最大判昭24. 12. 21刑集３−12−2062）。

また，憲法14条１項は，「すべて国民は，法の下に平等であつて，人種，信条，性別，社会的身分又は門地により，政治的，経済的又は社会的関係において，差別されない」ことを規定しているが，犯人の処罰は，かような理由に基づく差別的処遇ではなく，刑罰制度の目的に応じて各犯罪各犯人ごとに妥当な処置を講ずべきものであるから，それぞれの場合にその処遇の異なることがあるのは当然であって，犯人の性格，年齢及び境遇並びに犯罪の情状及び犯罪後の情況等を考慮した結果，犯情のある面において他の犯人に類似した犯人をこれより重く罰しても，憲法の平等の原則に違反するものでなく，累犯者を重く処罰しても，憲法14条１項が定める平等原則に違反するものではない（最判昭25. １. 24刑集４−１−54）。

⑶　常習犯

犯罪学上の累犯に類似する概念として常習犯がある。いずれも犯罪の反復累行という面では共通し，実務上は，同様の意味で用いられることもある。ただし，累犯それ自体は犯罪の反復累行という形式的な基準によるのが一般であるのに対し，常習犯は，行為者の常習性という属性に着眼した概念であり（最決昭54．10．26刑集33-6-665），理論上・概念上は区別されて用いられている。

刑法上の常習犯には，個別の犯罪ごとに「常習として」という構成要件が定められており，例えば，常習賭博（刑186Ⅰ），常習的傷害等（暴力1の3），常習累犯窃盗（盗犯3）等があり，賭博（刑185），傷害（刑204），窃盗（刑235）と比較して法定刑が重く定められている。薬物事犯やわいせつ事犯を反復累行する者の中には，常習性の認められる者もいるが，これらについては，「常習として」と定めた犯罪の構成要件はない。

刑法上の常習犯は，犯罪の構成要件に前科が規定されている場合（盗犯3）を除き，初犯者であっても犯罪が成立することがあるのに対し，刑法上の累犯は初犯者には成立しない。

なお，常習犯についても，累犯加重規定の適用はある（最判昭44．9．26刑集23-9-1154）。

2　再犯の要件

再犯の要件について，実務上問題となるのは，専ら刑法56条1項である。懲役に処せられた者がその執行を終わった日又はその執行の免除を得た日から5年以内に更に罪を犯した場合において，その者を有期懲役に処するときは，再犯とする（刑56Ⅰ）。

⑴　懲役の執行を終えたこと又はその執行の免除を得たこと

新たに犯した罪が再犯であるためには，行為者が，懲役の執行を終えたこと又はその執行の免除を得たことを要する。実務上は懲役刑の執行を終えた場合が問題となる。執行猶予になった犯罪とその猶予期間中に犯した犯罪（大判大12．11．17刑集2-805）や，前刑と前刑の仮釈放中に新たに犯した犯罪（最判昭24．12．24裁集刑15-583）は，いずれも前刑の執行を終えていないので累犯の関係には立たない。

なお，刑の執行の免除とは，外国の裁判の執行による場合（刑５），刑の時効（刑31），恩赦法による刑の執行の免除（恩８）等をいう。

(2)　懲役の執行を終えてから５年以内に更に罪を犯すこと

再犯であるためには，前刑の懲役刑の執行を終わってから５年以内に更に罪を犯すことを要する。５年の期間の起算は，受刑の最終日の翌日から起算する（最判昭57．3．11刑集36-3-253）。

また，新たに罪を犯した時点については，法定の５年の期間内に犯罪の実行行為をしたか否かを基準として決すべきであり，その着手時期のみを基準とすべきものではない。例えば，拳銃の不法所持罪のような継続犯については，刑の執行の終了前に着手した場合でも，刑の執行が受け終わった後も引き続いて犯罪を継続している場合には累犯が成立する（最決昭43．11．7刑集22-12-1335）。

(3)　更に懲役刑に処せられること

再犯となるには，前刑で懲役刑に処せられた者が更に懲役刑に処せられることを要する。新たに犯した犯罪の法定刑に有期懲役刑以外の刑罰が規定されている場合において，有期懲役刑が選択されたときに，前刑と後刑は累犯の関係に立つ。

3　再犯加重

再犯の刑は，その罪について定めた懲役の長期の２倍以下とされる（刑57）。しかし，刑法14条２項の規定により，30年を超えて刑を加重することはできない。短期については変更はない。したがって，裁判官は再犯加重をしても，罰則に規定する法定刑の短期までの範囲において宣告刑を定めることができる。

例えば，前刑において懲役に処せられた者がその執行を終えてから５年以内に窃盗罪を犯した場合には，窃盗罪の法定刑が10年以下の懲役又は50万円以下の罰金であり（刑235），懲役刑の短期は１月以上であるので（刑12Ⅰ），懲役刑を選択した場合には，裁判官は再犯加重により１月以上20年以下の範囲内で懲役刑を科すことができる。

累犯加重の原因でない前科を量刑の資料とするかどうかは，裁判所の科刑量定権に属するので，裁判所が法律上の加重原因たる累犯の条件を欠く前科を刑の量定において参酌することは妨げられない（大判明44．5．9刑録17-842）。

4　三犯以上の累犯

刑法59条は，「三犯以上の者についても，再犯の例による。」と規定する。判例によれば，三犯として処断するには，初犯と再犯，再犯と三犯のほか，初犯と三犯との間にも刑法56条の条件を具備することが必要であるとされている（大判明42．6．21刑録15-822，最判昭29．4．2刑集8-4-399）。

三犯以上の者についても，再犯の例によることとされているので，刑の加重は刑法57条の定めるとおりである。

❖コラム❖　「例による」と「準用する」

法令用語としての「例による」とは，ある事項に関する法令上の制度を他の事項について包括的に借りてきて，これについても同様の取扱いをすることを意味する。「準用する」と似ているが，「準用する」がある事項に関する個々の規定を引用して，これを他の事項について借用しようとするものであるのに対し，「例による」は，一つの制度を全体として借用しようとする点にその違いがある。

第22　監　置

1　監置の意義

監置とは，法廷秩序法に基づき，法廷等の秩序を乱した者に対して科される制裁の一種であり，制裁の対象とする者を監置場に留置することにより行う。

法廷秩序法は，民主社会における法の権威を確保するため，法廷等の秩序を維持し，裁判の威信を保持することを目的とし（法廷秩序１），法廷等の秩序を維持するための制裁として，監置及び過料を定める。裁判所又は裁判官は，法廷又は法廷外で事件につき審判その他の手続をするに際し，その面前その他直接に知ることができる場所で，秩序を維持するため裁判所が命じた事項を行わず，若しくは執った措置に従わず，又は暴言，暴行，けん騒その他不穏当な言動で裁判所の職務の執行を妨害し若しくは裁判の威信を著しく害した者は，20日以下の監置若しくは３万円以下の過料に処し，又はこれを併科する（法廷秩序２Ⅰ）。

2　監置の法的性質等

法廷秩序法によって裁判所に属する権限は，直接憲法の精神すなわち司法の使命とその正常適正な運営の必要に由来するもので，司法の自己保存，正当防衛のために司法に内在する権限であり，同法による制裁（同法２条による監置決定及びそのための保全処置である同法３条２項による行為者の拘束等）は，従来の刑事的行政的処罰のいずれの範疇にも属しないところの同法によって設定された特殊の処罰であって，裁判所又は裁判官の面前その他直接に知ることができる場所における現行犯的行為に対し，裁判所又は裁判官によって適用されるものである。したがって，法廷秩序法による制裁を科する場合には，令状の発付，勾留理由の開示，訴追，弁護人依頼権等刑事裁判に関し憲法の要求する諸手続の適用は排除されることとなるが，憲法32条・33条・34条，37条に違反しない（最大決昭33. 10. 15刑集12-14-3291）。

監置の制裁は刑事処分ではないので，被告人が法廷秩序法に規定する監置の制裁を受けた後，更に同一事実に基づいて刑事訴追を受け有罪判決を言い渡されたとしても，憲法39条に違反するものでもない（最判昭34．4．9刑集13-4-442）。

制裁を科する裁判の手続は必ずしも公開の法廷ですることを必要とせず，その手続は憲法82条に違反しない（最決昭35．9．21刑集14-11-1498）。

3 制裁の対象

公判廷の状況を一般に報道するための取材活動であっても，その活動が公判廷における審判の秩序を乱し被告人その他訴訟関係人の正当な利益を不当に害するような場合は制裁の対象となる（最大決昭33．2．17刑集12-2-253）。

制裁の対象となる者は，裁判所又は裁判官の面前等において法廷秩序法２条所定の言動をなす限り，それが被告人であると弁護人であると一般傍聴人であると問わない（前掲最決昭35．9．21）。

4 監置の手続

法廷秩序法２条１項の規定による制裁は，裁判所又は裁判官が科し（法廷秩序３Ⅰ），その制裁の対象となる行為があったときは，裁判所職員又は警察官に行為者を拘束させることができる（同条Ⅱ）。その他，制裁を科する裁判の手続等についても法廷秩序法の定めるところによる。

5 監置の裁判の執行

監置の裁判の執行は，対象となる者を強制的に留置するという点で自由刑のそれと類似するが，手続等は異なる。例として以下が挙げられる。

＊監置は，検察官ではなく，裁判官の命令で執行される（法廷秩序７Ⅰ）。
＊監置の裁判を執行するため必要があるときは，裁判官は収容状を発することができ，収容状は勾引状と同一の効力を有するものとし，裁判官の指揮によって執行する（同条Ⅱ）。
＊収容状の執行については，刑訴法中勾引状の執行に関する規定を準用する

（同条Ⅲ）。
＊監置の裁判の執行は，当該裁判があった時から３か月を経過した後は，開始することができない（同条Ⅶ）。
＊監置の裁判の執行によって著しく健康を害するおそれがあるとき，その他重大な事由があるときは，裁判所又は裁判官は本人の請求又は職権により当該裁判の執行を停止することができる（同条Ⅷ）。

6　執行の場所

監置は，監置場に留置することにより行う（法廷秩序２Ⅱ）。監置場は，法務大臣が指定する刑事施設に附置することとされている（刑事収容施設287Ⅰ）。監置の裁判の執行を受ける者は，最寄りの地に監置場がないとき，又は最寄りの監置場に留置の余力がないときは，刑事施設内の特に区別した場所に留置することができる（同条Ⅱ）。

なお，刑事収容施設法287条２項の規定により監置の裁判の執行を受ける者を刑事施設に留置することができる場合には，刑事施設に収容することに代えて，留置施設に留置することができる（刑事収容施設15Ⅰ）。

Point　被監置者の処遇と他の被収容者との違い

被監置者の処遇は，受刑者のそれとは異なり，改善更生の意欲の喚起などを目的として行われるものではなく，未決拘禁者とも異なり，罪証隠滅の防止も基本的に問題とならない。他方，被監置者は，制裁として監置場に留置されており，未決拘禁者と法的地位が重なる場合も多いことに照らせば，未決拘禁者と同様の処遇では制裁としての実効性を欠くきらいがある。

そこで，その性質に反しない限り，自弁の物品の使用及び摂取や外部交通については，被監置者が未決拘禁者としての地位を有しない場合は受刑者の処遇に関する規定を，被監置者が未決拘禁者の地位を有する場合は，未決拘禁者としての地位を有する受刑者の処遇に関する規定をそれぞれ準用することとしている（刑事収容施設288）。

第 2 章

刑法各論

第１　公務の執行を妨害する罪 ～公務執行妨害等

1　総　説

刑法第２編第５章の公務の執行を妨害する罪は，以下のとおりである。

・公務執行妨害（刑95Ⅰ）
・職務強要（同条Ⅱ）
・封印等破棄（刑96）
・強制執行妨害目的財産損壊等（刑96の２①）
・強制執行妨害目的財産現状改変（同条②）
・強制執行妨害目的財産無償譲渡等（同条③）
・強制執行行為妨害（刑96の３Ⅰ）
・強制執行申立妨害目的暴行等（同条Ⅱ）
・強制執行関係売却妨害（刑96の４）
・加重封印等破棄等（刑96の５）
・公契約関係競売入札妨害（刑96の６Ⅰ）
・談合（同条Ⅱ）

ここでは，公務執行妨害罪及び職務強要罪を取り上げる。

2　公務執行妨害

公務員が職務を執行するに当たり，これに対して暴行又は脅迫を加えた者は，３年以下の懲役若しくは禁錮又は50万円以下の罰金に処する（刑95Ⅰ）。

(1)　保護法益

本条は，公務員を特別に保護する趣旨の規定ではなく，公務員によって執行される公務そのものを保護するものである（最判昭28．10．２刑集７-10-1883）。

(2) 公務員の意義

本罪の客体はいずれも「公務員」である。刑法上，「公務員」とは，国又は地方公共団体の職員その他法令により公務に従事する議員，委員その他の職員をいう（刑７Ⅰ）。

公務員とは，官制，職制によってその職務権限が定まっている者に限らず，全ての法令により公務に従事する職員を指称するものであり，その法令には単に行政内部の組織作用を定めた訓令といえども，抽象的な通則を規定しているものは含まれる（最判昭25．２．28刑集４－２－268）。

また，法令により公務に従事する職員とは，法令の根拠に基づき任用され公務に従事する職員を意味し，単純な機械的・肉体的労働に従事する者はこれを含まないが，当該職制等の上で職員と呼ばれている身分を持つかどうかは問わない（最決昭30．12．３刑集９－13－2596）。

刑務所看守が刑法上の「公務員」であることは当然である（最判昭23．12．14刑集２－13－1756）。

(3) 罪　質

本罪は，公務員が職務を執行するに当たり，これに対して暴行・脅迫を加えれば直ちに成立し，その暴行・脅迫により現実に職務執行妨害の結果が発生したことは必要ではない（最判昭33．９．30刑集12－13－3151）。いわゆる抽象的危険犯である。

(4) 職務〜威力業務妨害との関係

本罪にいう「職務」は，広く公務員が取り扱う各種各様の事務の全てが含まれる（最判昭53．６．29刑集32－４－816）。

もっとも，このように解した場合には威力業務妨害（刑234）の客体である「業務」との関係が問題となる。つまり，公務員の職務を「暴行又は脅迫」又は「威力」を用いて妨害した場合に，公務執行妨害と威力業務妨害罪のいずれが成立するのであろうか。

判例は，威力業務妨害罪の保護の対象である「業務」は，強制力を行使する権力的公務を除いたものであるとしている（最決昭62．３．12刑集41－２－140，最決平12．２．17刑集54－２－38）。

非権力的公務については，暴行・脅迫によらない威力等による妨害であってもこれを保護する必要があるが，権力的公務については，威力等にとどまる妨害行為については，実力による排除が可能であるので，威力業務妨害罪の客体ではないと解される。

⑸ 「職務を執行するに当たり」の意義

本罪の保護の対象となる職務の執行とは，具体的・個別的に特定された職務の執行の開始から終了までの時間的範囲及び当該職務の執行と時間的に接着し，これと切り離し得ない一体的関係にある範囲内の職務行為に限ると解すべきである（最判昭45．12．22刑集24-13-1812）。

しかし，職務の性質によっては，その内容を個別的に分断して論ずることが不自然かつ不可能であり，ある程度継続した一連の職務として把握することが相当な場合もあるので，本罪の実行行為がなされた際に，その執行が一時中断されているかのような外観を呈しても，なお一体性，継続性を有する統括的職務の執行中であるとみるのが相当である場合もある（前掲最判昭53．６．29）。

⑹ 暴行・脅迫の意義

本罪の暴行とは，広義の暴行であり（「第６　傷害の罪」６参照），公務員の身体に対し，直接であると間接であるとを問わず，不法な攻撃を加えることをいう（最判昭37．１．23刑集16-１-11）。

また，公務員の身体に対して加えられる場合に限られず，当該公務員の指揮に従いその手足となってその職務の執行に関与する補助者に対してなされる場合を含む（最判昭41．３．24刑集20-３-129）。

⑺ 職務行為の適法性

本罪が成立するには，妨害行為である暴行・脅迫が公務員の適法な職務の執行に当たりなされたことを要する。つまり，当該公務員の行為がその抽象的職務権限に属し，かつ，具体的事実関係の下で，暴行等による妨害から保護されるに値する職務行為であることを要する（最大判昭42．５．24刑集21-４-505）。

職務行為の適否は，事後的に純客観的な立場から判断されるべきではなく，行為当時の状況に基づいて客観的，合理的に判断されるべきである（最決昭41．４．14判時449-64）。

例えば，行為時において現行犯と認められる十分な理由がある場合には，警察官による逮捕行為は，たとえ，裁判時において事後的に純客観的な立場から当該逮捕行為が違法であると判断されたとしても適法であるので，当該逮捕行為を妨害する暴行・脅迫は，公務執行妨害罪の実行行為に該当する。

3　職務強要

公務員に，ある処分をさせ，若しくはさせないため，又はその職を辞めさせるために，暴行又は脅迫を加えた者は，３年以下の懲役若しくは禁錮又は50万円以下の罰金に処する（刑95Ⅱ）。

⑴　保護法益

本罪は，公務員の正当な職務の執行を保護するばかりではなく，広くその職務上の地位をも保護しようとするものである（最判昭28．１．22刑集７－１－８）。

⑵　罪　質

本罪は，所定の目的をもって暴行又は脅迫を加えることにより直ちに成立し，その結果として当該公務員が加害者の目的とした処分をしたこと，若しくはしなかったことを必要としない（大判昭４．２．９刑集８－59）。公務執行妨害罪と同じく，抽象的危険犯である。

⑶　処分の意義

公務員の処分とは，当該公務員の職務権限内に属することを要するとする見解もあるが，当該公務員の職務に関係のある処分であれば足り，その職務権限内の処分であるか否かは問わない（前掲最判昭28．１．22）。

不当な公務員の処分を暴行又は脅迫を用いてやめさせる行為について本罪が成立するか否か問題となるが，判例はこれを認めている。例えば，課税方法が仮に不当であっても，その是正は税法所定の方法によるべきであることから，直接税務署係官を脅迫して課税処分の変更を求める場合は，本罪は成立する（最判昭25．３．28刑集４－３－425）。

⑷　強要との関係

本罪は，強要（刑223）の実行行為と重なり合う部分があるので同罪との関係が問題となる。本罪は目的犯であり，暴行又は脅迫があれば直ちに既遂が成立する（未遂の規定はない。）。

強要罪は，生命，身体，自由，名誉若しくは財産に対し害を加える旨を告知して脅迫し，又は暴行を用いて，人に義務のないことを行わせ，又は権利の行使を妨害することであるが，暴行・脅迫にとどまり現実の妨害に至らない場合には未遂が成立する。

本罪の暴行・脅迫が行われた場合は，強要罪は本罪に吸収される。

第2　逃走の罪

1　総　説

刑法第2編第6章の逃走の罪には，以下がある。

- ・単純逃走（刑97）
- ・加重逃走（刑98）
- ・被拘禁者奪取（刑99）
- ・逃走援助（刑100）
- ・看守者逃走援助（刑101）

いずれの未遂犯も処罰される（刑102）。

単純逃走及び加重逃走は被拘禁者自身の逃走行為を罰するものであり，被拘禁者奪取，逃走援助及び看守者逃走援助は他の者が被拘禁者を逃走させる行為を罰するものである。

逃走の罪は，我が国の司法作用のうち，拘禁作用をその保護法益とする。

2　単純逃走

裁判の執行により拘禁された既決又は未決の者が逃走したときは，1年以下の懲役に処する（刑97）。

⑴　主　体

犯罪の主体は，「裁判の執行により拘禁された既決又は未決の者」であり，真正身分犯である。

ア　裁判の執行により拘禁された者

「拘禁」とは，身体の自由を拘束することを意味する。「裁判の執行により拘禁されている者」がその地位を取得するのは，拘禁施設に収容された時点である。よって，裁判の執行を受けてもいまだ収容される前の段階では，「勾引状の執行を受けた者」（刑98）には該当するとしても，「裁判の執行により拘禁された者」には該当しない。例えば，勾留状の執行を受けたがいまだ拘禁施設に収容されていない者は，「裁判の執行により拘禁された者」とはいえない。

もっとも，裁判が執行されていったん拘禁施設に収容された後は，拘禁から不法に離脱していない限り，「裁判の執行により拘禁された者」に該当する。例えば，刑事施設の職員の事実上の管理の下にある護送中の被収容者や刑事施設外で作業中の受刑者はこれに該当する。他方，災害の際に解放された被収容者や外部通勤作業を行う受刑者は，適法に拘禁が解かれているので，本罪の主体とはならない。

イ　裁判の執行により拘禁された既決の者

「裁判の執行により拘禁された既決の者」とは，確定判決により刑の執行として現に拘禁され，又は死刑の執行のため拘置されている者をいう。仮釈放中又は執行停止中の者は含まない。労役場留置執行中の者は含む。

少年院に収容された者は，保護処分として送致されて収容されている者であり，「法令により拘禁された者」（刑99）には該当するが，確定判決により刑の執行として収容されている者ではないので，本罪の主体とはならない。

ウ　裁判の執行により拘禁された未決の者

「裁判の執行により拘禁された未決の者」とは，被疑者又は被告人として勾留状により拘禁されている者をいう（札幌高判昭28．7．9高刑集6－7－874）。保釈中又は刑の執行停止中の者は含まない。勾引状若しくは逮捕状により，又は現行犯逮捕若しくは緊急逮捕により一時拘禁されている者も含まない。

勾留の執行を停止して鑑定留置に付されている者は，留置中の身柄の処遇が勾留と同一視される限り含まれる（仙台高判昭33．9．24高刑集11追録1）。

(2)　実行行為等

「逃走した」とは，看守者の実力支配を脱したときに既遂となる。未決の者が施設外へ逃走したが，看守者が直ちに発見して追跡し，したがって，刑事収容施設の居室から脱出すれば当然に逃走に着手したものであるが，刑事収容施設の敷地内にある間はまだ既遂ではない。未決の者が施設外へ逃走したが，看守者が直ちに発見して追跡し，間もなく600メートル離れた家屋内で発見した場合は，いまだ看守者の実力的支配を完全に脱出したものとはいえないから本罪の未遂罪とした裁判例（福岡高判昭29．1．12高刑集7－1－1）がある。

⑶　**状態犯**

本罪は状態犯である（第1章「第2　犯罪の成立要件」3⑵参照）。よって，本罪は既遂に達すると同時に犯罪は終了し，その時点より公訴時効は進行する。

3　加重逃走

刑法97条に規定する者又は勾引状の執行を受けた者が拘禁場若しくは拘束のための器具を損壊し，暴行若しくは脅迫し，又は2人以上通謀して逃走したときは，3月以上5年以下の懲役に処する（刑98）。

⑴　**主　体**

本罪の主体は，「裁判の執行により拘禁された既決又は未決の者」又は「勾引状の執行を受けた者」であり，真正身分犯である。

「裁判の執行により拘禁された既決又は未決の者」は，2に記載のとおりである。

「勾引状の執行を受けた者」とは，被告人又は被疑者に限られず，勾引された証人を含む（刑訴152～153の2・民訴194）。勾引状の執行を受ければ足り，必ずしも一定の場所に拘禁されたことを要しない。

逮捕状の執行を受けた者は，「勾引状の執行を受けた者」に準じて取り扱うのが相当であり，本罪の主体となり得る（東京高判昭33．7．19高刑集11－6－347）。

⑵　**実行行為**

本罪の実行行為は，

①　拘禁場又は拘束器具の損壊

②　暴行又は脅迫

③　2人以上の通謀

のいずれか一つ以上の行為と逃走の行為である。

なお，加重逃走のように，それぞれの行為が独立して罪となる数個の行為を結合して１個の犯罪として構成されている犯罪を結合犯という。

ア　拘禁場等の損壊

「拘禁場」とは，刑事施設，留置施設その他の拘禁のための施設をいい，「拘束器具」とは，手錠，捕縄等をいう。

「損壊」とは，物理的損壊を意味し，単に手錠及び捕縄を外し，これを放棄したとしても「損壊」には該当しない（広島高判昭31.12.25高刑集９-12-1336）。

イ　暴行又は脅迫

「暴行又は脅迫」とは，逃走の手段として看守者に対してなされることを要する。本罪の「暴行」は，公務執行妨害（刑95Ⅰ）の「暴行」と同じく広義の暴行（「第６　傷害の罪」６参照）である。本罪が成立した場合は，公務執行妨害罪は本罪に吸収される。

３，イにおける実行行為の着手時期は，逃走の目的で「損壊」又は「暴行又は脅迫」に着手した時点であり，逃走の実行行為に着手した時点ではない。

ウ　通　謀

「２人以上通謀して」とは，２人以上の者が逃走の時期，方法等について意思を疎通することを要する。「２人以上の通謀」については，通謀のみでは実行行為の着手があったとはいえず，逃走の実行に着手した時点をもって，本罪の実行行為の着手があったものと解される。

４　被拘禁者奪取

法令により拘禁された者を奪取した者は，３月以上５年以下の懲役に処する（刑99）。

本罪の主体に限定はない。

⑴　客　体

本罪の客体は「法令により拘禁された者」である。「法令により拘禁された者」とは，「裁判の執行により拘禁された既決又は未決の者」及び「勾引状の執行を受けた者」のほか，それ以外の法令により拘禁された者を含む。具体的には，現行犯逮捕又は緊急逮捕された者であっていまだ逮捕状が提示されていないもの，法廷秩序法により拘束，収容又は留置された者，少年院に保護処分として収容された者，少年鑑別所に収容された者も含まれる。

児童福祉施設に入所した者，警察に保護された者，保護拘束を受けている精神障害者等は拘禁された者ではないので，本罪の客体ではない。

(2)　実行行為

本罪の実行行為は「奪取」である。「奪取」とは，「法令により拘禁された者」をその看守者の実力的支配から自己又は第三者の実力によって他の者の支配を排除し得る状態に移すことをいう。単に「法令により拘禁された者」を解放して逃走させるのは逃走の幇助であり，「奪取」ではない。

本罪の実行行為の着手は，「奪取」に着手した時点であり，「奪取」の手段として暴行又は脅迫を行ったが，「奪取」に至らなかった場合は本罪の未遂が成立する。

5　逃走援助

法令により拘禁された者を逃走させる目的で，器具を提供し，その他逃走を容易にすべき行為をした者は，３年以下の懲役に処し（刑100Ⅰ），法令により拘禁された者を逃走させる目的で，暴行又は脅迫をした者は，３月以上５年以下の懲役に処する（同条Ⅱ）。

(1)　罪　質

本条１項の罪の実質は逃走の幇助であるが，「法令により拘禁された者」が逃走の実行行為に着手しなくても成立する。単純逃走幇助・加重逃走幇助の処断刑よりも，本罪の法定刑の方が重い。

(2)　実行行為等

本条１項の「逃走を容易にすべき行為」とは，逃走の機会又は方法を教示し，戒具を解除する等，言語によると動作をもってするとを問わない。その行為を行うことによって直ちに既遂となる。

本条２項の罪の実行行為は，「暴行又は脅迫」である。公務執行妨害（刑

95Ⅰ）の「暴行又は脅迫」と同義であり，「法令により拘禁された者を逃走させる目的」で行うことを要する。

⑶　未遂の成立

本条1項・2項の罪の未遂が成立するのは，「器具を提供し，その他逃走を容易にすべき行為」又は「暴行又は脅迫」それ自体が未完成に終わったときである。

6　看守者逃走援助

法令により拘禁された者を看守し又は護送する者がその拘禁された者を逃走させたときは，1年以上10年以下の懲役に処する（刑101）。

⑴　主　体

本罪の主体は「法令により拘禁された者を看守し又は護送する者」であり，刑務官が典型である。本罪は真正身分犯であり，その身分により逃走援助（刑100）の刑が加重されている。

⑵　実行行為等

本罪の実行行為は「逃走させ（る）」ことであり，逃走を惹起し，又はこれを容易ならしめる一切の行為をいう。本罪は故意犯であり，解放その他の作為に限られず，逃走しようとするのを知りながら殊更にこれを放置する不作為も含む。

看守し又は護送する者が，逃走を容易ならしめる行為をした場合は，逃走の事実が看守又は護送の任務解除後であっても本罪は成立する（大判大2．5．22刑録19-626）。

⑶　既遂と未遂

本罪の既遂は，「法令により拘禁された者」の逃走が既遂に達したときである。

「逃走させ（る）」行為に着手したがこれが完了しなかった場合，当該行為は完了したが「法令により拘禁された者」の逃走が既遂に至らなかった場合は，未遂にとどまる。

Point　刑事収容施設法違反の不出頭・不帰着の罪について，刑法上の逃走の罪が成立するか。

刑事収容施設法293条は，災害の際に解放された被収容者等が刑事施設等に出頭しない場合，外部通勤作業を行う受刑者等が刑事施設に帰着しない場合等を処罰する罰則である。それぞれ不出頭・不帰着の罪と呼ばれる。

これらの者は，刑事施設の長の許可を得て適法に事実上の拘禁を解かれた者であるので，刑法上の逃走の罪は成立しない。しかし，拘禁状態に復すべきであるにもかかわらずこれに復さず，国家の拘禁作用を侵害しているものであるから刑罰を加える必要がある。不出頭罪等の法定刑は単純逃走罪と同じであり，1年以下の懲役である。

第３　職権濫用等の罪

1　総　説

職権濫用等の罪とは，刑法第２編第25章の汚職の罪のうち，以下のものをいう。

・公務員職権濫用（刑193）
・特別公務員職権濫用（刑194）
・特別公務員暴行陵虐（刑195）
・特別公務員職権濫用致死傷等（刑196）

刑法第25章の汚職の罪は公務員の職務に関する罪であり，職権濫用の罪と賄賂の罪に大別されるところ，その保護法益は国家作用の公正さ，そして国民の公務の公正さへの信頼を保護法益とする。しかし，職権濫用等の罪は，義務のないことを行わせる個人という直接的な被害者が存在する点で，賄賂の罪とは異なる。すなわち，職権濫用等の罪は，国家的保護法益とともに，個人的保護法益をも保護法益とする。

2　公務員職権濫用

公務員がその職権を濫用して，人に義務のないことを行わせ，又は権利の行使を妨害したときは，２年以下の懲役又は禁錮に処する（刑193）。

⑴　主　体

公務員とは，刑法７条１項に定めるところによる。

⑵　職権の濫用の意義

職権の濫用とは，公務員が一般的職務権限に属する事項につき，職権行使に仮託して実質的，具体的に違法，不当な行為をすることをいい，この一般的職務権限は，法律上の強制力を伴うものであることを要せず，濫用された場合，相手方をして事実上義務のないことを行わせ又は権利の行使を妨害するに足りる権限であればよい（最決昭57．１．28刑集36－１－１）。

◆裁判官が，正当な目的による調査行為を仮装して，刑務所長らに資料の閲覧，提供等を求めることは，刑務所長らに特段の支障ない限り応ずべき事実上の負担を生ぜしめるから，裁判官の一般的職務権限に属し，刑務所長らをして被収容者身分帳簿の閲覧等に応じさせた場合には，本罪が成立する（前掲最決昭57．１．28）。

他方，職権行使の相手方に対して法律上，事実上の負担ないし不利益を生ぜしめるに足りる特別の職務権限を濫用したことが本罪の成立には必要である。

◆警察官の電話の盗聴について，何人に対しても警察官による行為でないことを装う行動がとられていた以上，警察官に認められている職権の行使があったといえない（最決平元．３．14刑集43－３－283）。

３　特別公務員職権濫用

裁判，検察若しくは警察の職務を行う者又はこれらの職務を補助する者がその職権を濫用して，人を逮捕し，又は監禁したときは，６月以上10年以下の懲役又は禁錮に処する（刑194）。

⑴　主　体

本罪は公務員職権濫用の責任を加重する犯罪類型であり，身分犯である。列挙されている者が，その職権を濫用して逮捕等を行った場合には，相手方の人権を直接に侵害することとなるので，これを防止する趣旨から設けられたものである。

「これらの職務を補助する者」とは，裁判所書記官，検察事務官，司法巡査等のように，その職務の性質上，補助者の地位にある者をいう。単に事実上補助する私人は含まない。

⑵　逮捕及び監禁との関係

列挙されている者が，職務に無関係に，逮捕し，又は監禁したときは，刑法220条の適用を受け，本罪は成立しない。

4　特別公務員暴行陵虐

裁判，検察若しくは警察の職務を行う者又はこれらの職務を補助する者が，その職務を行うに当たり，被告人，被疑者その他の者に対して暴行又は陵辱若しくは加虐の行為をしたときは，７年以下の懲役又は禁錮に処し（刑195Ⅰ），法令により拘禁された者を看守し又は護送する者がその拘禁された者に対して暴行又は陵辱若しくは加虐の行為をしたときも，１項と同様とする（同条Ⅱ）。

⑴　１項の主体

刑法195条１項の主体に含まれる「これらの職務を補助する者」とは，裁判所書記官，検察事務官，司法巡査等のように，その職務の性質上，補助者の地位にある者をいう。例えば，少年補導員は警察の職務を補助する職務権限を何ら有するものではないので，本条１項にいう警察の職務を補助する者には当たらない（最決平６．３．29刑集48-３-１）。

⑵　１項の客体

本条１項の罪の客体である「その他の者」とは，被告人，被疑者以外に，証人，参考人等をいう。

⑶　実行行為

暴行とは，相手方に対して向けられた有形力の行使であれば足り，必ずしも直接に相手方の身体に向けられた行為であることを要しない。

「陵辱」及び「加虐」とは，暴行以外の方法によるものをいう。「陵辱」とは，他人を侮り辱めることであり，例えば女性を姦淫することをいう。「加虐」とは，他人をいじめ，虐待を加えることをいう。

⑷　２項の主体

本条２項の主体である「法令により拘禁された者を看守し又は護送する者」とは，刑務官，法務教官等をいう。

「法令により拘禁された者」は，刑法99条の「法令により拘禁された者」の範囲と同一である。

⑸　被害者の承諾

職権濫用等の罪の保護法益は個人的法益のほか，国家的法益であるので，被害者である相手方の同意がある場合であっても犯罪が成立する（個人的法益のみを保護法益とする犯罪は，犯行時に被害者の同意があれば犯罪が成立しないことが原則である。)。

◆看守者等がその実力的支配下にある被拘禁者に，姦淫行為のような精神的，肉体的苦痛を与えると考えられる行為に及んだ場合には，被拘禁者がこれを承諾し，精神的，肉体的苦痛を被らなかったとしても，陵虐又は加虐の行為に当たる（東京高判平15．1．29判時1835-157)。

5　特別公務員職権濫用致死傷等

本罪は特別公務員職権濫用（刑194）又は特別公務員暴行陵虐（刑195）の犯罪を行った場合に，致死傷の結果が生じた場合の結果的加重犯であるが，致死傷の結果が生じた場合には，傷害の罪と比較して重い刑により処断される。

Point　刑務官の権限と職権濫用等の罪について

刑務官は，刑事収容施設法の定めるところにより，刑事施設の規律及び秩序を維持するため，被収容者に対して制止等の措置を執り（刑事収容施設77)，捕縄，手錠及び拘束衣を使用し（同法78)，保護室への収容を行う（同法79）などの権限を有するが，これらの措置は法の定める要件の下に行い得るのであり，必要な限度を超えてはならない（同法73)。法の定める要件がないのにこれらの行為を行い，又は要件はあったとしても必要な限度を超えてこれらの行為を行った場合には，特別公務員暴行陵虐（致傷）に問われるおそれが生ずる。

刑務官としては，適正に職務を執行するため，刑事収容施設法のみならず，「刑務官の職務執行に関する訓令」（平成18年矯成訓第3258号)，「刑務官の職務執行に関する訓令の運用について」（平成19年矯成第3337号矯正局長依命通達）をはじめとする訓令・通達・通知等を習熟することが必要不可欠である。

第４　賄賂の罪

１　総　説

賄賂の罪とは，刑法第２編第25章の汚職の罪のうち，以下をいう。

- ・単純収賄（刑197Ⅰ前段）
- ・受託収賄（同項後段）
- ・事前収賄（刑197Ⅱ）
- ・第三者供賄（刑197の２）
- ・加重収賄（刑197の３Ⅰ・Ⅱ）
- ・事後収賄（同条Ⅲ）
- ・あっせん収賄（刑197の４）
- ・贈賄等（刑198）

賄賂の罪の保護法益は，公務員による公務の公正である。

刑法は，公務員による公務の公正を確保するため，様々な類型の賄賂の罪を規定している。単純収賄，受託収賄，事前収賄，加重収賄及び事後収賄は，実務上収賄と総称され，第三者供賄とともに，犯罪主体は公務員又は公務員であった者に限られる（真正身分犯）。

２　単純収賄

公務員が，その職務に関し，賄賂を収受し，又はその要求若しくは約束をしたときは，５年以下の懲役に処する（刑197Ⅰ前段）。

⑴　公務員の意義

「公務員」とは，刑法７条に定める公務員であるが，特別法で定める公務員を含む。

⑵　職務関連性

「その職務に関し」の意義が問題となる。本条の職務とは，当該公務員の一般的な職務権限に属するものであれば足り，本人が具体的に担当している事務であることを要しない（最判昭37. 5. 29刑集16-5-528）。公務員の職務行為自体であることを要せず，職務に密接な関係を有する準職務行為又は事実上所管する職務行為の場合を含む（最決昭31. 7. 12刑集10-7-1058）。

ア　当該公務員が異動した場合

当該公務員が，一般的な職務権限を異にする職務に異動した場合において，前の職務に関して賄賂を収受したときは，「その職務に関し」といえるのかが問題となり，本罪が成立するのか，それとも事後収賄が成立するのかが問題となる。

公務員が異動により従前の職務権限とは異なる部門に異動することはまれなことではなく，現に公務員である者を事後収賄罪に問うのは，同罪の犯罪主体が「公務員であった者」と規定されている文理に反する。よって，公務員が一般的職務権限を異にする他の職務に転じた後に前の職務に関して賄賂を供与した場合でも，供与当時の受供与者が公務員である以上，本罪が成立する（最決昭58. 3. 25刑集37-2-170）。

イ　社交上の儀礼

賄賂の罪においては，賄賂が職務に関する謝礼としてではなく，社交上の儀礼として行ったものである旨弁解される場合もある。中元・歳暮における社交上の儀礼と認められる程度の贈物も，職務に関して授受される以上，賄賂に該当する（大判昭4. 12. 4刑集8-609）。職務行為に関する謝礼と職務外の行為に対する謝礼との両性質を不可分に併有する場合は，全体として職務に関するものと解され，賄賂に該当する（最判昭23. 10. 23刑集2-11-1386）。

(3)　賄賂の意義

「賄賂」とは，有形無形を問わず，人の需要・欲望を満たすに足りる一切の利益を含む（大判明43. 12. 19刑録16-2239）。賄賂は職務行為に関するものであれば足り，個々の職務行為との間に対価関係のあることは要しない（最決昭33. 9. 30刑集12-13-3180）。金品はもちろん，公私の職務その他の有利な地位，酒食の供応，芸妓の演芸，金融を得る利益等も賄賂となり得る。

⑷　実行行為

「収受」とは，賄賂の目的物を現実に獲得することである。賄賂が演芸等である場合には，その鑑賞がこれに該当する。

「要求」とは，自分から進んで賄賂の供与を促すことであり，「約束」とは，相手方の申込みを承諾することである。

3　受託収賄

公務員が，その職務に関し，賄賂を収受し，又はその要求若しくは約束をした場合において，請託を受けたときは，７年以下の懲役に処する（刑197Ⅰ後段）。

単純収賄と受託収賄との相違は，「請託」の有無にある。「請託」とは，公務員に対し，職務に関し一定の職務を行うことを依頼することをいい，不正な職務行為の依頼か正当な職務行為の依頼かは問わない（最判昭27．７．22刑集６－７－927）。

将来に一定の行為をすることを依頼することにより，公務員による公務の公正を害する程度が増大することから，刑罰が加重されたものである。

4　事前収賄

公務員になろうとする者が，その担当すべき職務に関し，請託を受けて，賄賂を収受し，又はその要求若しくは約束をしたときは，公務員となった場合において，５年以下の懲役に処する（刑197Ⅱ）。

⑴　公務員になろうとする者

「公務員になろうとする者」とは，いまだ公務員になっていない者で，公務員になろうとする者である。

⑵　公務員となった場合

「公務員となった場合」という要件が，処罰条件であるか，構成要件であるかは争いがある。この争いの実益は，公訴時効（刑訴250）の起算点をいつとみるかにある。公訴時効の起算点は犯罪行為の終了時であるとされているところ，公務員となることが処罰条件である場合には，賄賂の収受等の時点で犯罪行為が終了しているので，当該収受等の時点が公訴時効の起算点となる。公務員となることが構成要件である場合には，公務員となった時点が公訴時効の起算点となる。

5　第三者供賄

公務員が，その職務に関し，請託を受けて，第三者に賄賂を供与させ，又はその供与の要求若しくは約束をしたときは，５年以下の懲役に処する（刑197の２）。

⑴　罪　質

本罪の賄賂の供与の相手方は公務員ではないこともあるが，第三者に賄賂を収受させることにより，当該公務員が間接的に利益を得て，その公務の公正が害されることを防止するため，刑罰の対象とされたものである。

本罪が成立するためには，公務員がその職務に関する事項につき依頼を受けこれを承諾したことを必要とし，第三者に供与した利益がその公務員の職務行為に対する代償たる性質を有することを要する（最判昭29．８．20刑集８－８－1256）。

⑵　第三者の意義

「第三者」は，当該公務員以外の者であることを要する。自然人であると法人であるとは問わない（前掲最判昭29．８．20）。

「第三者」の例としては，以下のものがある。

◆警察署長に対し，その職務に関し請託をして，その警察署において使用する自動車の改造費用の負担を申し込んだ場合におけるその警察署（最判昭31．７．３刑集10－７－965）

6　加重収賄

公務員が単純収賄罪・受託収賄罪・事前収賄罪・第三者供賄罪の罪を犯し，よって不正な行為をし，又は相当の行為をしなかったときは，１年以上の有期懲役に処する（刑197の３Ⅰ）。

公務員が，その職務上不正な行為をしたこと又は相当の行為をしなかったことに関し，賄賂を収受し，若しくはその要求若しくは約束をし，又は第三者にこれを供与させ，若しくはその供与の要求若しくは約束をしたときも，１年以上の有期懲役に処する（同条Ⅱ）。

本条１項・２項の「不正な行為をし（たこと）」，「相当の行為をしなかった（こと）」の例は，以下のとおりである。

◆犯罪の検挙，捜査及び検挙した被疑事件を検察官に送致する職務等を有する警察署長が，金銭の供与を受けて被疑事件を検察庁に送致しなかったこと（前掲最判昭29．８．20）。
◆犯罪捜査の衝に当たる巡査が，被疑者の要望を容れて証拠品の押収を取りやめたこと（最決昭29．９．24刑集８－９－1519）。

7　事後収賄

公務員であった者が，その在職中に請託を受けて職務上不正な行為をしたこと又は相当の行為をしなかったことに関し，賄賂を収受し，又はその要求若しくは約束をしたときは，５年以下の懲役に処する（刑197の３Ⅲ）。

本罪の主体は，「公務員であった者」であるので，現に公務員である者は含まれない（前掲最決昭58．３．25）。

8　あっせん収賄

公務員が請託を受け，他の公務員に職務上不正な行為をさせるように，又は相当の行為をさせないようにあっせんをすること又はしたことの報酬として，賄賂を収受し，又はその要求若しくは約束をしたときは，５年以下の懲役に処する（刑197の４）。

⑴　あっせんの意義

「あっせん」とは，一定の事項について，両当事者間の間に立って仲介することである。「あっせん」それ自体は，公務員ではなくてもなし得るが，本罪の主体は「公務員」に限られるので，公務員が積極的にその地位を利用してあっせんする必要はないものの，少なくとも，公務員の立場であっせんすることを要し，単なる私人としての行為では足りない（最決昭43．10．15刑集22－10－901）。

本罪は，「他の公務員に職務上不正な行為をさせるように，又は相当の行為をさせないように」することを目的として行われる。

◆調査中の審査事件について，請託を受けて，公正取引委員会の裁量判断に不当な影響を及ぼし，適正に行使されるべき同委員会の告発，調査権限の行使をゆがめようとする働き掛けは，「職務上相当な行為をさせないように」あっせんすることに当たる（最決平15．1．14刑集57－1－1）。

⑵　賄賂の収受等

本罪において，賄賂の収受等は「あっせんをすること又はしたこと」の「報酬として」行われる。賄賂はあっせん行為との間で対価性が必要であるが，職務上の行為との間では不要である。

9　贈賄等（刑198）

刑法197条から同法197条の４までに規定する賄賂を供与し，又はその申込み若しくは約束をした者は，３年以下の懲役又は250万円以下の罰金に処する（刑198）。

⑴　主　体

贈賄等の犯罪主体に制限はない（非身分犯）。

⑵　実行行為

賄賂の供与又はその申込み若しくは約束が実行行為である。

「供与」とは相手方に利益を得させることである。「申込み」とは，利益の提供を申し出て収受を促す行為である。相手方が収受しない場合は申込罪が成立する。「約束」とは，賄賂の供与に関し，収賄者との間で意思が合致することである。収受と供与，そして収賄・贈賄の各約束は，必要的共犯のうち対向犯と呼ばれるものであり，犯罪の成立に相手方を必要とする犯罪である。

これらの行為は収賄者の職務に関して行われる必要がある（あっせん収賄罪の場合は，あっせん行為との間に対価性を要する。）。

10　没収及び追徴

犯人又は情を知った第三者が収受した賄賂は，没収する。その全部又は一部を没収することができないときは，その価額を追徴する（刑197の5）。

刑法典総則の没収（刑19）・追徴（刑19の2）は任意的なものである。これに対し，犯人又は情を知った第三者が収受した賄賂は，必要的な没収・追徴の対象である。

本条の趣旨は，収賄犯人等に不正な利益の保有を許さず，これを剥奪して国庫に帰属させるという点にある（最決平16. 11. 8刑集58-8-905）。

❖コラム❖　籠絡（ろうらく）と賄賂

受刑者の改善更生を図ることを使命とする刑務官が被収容者から賄賂を収受してはならないことは当然であり，かかる行為は矯正に対する国民の信頼を著しく失墜させる。

他方，刑務官は，その職務の性質上，被収容者による籠絡のリスクに常にさらされている。籠絡の防止は，刑務官個人の問題ではなく，刑事施設が組織として取り組むべき重要な課題である。

第５　文書偽造の罪

１　総　説

刑法第２編第17章の文書偽造の罪には，以下がある。

- 詔書偽造（刑154）
- 有印公文書偽造等（刑155）
- 虚偽有印公文書作成等（刑156）
- 公正証書原本不実記載等（刑157）
- 偽造詔書行使等（刑158）
- 有印私文書偽造等（刑159）
- 虚偽診断書作成（刑160）
- 偽造有印私文書行使等（刑161）
- 私電磁的記録不正作出等（刑161の２）

文書偽造の罪の保護法益は，日常生活における取引の確実性を担保する手段として重要な意義を持つ文書に対する公共の信用である。文書偽造の罪は，文書の信用に対する抽象的危険が発生することにより処罰される犯罪（抽象的危険犯）であるから，文書の信用に対する具体的危険の発生は必要ではない。文書は意思疎通及び情報伝達の重要な手段であり，社会生活上重要な役割を有する。

２　文書偽造の罪の一般的要件１　客体

文書偽造の罪の客体は，「文書」又は「図画」である。「文書」とは，文字又はこれに代わるべき符号を用い永続すべき状態においてある物体の上に記載した意思表示である（大判明43．９．30刑録16-1572）。「文書」は，発音的符号が用いられるのに対し，「図画」は，図柄等の象形的符号が用いられる。

実務上問題となるのは専ら「文書」であるので，以下では「文書」を念頭に検討する。

⑴　文書と写真コピー

「文書」は，かつては確定的な内容を持つ原本であることを要することとされていたが，原本と寸分違わぬ写真コピーが登場したことにより，現在では写真コピーも「文書」として認められている。

判例は，文書偽造罪の保護法益に鑑みると，その客体となる文書は原本たる公文書に限られず，原本の写しであっても原本と同一の意識内容を保有し，証明文書としてこれと同様の社会的機能と信用性を有する限り，これに含まれるとした上で，写真コピーは，同一内容の原本の存在を信用させるだけでなく，原本作成者の意識内容が直接伝達保有されている文書とみることができるものであるから，文書本来の性質上，写真コピーが原本と同様の機能と信用性を有しない場合を除き，公文書偽造罪の客体となり得るものとする（最判昭51．4．30刑集30−3−453）。

⑵　名義人

文書偽造の罪の客体である「文書」には作成名義人（名義人）を要する。「文書」はそれ自体において誰の意思表示であるのか，すなわち，誰が文書の名義人であるのかが判断できることが必要である（大判昭3．7．14刑集7−490）。

文書の名義人が架空人であっても，一般人をして名義人の存在を信用させる程度のものであれば名義人となり得る（最判昭36．3．30刑集15−3−667）。

3　文書偽造の罪の一般的要件2　実行行為等

⑴　偽　造

ア　偽造の概念

狭義の「偽造」の概念には，

- 他人の作成名義を偽り，又は作成権限がないのに他人名義の文書又は図画を作成すること（有形偽造）。
- 作成権限がある者が内容虚偽の文書又は図画を作成すること（無形偽造）。

がある。広義の「偽造」という場合には，変造及び虚偽記載も含まれる。

刑法の罰則中に「偽造」という用語が用いられる場合は，有形偽造を意味する。

判例上，「偽造」とは，文書の名義人と作成者との人格の同一性にそごを生じさせ，又はこれを偽る行為をいう場合がある（最判昭59. 2. 17刑集38-3-336，最決平11. 12. 20刑集53-9-1495等）。これは有形偽造と同趣旨である。

イ　代理・代表名義の冒用

代理・代表名義を冒用した場合に偽造罪が成立するか否かは，文書の名義人を誰と解するかによる。例えば，Xが，A株式会社において代表取締役ではなく無権限である場合において，文書に「A株式会社代表取締役X」と署名したときは，当該文書の作成者が「X」であることに争いはないが，名義人については代表取締役である「X」とする見解と本人である「A株式会社」とする見解がある。名義人を「X」と解すれば，名義人と作成者との人格の同一性にそごは生じないが，名義人を「A株式会社」と解すれば，その同一性にそごが生ずる。

判例は，他人の代表者・代理人として文書を作成する権限のない者が，代表・代理の資格又は普通人をしてそれと誤認させるような資格を表示して作成した文書は，文書内容に基づく効果が本人に帰属する形式を備えているので，その名義人は代表・代理された本人であるとした上で偽造罪の成立を認めている（最決昭45. 9. 4刑集24-10-1319）。

ウ　名義人の同意

「偽造」とは，他人の作成名義を偽り，又は文書の作成権限がないのに他人名義の文書を作成することであるので，名義人の同意があれば「偽造」とならないのが原則であるが，同意がある場合であっても当該文書の性質に照らして偽造罪が成立する場合がある。例えば，交通反則切符中の供述書を他人名義で作成したときは，あらかじめその他人の承諾を得ていたとしても私文書偽造罪が成立する（最決昭56. 4. 8刑集35-3-57）。

名義人の同意がある場合において，文書の作成者がその与えられた権限の範囲内で権限を濫用して文書を作成したときは，偽造罪は成立しないが，その権限を逸脱した場合には偽造罪が成立する（大判大11．10．20刑集１-558，大判昭７．10．27刑集11-1506）。

エ　通称名の使用

行為者が通称名を使用した場合において，その通称名が社会的に広く知られているときは，通称名を用いても偽造罪とならない場合もある。しかし，その通称がたまたまある限られた範囲において行為者を指称するものとして通用していたにとどまる場合には，その文書の性質等に照らして「偽造」と解される場合がある（最決昭56．12．22刑集35-９-953）。

⑵　変　造

「変造」とは，真正に作成された他人名義の文書・図画に権限なく変更を加えることである。ただし，非本質的な部分に不法に変更を加え，新たな証明力を有する文書を作り出す場合に限られる。本質的な部分に改変を加えて同一性を失うに至れば「偽造」となる。

例えば，有効な借用証書の金額を増減する行為は「変造」だが（大判明44．11．９刑録17-1843），運転免許証の写真を貼り替え生年月日の記載を変更する行為は「偽造」である（最決昭35．１．12刑集14-１-９）。

⑶　虚偽文書等の作成等

「虚偽の文書若しくは図画を作成し」（刑156），「不実の記載をさせ」（刑157Ⅰ），「虚偽の記載をし」（刑160）等は，文書・図画の作成権限がある者がこれを作成するに当たり真実に反する記載をすることである。

⑷　行　使

「行使」とは，真正の文書として使用すること一般を意味し，本来の用法に従って使用する場合に限らず，何らかの意味で真正の文書としてその効用に役立たせる目的のもとに使用すれば足りる（大判明44．３．24刑録17-458）。

「行使」とは，他人の閲覧に供し，その内容を認識し得る状態に置くことを要する。偽造の運転免許証を携帯して自動車を運転するのみでは，「行使」に当たらない（最大判昭44．６．18刑集23-７-950）。

(5) 行使の目的

公文書偽造（刑155Ⅰ），私文書偽造（刑159Ⅰ）等は行為者に「行使の目的」があることを要する。「行使の目的」とは，文書本来の用法に従って真正なものとして使用することに限らず，真正な文書としてその効用に役立たせる目的があれば足りる（最決昭29．4．15刑集８-４-508）。目的は確定的なものであることを要せず，未必・条件付のもので足りる（大判大11．4．11新聞1984-19）。

4　詔書偽造

行使の目的で，御璽（ぎょじ），国璽（こくじ）若しくは御名（ぎょめい）を使用して詔書その他の文書を偽造し，又は偽造した御璽，国璽若しくは御名を使用して詔書その他の文書を偽造した者は，無期又は３年以上の懲役に処する（刑154Ⅰ）。御璽若しくは国璽を押し又は御名を署した詔書その他の文書を変造した者も，前項と同様とする（同条Ⅱ）。

本条１項の罪は詔書偽造罪，本条２項の罪は詔書変造罪である。

天皇の地位は，日本国憲法で国の象徴とされており（憲１），国事行為を行うので，その名義をもって作成される文書は一般の公文書に比して特に重要な意義を有する。よって，その公の信用を保護する必要性は高く，一般の公文書偽造罪と比較して，その法定刑も重いものとされている。

☞「詔書」とは，天皇の国事行為としての意思表示に係る公文書で一般に公示されるものであり，国会召集や法律の公布等がこれに当たる。
☞「御璽」とは天皇の印象，「国璽」とは日本国の印象をいう。
☞「御名」とは天皇の署名をいう。

5　有印公文書偽造等

行使の目的で，公務所若しくは公務員の印章若しくは署名を使用して公務所若しくは公務員の作成すべき文書若しくは図画を偽造し，又は偽造した公務所若しくは公務員の印章若しくは署名を使用して公務所若しくは公務員の作成すべき文書若しくは図画を偽造した者は，１年以上10年以下の懲役に処する（刑155Ⅰ）。

公務所又は公務員が押印し又は署名した文書又は図画を変造した者も，前項と同様とする（同条Ⅱ）。

前２項に規定するもののほか，公務所若しくは公務員の作成すべき文書若しくは図画を偽造し，又は公務所若しくは公務員が作成した文書若しくは図画を変造した者は，３年以下の懲役又は20万円以下の罰金に処する（同条Ⅲ）。

(1) 保護法益

公文書偽造罪は，文書に対する公共の信用を保護するものであるが，特に，公文書に対する公共的信用を保護法益とし，その証明手段として持つ社会的機能を保護し，社会生活の安定を図ろうとするものである（前掲最判昭51．４．30）。

公文書はその信用力が厚いため，私文書偽造罪よりも法定刑が重いものとされている。

(2) 客　体

本罪の客体は，「公務所若しくは公務員の作成すべき文書若しくは図画」であり，これを公文書という。公文書とは，公務所又は公務員がその名義をもってその権限内で所定の形式に従い作成すべき文書をいい，その権限が法令・内規・慣例のいずれによるかを問わず，その職務執行の範囲内で作成されるものをいう（大判明45．４．15刑録18-464）。

本条１項の偽造は，「公務所若しくは公務員の印章若しくは署名」又は偽造されたそれを使用して行われ，本条２項の変造は「公務所又は公務員が押印し又は署名した文書又は図画」を対象とする。

◆「印章」とは，公務員が職務上公務員の印章として使用する一切の印章をいい，認印・職印のいずれも含む（大判昭９．２．24刑集13-160）。

◆「署名」とは，記名・自署を問わず，作成者がいかなる者であるかを表示するものは全てこれに当たる（大判大４．10．20新聞1052-27）。

(3) 有印公文書と無印公文書

「公務所又は公務員の印章又は署名」が使用された公文書を有印公文書といい，これが使用されていない公文書を無印公文書という。

有印公文書偽造（本条Ⅰ・Ⅱ）は，無印公文書偽造（同条Ⅲ）と比較して公文書に対する公共の信用を毀損する程度が大きいので，法定刑は重いものとされている。このことは，有印私文書偽造（刑159Ⅰ・Ⅱ）と無印私文書偽造（同条Ⅲ）においても同様である。

⑷　公務員と作成権限

公務員であっても，自己に作成権限のない文書を作成すれば公文書偽造罪が成立する（最判昭25．２．28刑集４－２－268）。

本来，作成権限のない公務員を作成名義人として公文書を偽造しても，一般人をして権限内において作成されたと信ぜしめるに足る形式外観を備えている以上，公文書偽造罪が成立する（最判昭28．２．20刑集７－２－426）。

6　虚偽有印公文書作成等

公務員が，その職務に関し，行使の目的で，虚偽の文書若しくは図画を作成し，又は文書若しくは図画を変造したときは，印章又は署名の有無により区別して，前２条の例による（刑156）。

⑴　無形偽造

本条は，無形偽造に関する規定である。公文書はその信用が厚いため，私文書と異なり，虚偽文書の作成も有形偽造と同じ法定刑で処罰される。

⑵　主　体

本罪の主体は，「公務員」のうち，作成権限のある公務員をいう。公文書の作成権限者が，権限を濫用して内容虚偽の公文書を作成したときは，たとえ専ら第三者の利益を図る目的であったとしても，本罪が成立し，公文書偽造罪は成立しない（最決昭33．４．11刑集12－５－886）。

⑶　虚偽の意義

本罪の「虚偽」とは，内容が真実に適合しないことをいう。

公務員が，虚偽の申出に基づいて，虚偽の公文書を作成した場合が問題となる。公務員が，実質的審査をする場合において，虚偽事実の届出があったときは，公文書への記載を拒否すべき義務と権能があるので，虚偽と知りながらこれを公文書に記載したときは本罪が成立する（大判昭７．４．21刑集11－415）。

公務員が形式的審査のみをする場合には，形式上の要件を備えた届出であれば，届出事項の真否を調査して採否を決する必要はないが，虚偽であることが明白であるときは，その記載を拒むことができるので，その虚偽たることを知りながら公文書を作成したときは，本罪が成立する（大判大７．７．26刑録24-1016）。

⑷　身分犯との関係

本罪は真正身分犯である。非身分者が作成権限のある公務員を利用して虚偽公文書を作成させた場合に，本罪の間接正犯が成立するのか，公正証書原本不実記載等（刑157）が成立するのかが問題となるが，判例は次のように考える。

すなわち，公正証書原本不実記載等罪が文書の種類を限定した上で本罪よりも軽い処罰規定を設けていることに鑑みると，非公務員が虚偽の申立てをなして公務員をして内容虚偽の証明書を作成させた場合には本罪は成立せず，公正証書原本不実記載罪が成立する（最判昭27．12．25刑集６-12-1387）。

他方，公文書の作成権限者を補佐して起案を担当する職員が，その地位を利用して，職務上起案を担当する文書につき内容虚偽のものを起案し情を知らない上司をして真実なものと誤信させて署名等させたときは，本罪の間接正犯が成立する（最判昭32．10．４刑集11-10-2464）。

7　公正証書原本不実記載等

公務員に対し虚偽の申立てをして，登記簿，戸籍簿その他の権利若しくは義務に関する公正証書の原本に不実の記載をさせ，又は権利若しくは義務に関する公正証書の原本として用いられる電磁的記録に不実の記録をさせた者は，５年以下の懲役又は50万円以下の罰金に処する（刑157Ⅰ）。

公務員に対し虚偽の申立てをして，免状，鑑札又は旅券に不実の記載をさせた者は，１年以下の懲役又は20万円以下の罰金に処する（同条Ⅱ）。

前２項の罪の未遂は，罰する（同条Ⅲ）。

本条１項前段の罪は公正証書原本不実記載罪，同項後段の罪は電磁的公正証書原本不実記録罪，本条２項の罪は免状等不実記載罪，本条３項の罪はこれらの未遂罪である。

⑴　犯行の態様

本罪は，一定の公文書に限って虚偽公文書作成罪の間接正犯を処罰するものであるが，虚偽の事実を申し立てた者の相手方である公務員がその虚偽であることを知らない場合を前提としている。よって，当該公務員がその虚偽であることを知りつつ，その申立人と意思を通じて不実の記載をし，又は不実の記録をした場合には，虚偽公文書作成罪の共犯が成立する。

⑵　客　体

☞本条１項前段の罪の客体である「登記簿，戸籍簿その他の権利若しくは義務に関する公正証書の原本」とは，一定の事実を公的に証明する文書である。住民票（最決昭48．３．15刑集27-２-115）もこれに含まれる。
☞本条１項後段の罪の客体である「権利若しくは義務に関する公正証書の原本として用いられる電磁的記録」の例としては，コンピュータによる自動車登録ファイルがある（最決昭58．11．24刑集37-９-1538）。
☞本条２項の「免状」とは，一定の人に対し一定の行為をなす権限を付与する公務所又は公務員の証明書であり，自動車運転免許証（大判昭５．３．27刑集９-207）等がある。
☞「鑑札」とは，公務所の許可・登録等があったことを証明する物件で公務所が作成下付し，その下付を受けた者においてその備付け・携帯を必要とするものであり，犬の鑑札（狂犬病予防法４条）等がある。
☞「旅券」とは，外務大臣又は領事館が外国に渡航する者に対して旅行を認許したことを示す文書である。

⑶　不実の記載等の意義

本罪の実行行為は，「不実」の記載又は記録をさせることである。「不実」とは，重要な部分において事実に反することをいい，存在しない事実を存在するものとし，存在する事実を存在しないものとすることをいう（大判明43．８．16刑録16-1457）。

これに該当するものとして，以下が挙げられる。

◆不動産の所有者が他人から売渡しを受けた事実がないのに，その旨登記申請を登記簿原本に記載をさせること（最決昭35．１．11刑集14-１-１）。
◆仮装の払込みに基づいて新株発行による変更登記を申請し，商業登記簿原本に記載をさせること（最決平３．２．28刑集45-２-77）。

8　偽造詔書行使等

刑法154条から157条までの文書若しくは図画を行使し，又は157条１項の電磁的記録を公正証書の原本としての用に供した者は，その文書若しくは図画を偽造し，若しくは変造し，虚偽の文書若しくは図画を作成し，又は不実の記載若しくは記録をさせた者と同一の刑に処する（刑158Ⅰ）。

前項の罪の未遂は，罰する（同条Ⅱ）。

本罪は，偽造若しくは変造に係る公文書又は虚偽公文書の行使を処罰するものである。未遂も処罰の対象となる。

9　有印私文書偽造等

行使の目的で，他人の印章若しくは署名を使用して権利，義務若しくは事実証明に関する文書若しくは図画を偽造し，又は偽造した他人の印章若しくは署名を使用して権利，義務若しくは事実証明に関する文書若しくは図画を偽造した者は，３月以上５年以下の懲役に処する（刑159Ⅰ）。

他人が押印し又は署名した権利，義務又は事実証明に関する文書又は図画を変造した者も，前項と同様とする（同条Ⅱ）。

前２項に規定するもののほか，権利，義務又は事実証明に関する文書又は図画を偽造し，又は変造した者は，１年以下の懲役又は10万円以下の罰金に処する（同条Ⅲ）。

本条１項・２項の罪は有印私文書偽造罪，同条３項の罪は無印私文書偽造罪である。

(1)　客　体

本罪の客体は，「権利，義務若しくは事実証明に関する文書若しくは図画」であり，これを私文書という。

権利義務に関する文書とは，権利や義務の発生，変更，消滅の要件となる文書及び権利や義務の存在を証明するものである。自己以外の名義のもので，公務員・公務所名義のものも除かれる。

事実証明に関する文書とは，社会生活に交渉を有する事項を証明する文書であることを要する（最決平６．11．29刑集48－７－453）。

(2) 有印私文書と無印私文書

「他人の印章又は署名」が使用された私文書を有印私文書といい，これが使用されていない当該文書を無印私文書という。

有印私文書偽造罪は，無印私文書偽造罪よりも法定刑が重い。これは，他人の名義を利用して作成された偽造文書は，文書に対する公共の信用を侵害する程度が大きいためである。

10　虚偽診断書作成

医師が公務所に提出すべき診断書，検案書又は死亡証書に虚偽の記載をしたときは，３年以下の禁錮又は30万円以下の罰金に処する（刑160)。

本罪は，重要な私文書である「医師が公務所に提出すべき診断書，検案書又は死亡証書」について，無形偽造を処罰するものである。

☞「診断書」とは，医師が診察の結果得た判断を表示し，人の健康上の状態を証明するために作成する文書である。
☞「検案書」とは，死後初めて死体に接した医師が死亡の事実を医学的に確認した結果を記載した文書である。
☞「死亡証書」とは，生前から診断に当たっていた医師が患者の死亡時に作成する診断書である。

医師が公務員である場合は，本罪ではなく，虚偽公文書作成罪が成立する。

11　偽造有印私文書行使等

刑法159条・160条の文書又は図画を行使した者は，その文書若しくは図画を偽造し，若しくは変造し，又は虚偽の記載をした者と同一の刑に処する（刑161Ⅰ)。

前項の罪の未遂は，罰する（同条Ⅱ)。

刑法161条の罪は偽造私文書等の行使の罪である。

12　私電磁的記録不正作出等（刑161の２）

人の事務処理を誤らせる目的で，その事務処理の用に供する権利，義務又は事実証明に関する電磁的記録を不正に作った者は，５年以下の懲役又は50

万円以下の罰金に処する（刑161の2Ⅰ）。

前項の罪が公務所又は公務員により作られるべき電磁的記録に係るときは，10年以下の懲役又は100万円以下の罰金に処する（同条Ⅱ）。

不正に作られた権利，義務又は事実証明に関する電磁的記録を，第1項の目的で，人の事務処理の用に供した者は，その電磁的記録を不正に作った者と同一の刑に処する（同条Ⅲ）。

前項の罪の未遂は，罰する（同条Ⅳ）。

本条1項の罪は私電磁的記録不正作出罪，本条2項の罪は公電磁的記録不正作出罪，本条3項の罪は不正作出私電磁的記録不正供用罪・不正作出公電磁的記録不正供用罪，本条4項の罪はこれらの未遂罪である。

(1)　「人の事務処理」

本条1項・2項の罪は，「人の事務処理を誤らせる目的」で行うことを要する。「人」とは，行為者以外の他人であり，法人を含む。「事務」とは，財産上，身分上その他，人の生活に影響を及ぼし得る全ての仕事をいう。

(2)　実行行為

本条1項の実行行為は，電磁的記録を不正に作り出すことである。「不正に」とは，電磁的記録を使用して事務処理を行おうとする者の意思に反して，権限を与えられることなく，あるいはその権限を濫用して電磁的記録を作出することである。例えば，自動払戻機に挿入して現金の払戻しを受ける目的で，はずれ馬馬券裏面の磁気ストライプ部分に的中馬券と同一内容を印磁する行為がこれに当たる（甲府地判平元．3．31判時1311-160）。

本条2項の罪は，同条1項の罪が公務所又は公務員により作られるべき電磁的記録に係るものであるときのものであり，本条1項の罪と比較して法定刑が重いものとされている。

本条3項の構成要件である「供用」とは，不正に作出された電磁的記録を他人の事務処理のため，これに使用される電子計算機で処理し得る状態に置くことをいう。例えば，不正に作出された偽造キャッシュカードを銀行のＡＴＭに挿入する行為がこれに該当する。

第6　傷害の罪

1　総　説

刑法第2編第27章の傷害の罪には，以下がある。

・傷害（刑204）
・傷害致死（刑205）
・現場助勢（刑206）
・暴行（刑208）
・凶器準備集合等（平成25年法律第86号による改正後の刑208の2）

本章の罪の保護法益は，人の生命又は身体の安全であるが，凶器準備集合罪・結集罪は社会生活の平穏も保護法益とする。

なお，危険運転致死傷（平成25年法律第86号による改正前の刑208の2）は，自動車の運転により人を死傷させる行為等の処罰に関する法律（平成25年法律第86号）の成立に伴い刑法典から削除されたので，ここでは取り扱わない。

2　傷　害

人の身体を傷害した者は，15年以下の懲役又は50万円以下の罰金に処する（刑204）。

(1)　傷害の意義

「傷害」とは，他人の身体の生理的機能を毀損するものであり，これを毀損するものである以上，手段を問わない。手段が暴行による場合はもちろん，暴行以外の方法による場合を含む（最判昭27．6．6刑集6-6-795）。「傷害」に該当するとした例として，以下が挙げられる。

◆ラジオ，目覚まし時計を大音量で長時間鳴らしてストレスを与えて慢性頭痛症，睡眠障害等を惹起させること（最決平17．3．29刑集59-2-54）。

◆睡眠薬等を摂取させたことによる数時間にわたる意識障害及び筋弛緩作用を伴う急性薬物中毒症状を惹起させること（最決平24．1．30刑集66-1-36）。

⑵　暴行の結果的加重犯としての性質

本罪は，暴行（刑208）の結果的加重犯という性質も有する。結果的加重犯とは，ある故意犯の構成要件の実現行為から更に一定の結果を生じることによって責任が加重され，これを特別の構成要件とするものをいう。傷害の故意は，相手方に傷害を負わせることの認識・認容がある場合のほか，これがない場合であっても，相手方に暴行を加えることの認識・認容があればよい（最判昭25．11．9刑集4-11-2239）。

3　傷害致死

身体を傷害し，よって人を死亡させた者は，3年以上の有期懲役に処する（刑205）。

本罪は傷害罪の結果的加重犯である。傷害の故意はなくても暴行の故意があれば，人に死亡の結果が発生した場合には本罪は成立する。致死の結果の予見可能性は不要である（最判昭26．9．20刑集5-10-1937）。

人を死亡させることの故意がある場合には殺人（刑199）が成立し，本罪は成立しない。

4　現場助勢

傷害又は傷害致死の罪が行われるに当たり，現場において勢いを助けた者は，自ら人を傷害しなくても，1年以下の懲役又は10万円以下の罰金若しくは科料に処する（刑206）。

本罪の実行行為は，勢いを助けることである。これは，傷害行為を行いやすくする雰囲気を助長する行為一般を意味する。言葉で野次を飛ばし，はやし立てるほか，拍手したり，足を踏み鳴らしたりする行為も含まれる。

本罪は，傷害の現場における単なる助勢行為を処罰するものであり，特定の正犯を幇助した場合には，傷害幇助（刑204・62Ⅰ）が成立する（大判昭2．

3．28刑集6-118)。

5　同時傷害の特例

2人以上で暴行を加えて人を傷害した場合において，それぞれの暴行による傷害の軽重を知ることができず，又はその傷害を生じさせた者を知ることができないときは，共同して実行した者でなくても，共犯の例による（刑207)。

(1)　趣　旨

2人以上の者が意思の連絡なしに，同一の機会にそれぞれ独立して同一の客体に対して同一の犯罪を実行することを同時犯という。同時犯では，自己の惹起しなかった結果を帰責されることはないし，同時に実行した者の誰の行為から結果が生じたか不明な場合には，全員が未遂となる。したがって，本条がなければ，数人で意思の連絡なしに暴行を加えて傷害の結果が発生したが，誰の行為で傷害が生じたのか不明である場合は，各人について暴行罪が成立するにとどまる。

しかしながら，本条は，同時犯として暴行を加えた結果，傷害の結果が生じた場合に，意思の連絡を欠いても共同正犯の例によることとした。つまり，暴行を加えた者について全員に傷害の責任を負うとしたものである。

(2)　同時傷害の特例の成立範囲

同時傷害の特例が成立するためには，2人以上による暴行が同一の機会に行われたことを要する。共謀がない数人が暴行を加え，人を傷害した場合に適用すべき規定であって，犯人の間に共謀がある場合には適用されない（大判明43．11．4刑録16-1841等)。

暴行を加えた者の間に共謀がある場合において，致傷の結果が生じたときは傷害（致死）罪の共同正犯が成立する。また，本条は，「それぞれの暴行による傷害の軽重を知ることができず，又はその傷害を生じさせた者を知ることができないとき」であることを要件とするので，傷害の原因となる暴行が特定される場合には適用されない。

本条は，「人を傷害した場合」と規定するのみで，人に死亡の結果が生じた場合は規定がないから，暴行の結果，被害者が死亡した場合において，その因果関係が不明であるときに，本条の適用があるかが問題となるが，同時暴行により傷害致死の結果が生じ，傷害を生じさせた者を知ることができないときは，本条により暴行を加えた者は共に傷害致死罪の責任を負う（前掲最判昭26. 9. 20）。

6　暴　行

暴行を加えた者が人を傷害するに至らなかったときは，２年以下の懲役若しくは30万円以下の罰金又は拘留若しくは科料に処する（刑208）。

⑴　暴行の概念

本罪の実行行為は「暴行」であり，人の身体に向けられた有形力の行使である。人の身体に対する不法な攻撃方法の一切をいい，その性質上，傷害の結果を惹起すべきものであることを要しない（大判昭８．４．15刑集12-427）。

「暴行」には，その程度により様々な概念がある。

① 最広義の暴行概念は騒乱（刑106）における暴行であり，人又は物に向けられた有形力の行使である。

② 広義の暴行概念は，公務執行妨害（刑95Ⅰ）や強要（刑223Ⅰ）における暴行であり，人の身体に向けられた有形力の行使であるが，人の身体に直接向けられる必要はない。人の身体に対する間接的な暴行（間接暴行）を含み，人の身体に強い影響を与えるものであれば足りる。

③ 狭義の暴行概念は，暴行（刑208）における暴行である。間接暴行は含まれず，人の身体に対して直接に向けられる有形力の行使である。

④ 最狭義の暴行とは，強盗（刑236）における暴行であり，人の反抗を抑圧するに足る程度の強度が必要である。

⑵　暴行罪における暴行の具体例

暴行罪における「暴行」の例としては，以下のものがある。

◆毛髪の切断・剃去（大判明45. 6．20刑録18-896）
◆瓦の破片を投げ，脅かしながら追い掛ける行為（前掲最判昭25. 11. 9）

◆人の身辺で大太鼓・鉦等を打ち鳴らす行為（最判昭29. 8. 20刑集8-8-1277）
◆狭い室内で脅す目的で日本刀の抜き身を振り回す行為（最決昭39. 1. 28刑集18-1-31）

7 凶器準備集合等

2人以上の者が他人の生命，身体又は財産に対し共同して害を加える目的で集合した場合において，凶器を準備して又はその準備があることを知って集合した者は，2年以下の懲役又は30万円以下の罰金に処する（改正後の刑208の2 I）。

この場合において，凶器を準備して又はその準備があることを知って人を集合させた者は，3年以下の懲役に処する（同条II）。

(1) 保護法益等

本罪は，個人の生命，身体又は財産ばかりではなく，公共的な社会生活の平穏をも同様に保護法益とする。

また，本罪は抽象的危険犯であり，いわゆる迎撃形態の本罪が成立するには，相手方の襲撃の蓋然性，切迫性が客観的状況として存在することは必要なく，凶器準備集合の状況が社会生活の平穏を害し得る態様のものであれば足りる（最判昭58. 6. 23刑集37-5-555）。

(2) 凶　器

本罪の「凶器」とは，銃，刀等それ自体人の殺傷作用に用いられた性質上の凶器に限られず，用い方次第では殺傷用にも使用できる用法上の凶器を含む。

例えば，長さ1メートル前後の角棒は本罪の「凶器」に該当する（最決昭45. 12. 3刑集24-13-1707）。ただし，他人を殺傷する用具として利用する意図で準備されたダンプカーであっても，その用具として利用される外観を呈しておらず，社会通念に照らし直ちに他人に危機感を抱かせるに足りないときは，本罪の「凶器」には該当しないとされている（最判昭47. 3. 14刑集26-2-187）。

(3) 共同加害目的

本罪は,「他人の生命, 身体又は財産に対し共同して害を加える目的」(共同加害目的) があることを要する。集合者の全員又は大多数の者の集団意思としての共同加害目的は不要であり, 行動を相互に目撃し得る場所に近接していた者のうち, 少なくとも暴行に及び又は及ぼうとした者らには, 漸次波及的に共同加害目的を認め得る (最判昭52. 5. 6 刑集31-3-544)。

また, 迎撃形態の本罪において, 行為者が相手方の襲撃の蓋然性・切迫性を認識していなくても, 襲撃があり得ると予想し, その際には迎撃して相手方の生命, 身体又は財産に対して共同して害を加える意思があれば, 共同加害目的はある (最判昭58. 11. 22刑集37-9-1507)。

(4) 実行行為

本罪の「集合」とは, 既に一定の場所に集まっている2人以上の者が, その場で凶器を準備し, 又はその準備のあることを知った上, 共同加害目的を有するに至った場合を含む。集合の状態が継続する限り, 本条1項の罪は継続して成立する (前掲最決昭45. 12. 3)。

本罪の「準備」とは, 凶器を加害目的に使用し得る状態にあることをいう (東京高判昭39. 1. 27判時373-47)。

(5) 結　集

本条2項の罪は, 凶器準備結集罪である。本条1項の罪と比べて法定刑が重いのは, 結集行為の主体は集団の主導的役割を果たすと考えられているためである (東京地判昭48. 7. 3 刑月5-7-1139)。

Point　刑事施設における自傷行為, 同意傷害と遵守事項違反について

犯罪行為は遵守事項に違反する行為であるが(刑事収容施設74Ⅱ①), 刑事施設の規律及び秩序を維持するためには, 犯罪行為以外の行為も遵守事項に違反する行為として把握する必要がある。

自傷行為は犯罪行為ではないので, 刑事収容施設法74条2項1号 (「犯罪行為をしてはならないこと」)の遵守事項に違反する行為ではないが, 同3号 (「自身を傷つける行為をしてはならないこと」) の遵守事項に違

反する行為である。それでは，同意傷害はどのように考えるべきか。

傷害罪は，被害者の承諾がある場合であっても，その承諾を得た動機，目的，身体傷害の手段，方法，損傷の部位，程度などの諸般の事情を照らし合わせ，違法であると認められるときには成立する（最決昭55.11. 13刑集34- 6 -396）。被収容者に対する傷害は，個別の事案にもよるが，その承諾がある場合であっても，承諾を得る動機，目的等に正当な理由があることは想定し難く，違法性が認められて傷害罪が成立する場合もあり，そのときには，刑事収容施設法74条２項１号の遵守事項に違反する行為となる。なお，同意傷害が他人に対する粗野又は乱暴な言動等に該当する場合（刑事収容施設74Ⅱ②）や，自傷行為の援助等に該当する場合（同③，⑪）には，当該各号の遵守事項に違反する行為となることは当然である。

第７　毀棄及び隠匿の罪

１　総　説

刑法第２編第40章の毀棄及び隠匿の罪には，以下がある。

・公用文書等毀棄等（刑258）
・私用文書等毀棄等（刑259）
・建造物等損壊等（刑260）
・器物損壊（刑261）
・境界損壊（刑262の２）
・信書隠匿（刑263）

毀棄及び隠匿の罪の保護法益は，個人の財産の保護である。

毀棄及び隠匿の罪のうち，私用文書等毀棄罪，器物損壊罪及び信書隠匿罪は親告罪であり，告訴がなければ公訴を提起することはできない（刑264）。

なお，告訴とは，犯罪の被害者その他の告訴権者から，捜査機関に対して犯罪事実を申告して，犯人の処罰を求める意思表示をいう（刑訴230）。

以下では，公用文書等毀棄罪，私用文書等毀棄罪，器物損壊罪及び信書隠匿罪を取り上げる。

２　公用文書等毀棄等

公務所の用に供する文書又は電磁的記録を毀棄した者は，３月以上７年以下の懲役に処する（刑258）。

(1)　客　体

ア　公用文書等

本罪の客体は，「公務所の用に供する文書又は電磁的記録」である。

☞「文書」とは，文字又はこれに代わるべき符号を用い永続すべき状態においてある物体の上に記載した意思表示をいう（大判明43．９．30刑録16-1572）。

☞「電磁的記録」とは，電子的方式，磁気的方式その他人の知覚によっては認識することができない方式で作られる記録であって，電子計算機による情報処理の用に供されるものをいう（刑7の2）。
☞「公務所の用に供する」とは，公務所において使用する目的で保管することを意味し，その作成者が公務員か私人かを問わず，また，作成目的が公務所のためか私人のためであるかを問わず，現に公務所において使用に供することをいう（大判明44．8．15刑録17-1488）。
☞「公務所」とは，官公庁その他公務員が職務を行う場所をいう（刑7Ⅱ）（「公務員」については，刑法7条1項参照）。

偽造文書であっても，本罪の客体である「公務所の用に供する文書」となり得る（大判大9．12．17刑録26-921）。

イ　作成中の文書

公務員が公務所の作用として職務権限に基づいて作成中の文書は，それが文書としての意味・内容を備えるに至れば，公務所において現に使用している文書といい得るので，本罪の「文書」である（最判昭52．7．14刑集31-4-713）。例えば，被疑者の氏名・職業・生年月日その他の必要事項を記入した弁解録取書であって，その供述の一部が記載されたもの（前掲最判昭52．7．14）は本罪の文書に該当する。

警察官による取調方法が違法であったとしても，作成中の供述録取書が既に文書としての意味・内容を備えるに至っている以上，将来これを公務所において適法に使用することがあり，公務所が保管すべきものであるから，本罪の文書に該当する（最判昭57．6．24刑集36-5-646）。

(2)　実行行為

ア　毀　棄

本罪の実行行為は「毀棄」である。「毀棄」とは，文書の実質的部分の毀損と形式的部分の毀損との両方を含む。文書の形式的部分の毀損が文書の証明力に影響を及ぼすか否かは問わない（前掲大判明44．8．15）。

◆公正証書の原本に貼付された印紙を剥離する行為は，文書の形式的部分の毀損にとどまるものであり，文書の証明力そのものには影響を及ぼさないが，「毀棄」に該当する（前掲大判明44．8．15）。

◆被疑者が弁解録取書を丸めしわくちゃにした上，床上に投げ捨てる行為も「毀棄」に該当する（最決昭32．1．29刑集11-1-325）。

イ　隠匿行為

本条の「毀棄」には隠匿行為を含む（大判昭9．12．22刑集13-1789）。必ずしも文書を有形的に毀損することを要せず，隠匿その他の方法によって，その文書を利用することができない状態に置くことをもって足り，その利用を妨げた期間が一時的であると永続的であると，また，犯人に後日返還の意思があったと否とを問わない（最決昭44．5．1刑集23-6-907）。

3　私用文書等毀棄等

権利又は義務に関する他人の文書又は電磁的記録を毀棄した者は，5年以下の懲役に処する（刑259）。

⑴　客　体

本罪の客体である「権利又は義務に関する……文書又は電磁的記録」とは，権利・義務の存否，得喪，変更等を証明し得べき文書又は電磁的記録を汎称する。単なる事実証明に関する文書は，本条の客体ではない。有価証券である小切手は，本条の文書に該当する（前掲最決昭44．5．1）。

「他人の」とは，他人の所有に属することをいう。自己名義の文書でも他人の所有に属する場合にこれに改ざんを加えるときは，本罪に該当する（大判大10．9．24刑録27-589）。

⑵　親告罪

本罪は，親告罪である（刑264）。告訴権者は，「権利又は義務に関する他人の文書又は電磁的記録」の所有者である。

4　器物損壊

前3条に規定するもののほか，他人の物を損壊し，又は傷害した者は，3年以下の懲役又は30万円以下の罰金若しくは科料に処する（刑261）。

(1)　実行行為

ア　損　壊

「損壊」とは，物質的に物の全部若しくは一部を害し，又は物の本来の効用を失わしめる行為をいう（最判昭25．４．21刑集４－４－655)。事実上又は感情上，器物を再び本来の目的の用に供することができない状態にさせる場合を含み，例えば，営業上，来客の飲食の用に供すべき器物に放尿する行為も含まれる（大判明42．４．16刑録15-452)。ビラ約60枚を会社事務所の窓や扉のガラスに洗濯のりで貼り付ける行為は，窓ガラスや扉のガラスとしての効用を著しく減損するものであるから，本罪に該当する（最決昭46．３．23刑集25-２-239)。

イ　傷　害

「傷害」とは，特に動物についていう。例えば，養魚池の水門を開いて鯉を流出させる行為は，本罪の「傷害」に該当する（大判明44．２．27刑集17-197)。

(2)　親告罪

本罪は，親告罪である（刑264)。本罪の告訴権者は，「他人の物」の所有者であるのが原則であるが，必ずしも所有者に限られず，物の使用・維持等について正当な利益を有する者も被害者として告訴権を有する（最判昭45．12．22刑集24-13-1862)。

5　自己の物の損壊等

自己の物であっても，差押えを受け，物権を負担し，賃貸し，又は配偶者居住権が設定されたものを損壊し，又は傷害したときは，前３条の例による(刑262)。

本罪は，所有権者以外の者の財産権を保護するための特別規定である。

6　信書隠匿

他人の信書を隠匿した者は，６月以下の懲役若しくは禁錮又は10万円以下の罰金若しくは科料に処する（刑263)。

(1)　客　体

「信書」とは，特定人から特定人に宛てて意思を伝達する文書をいう。

既に伝達の用を達したものは，本条の信書ではない。

⑵　実行行為

「隠匿」とは，毀棄の一態様である。本罪は毀棄に関しては，器物損壊罪の特別規定であるから，信書を破棄した場合には，本罪により処罰される。本罪の法定刑が特に軽いのは，信書の経済的価値が一般的に乏しいことによる。

⑶　親告罪

本罪は，親告罪である（刑264）。本罪の告訴権者の範囲に関する最高裁判例は見当たらない。ただし，信書開封（刑133）の罪においては，封緘した信書の秘密についての権利は発信者が有し，信書が受信者に到達した後は発信者及び受信者の双方が有し，それに応じた告訴権も有する（大判昭11．3．24刑集15-307）。信書隠匿罪の告訴権者については，信書開封罪の場合と同様に考えるのが相当であるとする見解が有力である。

Point　刑事施設における信書の検査と信書開封罪について

刑法133条の信書開封罪は，正当な理由がないのに，封をしてある信書を開けた者は，１年以下の懲役又は20万円以下の罰金に処するというものである。

ところで，刑事施設の長は，刑事収容施設法127条の規定により，その指名した刑事施設の職員に，受刑者の発受する信書の検査を行わせることができるが，この職員が，信書の検査を行うために被収容者宛ての封をしてある信書を開封しても信書開封罪に問われることはない。刑事収容施設法127条の規定による信書の検査は，刑法133条の「正当な理由」に該当する。

第8　薬物犯罪

1　総　説

刑法第2編第14章には，薬物に関する犯罪としてあへん煙に関する罪が定められ，あへん煙輸入等（刑136），あへん煙吸食器具輸入等（刑137），税関職員によるあへん煙輸入等（刑138），あへん煙吸食（刑139Ⅰ），あへん煙吸食場所提供（同条Ⅱ），あへん煙等所持（刑140）が規定されている。

刑法上の「あへん煙」とは，けしの液汁の凝固した物をそのまま吸って使用できる段階まで精製したいわゆるあへん煙膏で，その前段階である生あへんは含まれない。これらの罪の保護法益は，広義の国民の安全である。

実務上，我が国の薬物犯罪は，刑法典以外の特別法，具体的には，

・麻薬取締法
・大麻取締法
・あへん法
・覚醒剤取締法
・麻薬特例法

により処理されている。

2　薬物犯罪を規制する特別法の概要

(1)　麻薬取締法

麻薬取締法は，モルヒネ，ジアセチルモルヒネ，コカイン等の麻薬や向精神薬等を規制の対象とする（麻薬1・2）。罰則については，

①　ジアセチルモルヒネ，その塩類又はこれらのいずれかを含有する麻薬（ジアセチルモルヒネ等）の不正取引に関する罪
②　ジアセチルモルヒネ等以外の麻薬の不正取引に関する罪
③　向精神薬の不正取引に関する罪
④　麻薬向精神薬原料の不正取引に関する罪

に大別される。

麻薬のうち，アヘンアルカロイド系のモルヒネ，ジアセチルモルヒネ等は中枢神経抑制作用を有するのに対し，コカアルカロイド系のコカインの薬理作用は局所適用により局所麻酔作用を示し，全身適用によっては中枢神経興奮作用を示す。

ジアセチルモルヒネは，別名ヘロインとも呼ばれる。ジアセチルモルヒネはモルヒネを化学的に変化させて得られるものであるが，その鎮痛，麻酔作用はモルヒネの数倍も強く，依存性，禁断症状も激しいので，特定の場合以外，何人に対しても，その輸出入，製造，製剤，譲渡し，譲受け，交付，施用，所持，廃棄の全ての行為が禁止され，他の麻薬よりも重く処罰されている。

次いで，ジアセチルモルヒネ等以外の麻薬について，厳しい罰則が設けられている。向精神薬は，中枢神経系に作用して精神機能に影響を及ぼす物質であるが，濫用された場合の有害性は麻薬に比べると低い。麻薬向精神薬原材料は，当該物質自体に有害性があるわけではなく，幅広い用途を有する物質が含まれている。順次，その罰則は緩和されている。

⑵　大麻取締法

大麻取締法による規制の対象である「大麻」とは，大麻草（カンナビス・サティバ・エル）及びその製品であるが，繊維製品としての麻の使用を確保するため，大麻草の成熟した茎及びその製品（大麻樹脂を除く。）並びに大麻草の種子及びその製品は除かれている（大麻１）。「大麻草（カンナビス・サティバ・エル）」とは，カンナビス属に属する全ての植物を含む趣旨である（最決昭57．9．17判時1055-163）。

大麻取締法は，有資格者以外の者による大麻の栽培，所持，輸出入等を禁止し，その違反を罰している。大麻の有害性に疑義が提出されている国もあるが，我が国では，少数の摂取で幻覚，妄想等の急性中毒症状が生じることもあり，その危険性が確認されている（東京高判昭53．9．11判タ369-424）。

⑶　あへん法

刑法上の「あへん煙」は，いわゆるあへん煙膏であるが，あへん法で規制するものには，このほか，あへん煙の原材料である生あへんであるけしや，あへんを採取した後のけしがら（けしの麻薬を抽出することができる部分（種子を除く。））も含まれる。

あへん法は，医療及び学術研究の用に供するあへん供給の適正を図るため，国があへんの輸入，輸出，収納及び売渡しを行い，あわせて，けしの栽培並びにあへん及びけしがらの譲渡し，譲受け，所持等について必要な取締りを行うことを目的とする（あへん１）。

あへん法の犯罪の客体である「あへん」（あへん３②）と刑法第２編第14章の罪の客体である「あへん煙」とは同一の物質であるため，両方の法律の罰則が競合する場合があるが，あへん法の罰則が刑法第２編第14章の罪に触れるときは，その行為者は，同法の罪に比較して，重きに従って処断することとされている（あへん56）。

(4)　覚醒剤取締法

覚醒剤とは，

①　フェニルアミノプロパン，フェニルメチルアミノプロパン及び各その塩類

②　①に掲げる物と同種の覚醒作用を有する物であって，政令で指定するもの

③　①・②に掲げる物のいずれかを含有する物

をいう（覚醒剤２Ⅰ）。

覚醒剤の濫用は，急性中毒時における錯乱，幻覚，妄想並びに長期的継続使用により精神的依存を発現し，次第に幻覚，妄想を主とする精神病状態を惹起するばかりか，廃薬後も，持続型精神病状態，再燃型精神病，不安神経症様状態，人格変化（意欲性欠如，軽佻浮薄性，情動不安定，爆発性，敏捷性等）の残遺症候群が残存する場合もあり，使用者自身の精神や身体をむしばみ，ひいては，覚醒剤関連社会的傷害を引き起こし，社会全体に甚大な被害をもたらす。

そのため，覚醒剤取締法は，覚醒剤及び覚醒剤原料の輸入，輸出，所持，製造，譲渡し，譲受け及び使用に関して必要な取締りを行うことを目的とし，所要の罰則を設けている。

(5) 麻薬特例法

麻薬特例法は，薬物犯罪による薬物犯罪収益等を剥奪すること等により，規制薬物に係る不正行為が行われる主要な要因を国際的な協力の下に除去することの重要性に鑑み，並びに規制薬物に係る不正行為を助長する行為等の防止を図り，及びこれに関する国際約束の適確な実施を確保するため，麻薬及び向精神薬取締法，大麻取締法，あへん法及び覚醒剤取締法に定めるもののほか，これらの法律その他の関係法律の特例その他必要な事項を定める（麻薬特１）。

具体的には，マネー・ローンダリング等の処罰，不法収益の没収等の罰則に関する規定のほか，不法収益の没収等を行うための保全手続，国際共助，コントロールド・デリバリーの実施のための措置，金融機関等による疑わしい取引の届出制度等について定めている。これらの取組は，組織犯罪としての薬物犯罪に対応するために極めて重要である。

☞マネー・ローンダリングとは，薬物等の不正取引による収益を金融機関の口座を複数経由することによって洗浄し，合法的な資金であるかのように見せ掛けることである。

☞コントロールド・デリバリーとは，不正取引される薬物が国境を越えて運搬される場合において，一国の取締機関がこの事実を察知した場合でも，これを直ちに検挙・押収することなく，関係各国の国際協力の下に，十分な監視・管理を行ってこれを追跡し，当該取引に関与する関係者等を一網打尽にするための捜査手法である。

3　覚醒剤取締法違反の罰則

(1) 犯罪類型

実務上重要と考えられる主な犯罪は，以下のとおりである。

ア　覚醒剤の輸入・輸出・製造

覚醒剤を，みだりに，本邦若しくは外国に輸入し，本邦若しくは外国から輸出し，又は製造した者（覚醒剤41の５Ｉ②に該当する者を除く。）は，１年以上の有期懲役に処する（覚醒剤41Ｉ）。

イ　覚醒剤の所持・譲渡し・譲受け

覚醒剤を，みだりに，所持し，譲り渡し，又は譲り受けた者（覚醒剤42⑤に該当する者を除く。）は，10年以下の懲役に処する（覚醒剤41の２Ⅰ）。

「所持」とは，人が物を保管する実力支配関係を内容とする行為をいい，必ずしも物を物理的に把持することを要せず，その存在を認識してこれを管理し得る状態にあれば足りる。このような実力支配関係が継続する限り所持は存続し，この関係の存否は具体的事案における諸般の事情に従い社会通念によって決せられる（最大判昭30．12．21刑集９-14-2946，最判昭31．５．25刑集10-５-751等）。

「譲渡し」とは，相手方に対し，物について法律上又は事実上の処分権限を付与し，かつ，物の所持を移転することを内容とする行為をいう。

「譲受け」とは，「譲渡し」の反対概念であり，相手方から，物についての法律上又は事実上の処分権限を付与され，かつ，物の所持の移転を受けることを内容とする行為をいう。

ウ　覚醒剤の使用

覚醒剤取締法19条（使用の禁止）の規定に違反した者は，10年以下の懲役に処する（覚醒剤41の３Ⅰ①）。

「使用」とは，覚醒剤をその用法に従って用いる一切の行為をいい，使用の対象，方法，動機のいかんを問わず，覚醒剤取締法19条各号の法定の除外事由がない限り，その使用は全て禁止されている。麻薬取締法では，「施用」と「施用を受ける」の用語があるが，本条の「使用」はその両者を含む概念である。

「使用」の特異な例としては，亀頭・尿道塗布（新潟地判昭55．12．23判時1015-145），競走馬の能力を高める目的でこれに注射した場合（最決昭55．９．11刑集34-５-255）等がある。

(2)　覚醒剤であることの認識

覚醒剤取締法違反の罪が成立するためには，所持等に係る物が覚醒剤であるという認識が必要である。この場合の認識としては，法規制の対象となっている具体的な違法・有害な薬物の認識予見とその中に覚醒剤が含まれていることが必要であり，覚醒剤を含む身体に有害で違法な薬物類であるという認識を有していればよい（最決平２．２．９裁集刑254-99)。

❖コラム❖　薬物の誤認

類似の薬物犯罪で罰条が異なる場合には，法定刑が同一である場合と異なる場合とで区別し，前者の場合は刑法38条２項の適用がなく対象薬物に関する罪の故意は阻却されないが，後者の場合は同条項が適用されて軽い罪が成立する。

例えば，営利の目的で，麻薬であるジアセチルモルヒネの塩類粉末を覚醒剤と誤認して輸入した場合には，麻薬取締法64条２項・１項・12条１項の麻薬輸入罪が成立する（最決昭54．３．27刑集33-２-140)。

覚醒剤であるフェニルメチルアミノプロパン塩酸塩粉末を麻薬であるコカインと誤認して所持した場合には，麻薬取締法66条１項・28条１項の麻薬所持罪が成立する（最決昭61．６．９刑集40-４-269)。

⑶　営利目的

営利の目的がある場合には，法定刑が加重される。営利目的の覚醒剤輸入・輸出・製造の罪を犯した者は，無期若しくは３年以上の懲役に処し，又は情状により無期若しくは３年以上の懲役及び1,000万円以下の罰金に処する（覚醒剤41Ⅱ)。

営利の目的で覚醒剤所持・譲渡し・譲受けの罪を犯した者は，１年以上の有期懲役に処し，又は情状により１年以上の有期懲役及び500万円以下の罰金に処する（覚醒剤41の２Ⅱ)。

「営利の目的」とは，犯人が自ら財産上の利益を得，又は第三者に得させることを動機・目的とする場合をいう（最決昭57．６．28刑集36-５-681)。薬物犯罪は犯人に莫大な利益をもたらすことから，利益追求のために組織的・継続的に行われることが通常であり，営利目的がある薬物犯罪における薬物濫用による保健衛生上の危険性や行為自体の社会的危険性は，営利目的を有しないそれと比してはるかに大きい。よって，営利目的がある場合の刑は大幅に加重されている。

「営利の目的」は，刑法65条の「身分」であり，営利目的のない者が営利目的を有する者に加功した場合，営利目的のない者については非営利目的の罪の刑が科される。

(4) 覚醒剤等の没収

覚醒剤取締法41条から41条の７までの罪に係る覚醒剤又は覚醒剤原料で，犯人が所有し，又は所持するものは，没収する。ただし，犯人以外の所有に係るときは，没収しないことができる（覚醒剤41の８Ⅰ）。

刑法19条は任意的な没収を規定するが，本条は特定の覚醒剤等で，犯人が所有するものを必要的な没収の対象とする規定である。

Point　刑事施設における薬物依存離脱指導について

刑事収容施設法103条は改善指導について定め，同条２項１号は，麻薬，覚醒剤その他の薬物に対する依存があることにより改善更生及び円滑な社会復帰に支障があると認められる者について，その改善に資するように特に配慮した指導を行うことを規定する。これが，特別改善指導としての薬物依存離脱指導である。

薬物依存離脱指導の標準プログラムについては，他の特別改善指導と同様に，平成18年５月23日付け矯成第3350号矯正局長依命通達「改善指導の標準プログラムについて」に当該指導の目標，対象者，指導方法等が具体的に定められている。

薬物依存離脱指導においては，認知行動療法に基づく指導を中心として，同じ問題を抱えた受刑者が自主的に話し合うことを通じて，薬物依存から離脱する困難さを認識した上で，釈放後にも薬物に手を出さずに生活していくための具体的な方法を考えるグループワークを実施するほか，ダルク等の民間自助団体の協力を得て薬物依存からの離脱に成功した人々とのミーティング等を行い，釈放後にダルク等が実施するプログラムに参加する動機付けを与えるような指導をしている。

第 3 章

刑事訴訟法

第1　刑訴法の目的

1　刑事手続における刑事施設の役割

(1) 刑法と刑訴法

刑法は，犯罪と刑罰を定めるが，刑訴法は，刑法を具体的に実現する手続を定めた法律である。

憲法は，「何人も，法律の定める手続によらなければ，その生命若しくは自由を奪はれ，又はその他の刑罰を科せられない。」と定めるため（憲31），いかなる行為が犯罪となり，どのような刑が科せられるのかがあらかじめ法律により定められなければならないのはもちろん（罪刑法定主義），刑を科す手続も法律により定められた適正なものでなければならない（法定手続の保障）。

刑法を具体的に実現する手続は，以下の流れで行われる。

① 捜査段階

↓　一定の犯罪の嫌疑を認めた捜査機関が，証拠を収集するとともに犯人を検挙する。

② 公判段階

↓　検察官が裁判所に公訴を提起すれば，裁判所において，検察官及び被告人又は弁護人が攻撃防御を尽くし，これを踏まえ，判決が宣告される。

③ 刑の執行段階

有罪判決が確定すれば，刑が執行される。

(2) 刑事施設の役割

刑事施設は，刑事手続において，

① 捜査・公判段階では，逮捕，勾留，鑑定留置等法令の規定により身体を拘束された者を収容・処遇し，逃走及び罪証隠滅の防止等を図ることで適正な捜査・公判の実現に寄与する

② 刑の執行段階では，死刑，懲役，禁錮又は拘留の言渡しを受けた者等を拘置・処遇し，刑を執行することで刑罰を実現する

③ 特別司法警察職員として，刑事施設における犯罪について捜査を行う

という重要な役割を担う。

2　刑訴法の目的

刑訴法は，その目的を「公共の福祉の維持と個人の基本的人権の保障とを全うしつつ，事案の真相を明らかにし，刑罰法令を適正且つ迅速に適用実現すること」と定める（刑訴１）。

刑訴法は，「公共の福祉」，すなわち，犯人を的確に処罰することにより守られる社会全体の利益と，「個人の基本的人権の保障」，すなわち，必要最小限度を超えた不当な人権の制約の防止をともに調和させながら，「事案の真相」を明らかにし（実体的真実主義），それに従い「刑罰法令を適正且つ迅速に適用実現」することを目的とし，その目的の下に定められた規定を遵守することで，刑法の具体的な実現の過程が恣意的に行われないようにしている。「公共の福祉の維持」と「個人の基本的人権の保障」は，時に対立する様相を呈するが，両者の要請は調和的に実現されなければならない。

Point　刑事施設における法的地位に応じた処遇

刑事施設は，刑法，刑訴法等の規定により各種の法的地位を有する者を収容・処遇するが，その処遇は法的地位の相違により差異が設けられることがある。その多くは，「公共の福祉の維持」と「個人の基本的人権の保障」の要請の調和を考慮して定められたものである。

例えば，未決拘禁者は，受刑者とは異なり，改善更生を図る対象ではない。そのため，面会の相手方には原則として制限はなく（刑事収容施設111・115参照），相手方による信書の発受の禁止は許されないなど（刑事収容施設128・134参照），外部交通が広く認められる。未決拘禁者は，刑の執行を受けるために収容される受刑者とは異なり，逃亡及び罪証の隠滅の防止を図るために収容されるのであるから（刑訴199Ⅱ・60Ⅰ），その

ために必要最小限度の範囲で自由の制約が許されるにとどまる。

刑事施設の被収容者の法的地位に応じた処遇の相違の多くは，このように，刑訴法が「公共の福祉の維持」と「個人の基本的人権の保障」の要請の調和を考慮して定めた法的地位の相違を踏まえたものであるため，どのような制約が許され得るのかを理解するには，刑訴法の理解は欠かせない。

第２　刑事手続の流れ

1　成人の刑事手続は，一般に，次のような流れで行われる。

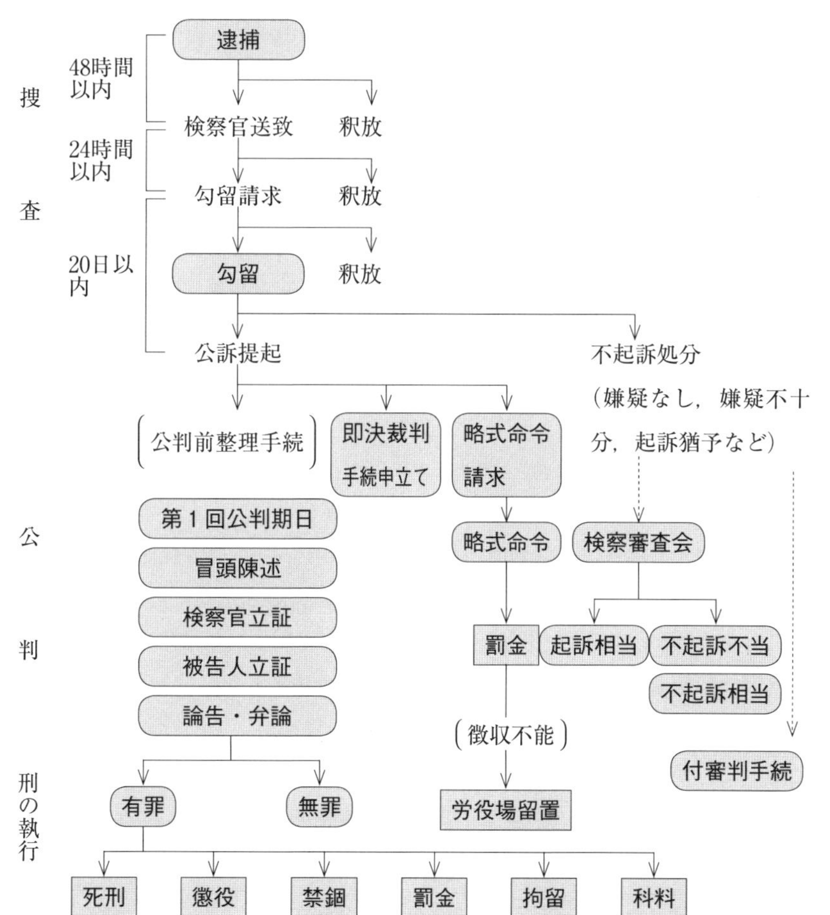

2　捜査段階

捜査は，捜査機関により行われ（「第３　捜査機関としての矯正職員」），その対象とされる者を被疑者という（「第４　被疑者及び被告人の法的地位」）。捜査機関は，職務質問，所持品検査，投書，告訴，告発及び認知等により捜査の端緒を得て，捜査を開始する（「第５　捜査の端緒」）。通常は，第一次的な捜査機関である司法警察職員が，捜査の端緒を得て，証拠を収集するとともに被疑者を検挙して捜査を遂げ，検察官に送致又は送付する。

捜査は，任意処分を原則とするが（任意捜査の原則），常に相手方の協力を得られるとは限らず，被疑者が逃走し又は証拠の隠滅を図ることも少なくなく，強制処分によらなければならないことがある。強制処分を行う場合には，自由に対する制約の程度が大きいため，その強制処分が法律に定められ（強制処分法定主義），原則として，裁判官による司法審査を経なければ行えない（令状主義）（「第６　任意捜査と強制捜査」）。代表的な強制処分として，対人的な処分である逮捕，勾留（「第７　逮捕」～「第９　逮捕・勾留の諸問題」），対物的な処分である捜索，差押え，検証（「第10　捜索・差押え等」）のほか，鑑定を行う過程で，鑑定処分，鑑定留置が行われ得る（「第11　鑑定」）。

3　公訴の提起

事件の送致又は送付を受けた検察官は，公訴を提起するか否かを判断し，公訴を提起する場合は，裁判所に起訴状を提出する。公訴の提起の対象とされた者を被告人という（「第４　被疑者及び被告人の法的地位」）。

公訴を提起する権限は，検察官が独占し（国家訴追主義，起訴独占主義），検察官は，公訴を提起し得る場合でも，それを猶予し得る（起訴便宜主義）など，その権限は広範に及ぶ（「第12　公訴の提起」）。そのため，その権限の適正な行使が担保されるよう，検察審査会による審査，付審判請求等の仕組みが設けられている（「第13　公訴権の行使の適正を担保するための方策」）。

4　公判段階

検察官が公訴を提起した場合は，検察官及び被告人又は弁護人は，相互に取調べを請求する予定の証拠を開示するなどして，公判の準備を行う。必要に応じ，争点及び証拠の整理のために手続として，公判前整理手続が行われる。裁判所は，その準備の状況を考慮し，公判期日を開く。

公判では，起訴状記載の犯罪事実の存否を巡って，検察官及び被告人又は弁護人に攻撃･防御を尽くさせた後，判決が宣告される（「第14　公判手続」）。一定の重大事件については，国民から選ばれた裁判員を加えた合議体による審理が行われる（裁判員裁判）（「第15　裁判員裁判」）。

5　上　訴

裁判所においてなされた裁判に対して不服がある場合，一定の期間内に，上級裁判所等に対し，上訴又はこれに準じた不服申立てをすることができる（「第16　上訴」）。

上訴又は正式裁判の請求がなし得なくなったときに，その裁判は確定し（「第17　判決の確定」），検察官の指揮により刑が執行される（「第18　刑の執行」）。

6　再審・非常上告

本来，判決に誤りが存してはならないが，事実認定又は法令違反の誤りがないとはいえない。そのための非常救済手続として，再審，非常上告がある（「第19　再審・非常上告」）。

7　少年の場合

被疑者又は被告人が少年である場合，その健全な育成を期するため，少年法には，一定の特則が設けられている。詳細は，第４章「第１　少年法」を参照のこと。

第３　捜査機関としての矯正職員

1　捜査機関の種類

刑事収容施設法は，刑事施設における犯罪について，刑事施設の職員が，刑訴法の定める司法警察職員としての職務を行うものと定めている（刑事収容施設290）。

刑訴法は，捜査をすることができる資格として，以下を定める。

・司法警察職員（刑訴189・190）
・検察官（刑訴191Ⅰ）
・検察事務官（同条Ⅱ）

2　司法警察職員

(1)　一般司法警察職員と特別司法警察職員

司法警察職員は，犯罪があると思料するときに，第一次的に犯人及び証拠を捜査する機関で（刑訴189Ⅱ），一般司法警察職員（同条Ⅰ）と特別司法警察職員（刑訴190）の区別がある。一般司法警察職員は，捜査できる犯罪が制限されていないが，特別司法警察職員は，特別の事項に限り捜査できる。刑事施設の職員は，刑事施設における犯罪に限り捜査できる特別司法警察職員である（刑事収容施設290）。

司法警察職員──┬─一般司法警察職員
　　　　　　　　└─特別司法警察職員

一般司法警察職員とは，警察庁，警視庁及び都道府県警察に所属する警察官である（刑訴189Ⅰ）。特別司法警察職員には，様々なものがあるが，刑事施設における犯罪を捜査する刑事施設の職員のほか，例えば，以下に掲げるものがこれに当たる。

＊皇族の生命及び財産に対する罪等を捜査する皇宮護衛官（警69）
＊海上及び離島における犯罪を捜査する海上保安官及び海上保安官補（海上保安庁法31）
＊薬物犯罪及び薬物中毒により犯された罪を捜査する麻薬取締官及び麻薬取締員（麻薬54）
＊労働関係法令違反の罪を捜査する労働基準監督官（労基102等）
＊自衛官に関する犯罪を捜査する自衛官（自衛96）

一般司法警察職員と特別司法警察職員が捜査できる犯罪は競合し得るが，実務上は，事案に応じ，いずれが捜査するのか相互に調整されることが多い。

(2)　特別司法警察職員としての刑事施設の職員

刑事収容施設法は，次のように定め，刑事施設における犯罪について，刑事施設の職員が特別司法警察職員としての職務を行うものとしている。

刑事収容施設法290条　刑事施設の長は，刑事施設における犯罪（労役場及び監置場における犯罪を含む。次項において同じ。）について，刑事訴訟法の規定による司法警察員としての職務を行う。
2　刑事施設の職員（刑事施設の長を除く。）であって，刑事施設の長がその刑事施設の所在地を管轄する地方裁判所に対応する検察庁の検事正と協議をして指名したものは，刑事施設における犯罪について，法務大臣の定めるところにより，刑事訴訟法の規定による司法警察職員としての職務を行う。

刑事施設の職員が特別司法警察職員とされた趣旨は，その職務上刑事施設における犯罪の端緒を発見する機会が多く，閉鎖された施設内において多数の被収容者を集団処遇するなどの刑事施設の特殊性から，その実情に通暁する刑事施設の職員にその犯罪の捜査を行わせることで，より実効的な捜査を遂げられることによる。

Point　刑事施設の職員が特別司法警察職員として捜査を行う犯罪について

刑事施設の職員が特別司法警察職員として職務を行うことができる犯罪は，「刑事施設における犯罪」である。「刑事施設」とは，刑事施設の建物・敷地内に限られず，例えば，裁判所の出廷留置場，護送中の車両内等刑事施設の長が被収容者を処遇するため管理・使用する場所が含まれ，刑罰法令に定める構成要件に該当する事実の全部又は一部がその場所で生じていれば，これに該当するものと解される。したがって，例えば，受刑者が戒護区域内で刑事施設の職員に暴行を加えたという公務執行妨害事案だけでなく，外部の者が脅迫文書を郵送して刑事施設に到達させ，刑事施設の職員がその敷地内でこれを読んで脅されたという脅迫事案も捜査できる。

ただし，後者の場合は，被疑者が刑事施設外に存在し，脅迫文書の作成に使用された道具等の証拠品も刑事施設外に存在するなど刑事施設の職員が捜査を行うには困難を伴うことが想定されるため，その刑事施設の所在地の都道府県警察に通報し，その捜査に委ねる場合が多かろう。

(3)　司法警察員と司法巡査

司法警察職員は，その権限の広狭に応じ，司法警察員と司法巡査に区別される（刑訴39Ⅲ括弧書き参照）。司法警察員には，捜査権限に制約はないが，司法巡査は，例えば，以下に掲げる事項は行うことができない。

＊通常逮捕における逮捕状の請求（刑訴199Ⅱ）
＊逮捕された被疑者への弁解の機会の付与，釈放又は送致（刑訴203Ⅰ・211・216）
＊鑑定留置状及び鑑定処分許可状の請求（刑訴224Ⅰ・225Ⅱ）
＊告訴・告発・自首の受理（刑訴241Ⅰ・245）
＊変死体の代行検視（刑訴229Ⅱ）
＊検察官への事件の送付又は送致（刑訴242・246等）
＊収容状の発付（刑訴485）

司法警察職員である警察官においては，原則として，巡査部長以上の階級の者が司法警察員とされ，巡査の階級にある者は司法巡査とされる（刑訴に基づく司警職員規１Ⅰ参照）。

特別司法警察職員としての刑事施設の職員においては，刑事施設の長は司法警察員としての職務を行うものとされ，それ以外の刑事施設の職員で指名を受けたものは法務大臣の定めるところにより司法警察職員としての職務を行うものとされている。具体的には，看守部長以上の刑務官又は法務事務官は司法警察員とされ，看守は司法巡査とされる（「司法警察職員としての職務を行う者の指名に関する訓令」（平成18年矯成訓第3382号））。

〈刑事施設における特別司法警察職員〉

司法警察職員──司法警察員：刑事施設の長及び看守部長以上の刑務官又は法務事務官
　　　　　　　└司法巡査：看守

3　検察官及び検察事務官

⑴　検察官

検察官は，犯罪を捜査できるほか（刑訴191Ⅰ），公訴を提起するかどうかを判断し（刑訴247・248），公訴を提起した事件について，その訴訟を遂行し（刑訴282Ⅱ），有罪判決が確定したときは，刑の執行を指揮する（刑訴472Ⅰ）（検察４・６）。

司法警察職員は，「犯罪があると思料するときは，犯人及び証拠を捜査するものとする。」と定められているが（刑訴189Ⅱ），検察官は，「必要と認めるときは，自ら犯罪を捜査することができる。」と定められているため（刑訴191Ⅰ），その捜査は必要に応じて行う第二次的なものとされる。通常，検察官は，司法警察員から送付又は送致を受けた事件（刑訴242・246等）について，その捜査が不十分であるときに補充的に捜査を行う場合が多いが，政治家の関与する贈収賄事件等のように複雑困難な事件について，自ら捜査する必要を認めて捜査を行う場合もある。

⑵　検察官と司法警察職員

検察官と司法警察職員は，捜査に関し互いに協力しなければならない（刑訴192)。実務上，司法警察職員が捜査を行う場合に，証拠収集又は法令の適用に困難を生じたときは，送致・送付の前後を問わず，検察官に事件相談し，そのアドバイスを得て捜査を行うことが多い。

検察官は，適正な捜査の実施のため，司法警察職員に対し，一般的指示として一般的な準則を定め（例えば，捜査書類の書式を定める司法警察職員捜査書類基本書式例の制定等），一般的指揮（例えば，2以上の捜査機関が同じ事件を捜査する場合における捜査方針・計画の策定，相互の連絡・調整等）又は具体的指揮（例えば，検察官が具体的な事件を捜査する場合におけるその補助の指示等）をすることができる（刑訴193Ⅰ～Ⅲ）。

司法警察職員は，検察官の指揮・指示に従わなければならず(刑訴193Ⅳ)，これに従わないときは，検事総長，検事長又は検事正は，当該司法警察職員の懲戒又は罷免を請求し得る（刑訴194Ⅰ）。

❖コラム❖　検察官の官職

検察官の官職には，検事総長，次長検事，検事長，検事及び副検事がある（検察3）。検察官は，最高裁判所に対応する最高検察庁，高等裁判所に対応する高等検察庁，地方裁判所及び家庭裁判所に対応する地方検察庁，簡易裁判所に対応する区検察庁のいずれかに所属して職務を行う（検察2・5）。

検察官の職務は，行政作用ではあるが，政治的利害から独立して適正・公正に権限を行使することが強く要請されるため，その職権は独立して行使されるものとされる（検察官独立の原則）。他方，最高検察庁の長である検事総長，高等検察庁の長である検事長，地方検察庁の長である検事正等は，その指揮監督に服する職員を指揮監督し（検察7～10），これを通じ，各検察官の権限の行使の統一性が担保される（検察官同一体の原則）。検察庁は，法務省に置かれた特別の機関であるから（行組8の3，法務省設置法14），これに属する検察官は，法務大臣の一般的な指揮監督に服するが，個別の事件の取調べ又は処分については，政治的介入を防ぐため，法務大臣は，検事総長のみを指揮し，個々の検察官を直接に指揮することはできない（検察14）。

(3)　検察事務官

検察事務官は，検察官を補佐し，その指揮を受けて捜査をする（検察27Ⅲ，刑訴191Ⅱ）。

第4　被疑者及び被告人の法的地位

1　刑事施設における被疑者及び被告人の処遇

(1)　被疑者及び被告人

被疑者とは，捜査機関が，一定の犯罪の嫌疑を認めて捜査の対象としている者をいい，被告人とは，検察官により一定の犯罪について公訴が提起された者をいう。刑訴法は，基本的人権の保障を全うするため，被疑者及び被告人が自ら嫌疑を受けた犯罪についての防御権の行使を保障する。これは，被疑者及び被告人の権利であると同時に，究極的には真相の解明に資するものである。

(2)　刑事施設における被疑者及び被告人

刑事施設に収容されている被疑者及び被告人の典型例は，刑訴法の規定により，逮捕されて留置され，又は勾留されている未決拘禁者である（刑事収容施設2⑧，3②・③）。

刑事施設では，被収容者が被疑者又は被告人である場合，刑訴法の定める被疑者及び被告人の法的地位を前提に処遇を行わなければならない。

2　黙秘権

憲法は，「何人も，自己に不利益な供述を強要されない。」と定め，自己に不利益な供述を拒むことができる権利を保障している（憲38Ⅰ）。

刑訴法は，黙秘権を保障するため，「取調に際しては，被疑者に対し，あらかじめ，自己の意思に反して供述をする必要がない旨を告げなければならない。」（刑訴198Ⅱ），「被告人は，終始沈黙し，又は個々の質問に対し，供述を拒むことができる。」（刑訴311Ⅰ）と定め，被疑者及び被告人はいかなる事項も供述を拒めるとしている。

ただし，自らが有罪となるような供述を強いるものでなければ，一定の事項の陳述を義務付けることも許される場合がある。

◆被疑者及び被告人の氏名は，原則として不利益な事項には該当しないから，被疑者及び被告人がその氏名を記載しないでなした弁護人選任届の効力を否定することは憲38Ⅰに反しない（最大判昭32. 2.20刑集11-2-802，最決昭44. 6.11刑集23-7-941）。

◆人身事故を起こした場合，過失運転致死傷罪で処罰され得るところ（自動車の運転により人を死傷させる行為等の処罰に関する法律5），道路交通法は，交通事故を起こした場合には，警察官に対し，「交通事故が発生した日時及び場所，当該交通事故における死傷者の数及び負傷者の負傷の程度並びに損壊した物及びその損壊の程度，当該交通事故に係る車両等の積載物並びに当該交通事故について講じた措置」を報告しなければならないとし，これを怠れば，3月以下の懲役又は5万円以下の罰金に処する旨定めるが（道72Ⅰ後段・119Ⅰ⑩），上記規定は，被害者の救済，交通秩序の回復を図り，交通の安全を確保するため必要かつ合理的なもので，交通事故の態様に関する事項に限り報告義務を課するものであるから，自己に不利益な供述を求めるものではなく，憲38Ⅰには反しない（最大判昭37. 5. 2刑集16-5-495）。

もっとも，黙秘権は，積極的に虚偽の供述をすることを保障するものではない。まして，自らの罪を逃れるために積極的に罪証の隠滅を図ることを保障するものでもない。

◆被告人が故意に虚偽の事実を供述して他人の名誉を毀損すれば処罰される（刑法230）（最判昭27. 3. 7刑集6-3-441）。

◆証人又はその親族に対する強請又は強談威迫行為に及び（刑105の2），他人を唆して，蔵匿してもらうなどし，刑事事件に関する証拠を隠滅するなどし，偽証をさせるなどすれば処罰される（刑103・104・169・61Ⅰ）（最決昭40. 2.26刑集19-1-59，最決昭40. 9.16刑集19-6-679，最決昭28. 10.19刑集7-10-1945）。

3　弁護人依頼権

(1)　意　義

刑事裁判において，被疑者及び被告人は弁護人による援助を受けられなければ，十分に防御を果たしえない。

そのため，憲法は，「何人も，……直ちに弁護人に依頼する権利を与へられなければ，抑留又は拘禁されない。」（憲34前段），「刑事被告人は，いかなる場合にも，資格を有する弁護人を依頼することができる。」（憲37Ⅲ）とし，身柄拘束を受けた被疑者及び被告人並びに公訴を提起された被告人の弁護人依頼権を保障する。

これを受け，刑訴法は，「被告人又は被疑者は，何時でも弁護人を選任することができる。」とし（刑訴30Ⅰ），身柄拘束の有無を問わず，被疑者及び被告人の弁護人依頼権を保障する。

(2)　私選弁護人

被告人又は被疑者はもちろん，その法定代理人，保佐人，配偶者，直系の親族及び兄弟姉妹も独立して弁護人を選任できる（刑訴30Ⅱ）。一般に私選弁護人といわれる。弁護人に選任され得るのは，原則として弁護士である（刑訴31）。

逮捕・勾留された被疑者及び被告人は，裁判所又は刑事施設の長若しくはその代理人に対し，弁護士，弁護士法人又は弁護士会を指定して弁護人の選任を申し出ることができ，その申出を受けた裁判所又は刑事施設の長若しくはその代理人は，直ちにその旨をその弁護士等に通知しなければならない（刑訴78・209・211・216・207Ⅰ）。

公訴の提起後における弁護人の選任は，弁護人と連署した書面を裁判所に差し出してしなければならない（刑訴規18）。公訴の提起前における弁護人の選任は，弁護人と連署した書面を当該被疑事件を取り扱う検察官又は司法警察員に差し出した場合，公訴を提起された後の第一審でもその効力を有する（刑訴規17）。

(3)　国選弁護人

弁護人は，私選弁護人であるのが原則であるが，貧困その他の理由により自ら選任し得ない場合，特に公訴が提起され，法的知識を駆使しなければならない公判段階において，その選任の余地が全くないままでは，被告人は十分に防御を果たし得ない。

そのため，憲法は，「被告人が自らこれを依頼することができないときは，国でこれを附する。」と定める（憲37Ⅲ）。一般に国選弁護人といわれる。

これを受け，刑訴法は，貧困その他の事由により弁護人を選任することができないときは，裁判所は，その請求により被告人に弁護人を付さなければならないと定める（刑訴36）。その他に被告人には，次の場合に裁判所又は裁判長が弁護人を付する場合がある。

＊裁判所は，被告人の請求がなくても，未成年者であるとき，70歳以上であるとき，耳の聞こえない者又は口のきけない者であるとき，心神喪失者又は心神耗弱者である疑いがあるとき，その他必要と認めるときは，職権で被告人に弁護人を付することができる（刑訴37・290）。
＊死刑又は無期若しくは長期３年を超える懲役若しくは禁錮に当たる事件を審理する公判期日においては，被告人に弁護人がなければ開廷できず，これを欠くときは，裁判長は，職権で被告人に弁護人を付さなければならない（刑訴289Ⅰ・Ⅱ）
＊公判前整理手続，期日間整理手続，これらの手続を経た事件を審理する公判期日及び即決裁判手続の申立てがなされた事件を審理する期日においては，被告人に弁護人がなければ開廷できず，これを欠くときは，裁判所は，職権で被告人に弁護人を付さなければならない（刑訴316の４・316の28Ⅱ・316の29・350の９・289Ⅱ）。

これに対し，捜査段階での国選弁護人の選任は，憲法上の要請ではないが，刑訴法は，被疑者に対して勾留状が発せられている場合又は検察官から即決裁判手続によることについて被疑者が同意するかどうかの確認を求められた場合において，貧困その他の事由により弁護人を選任できないときは，裁判官は，請求により，被疑者に弁護人を付さなければならないとし，被疑者が勾留状により身柄拘束された場合などに国選弁護人の選任を保障する（刑訴37の２・350の17Ⅰ）。

捜査段階での国選弁護制度は，平成16年の刑訴法の改正により導入されたもので，勾留状により身柄拘束された被疑者のうち，当初は，①死刑又は無期若しくは短期１年以上の懲役若しくは禁錮に当たる事件（平成18年10月施行），次に，②死刑又は無期若しくは長期３年を超える懲役若しくは禁錮に当たる事件（平成21年５月施行）に拡大された後，平成28年の刑訴法改正により，③全ての事件に拡大された（平成30年６月１日施行）。他方，被告人の国選弁護人とは異なり，勾留されていない被疑者は国選弁護人の選任を請求し得ない（刑訴37の２Ⅰ）。

(4)　弁護士会への申出

弁護人は私選弁護人であるのが原則であるから，刑訴法の規定により弁護人を要する場合を除き，その資力が50万円以上ある被疑者又は被告人が，国選弁護人の選任を請求するときは，あらかじめ弁護士会に弁護人の選任の申出をし，その弁護士会から弁護人となろうとする者がない旨の通知を受けなければ，国選弁護人の選任の請求をすることができない（刑訴36の2・36の3・37の3，刑事訴訟法第36条の2の資産及び同法第36条の3第1項の基準額を定める政令2条）。

逮捕・勾留された被疑者があらかじめ弁護士会に弁護人の選任の申出をする場合には，刑事施設の長又はその代理人に弁護士会を指定してその申出をすることができ，その申出を受けた場合，直ちに弁護士会にその旨を通知しなければならないところ（刑訴78・209・211・216・207Ⅰ），刑事施設では，実務上，ファクシミリを利用して弁護士会に取り次ぐものとしている。

4　接見交通権

(1)　意　義

被疑者又は被告人が，弁護人の助力を得て防御を尽くし自己の権利・利益を擁護するためには，弁護人依頼権の保障だけでなく，弁護人との間で十分相談できなければならない。

刑訴法は，「身体の拘束を受けている被告人又は被疑者は，弁護人又は弁護人を選任することができる者の依頼により弁護人となろうとする者……と立会人なくして接見し，又は書類若しくは物の授受をすることができる。」と定めるが（刑訴39Ⅰ），これは，憲法34条前段が弁護人依頼権を定める趣旨にのっとり規定されたもので，刑事手続上最も重要な基本的権利に属するものである（最判昭53.7.10民集32-5-820）。

(2)　身柄の拘束を受けている被告人又は被疑者

「身柄の拘束を受けている被告人又は被疑者」とは，逮捕・勾留されている者に限られない。刑事施設に収容されていれば「身体の拘束を受けている」といえる。そのため，刑事収容施設法は，逮捕・勾留されている者だけでなく（刑事収容施設116Ⅰ），例えば，逮捕・勾留されている受刑者，逮捕・勾留されていないが被疑者又は被告人として取り扱われている受刑者は，弁護人等と立会なく接見できるとしている（刑事収容施設119・116Ⅰ・145）。

これに対し，身柄の拘束を受けている被疑者又は被告人とその弁護人等以外の者との接見の相手方の範囲については，刑訴法の規定を踏まえつつ，その法的地位に応じて刑事収容施設法で定められている。例えば，逮捕・勾留されている者であって受刑者の地位を有しないものの場合は，刑訴法の定めるところにより面会が制限されない限り，その相手方は制限されないのが原則であるが（刑事収容施設115），逮捕・勾留されている受刑者の場合は，それ以外の受刑者（刑事収容施設111）と同じく面会の相手方の範囲は制限されている（刑事収容施設119・111）（「余罪受刑者の処遇について」（平成21年矯成第417号矯正局成人矯正課長通知））。

(3) 依頼により弁護人となろうとする者

「弁護人又は弁護人を選任することができる者の依頼により弁護人となろうとする者」とは，弁護人を選任することができる者の依頼を受けているがまだ選任の終了していない者をいう。裁判例には，被疑者の長男の要請により他の共犯被疑者と接見しようとした弁護士は，接見交通権の主体とはならないとした事例（札幌地判昭63. 6 . 23判時1283-32）がある。

(4) 接　見

「接見」とは，被疑者・被告人が弁護人等と面会して，相談し，その助言を受けるなどの会話による面接を通じて意思の疎通を図り，援助を受けることをいう（東京高判平27. 7 . 9 判時2280-16）ものと解され，それ以外の行為は含まない。例えば，接見室に無断で録音機を持ち込むことは，録音・再生機能を利用して第三者との不正な外部交通を行わせるおそれがあるため，原則として認められない（「刑事被告人との接見状況を録音することの許否について」（昭和34年矯正甲第525号矯正局長通達））。ただし，防御権の保障の観点から，施設管理上支障のない範囲で，それ以外の行為が許容される場合として，以下が示されている。

＊弁護人等との接見では，録音機を用いてその内容を録音して持ち帰ることは，書類の授受に準ずるものとして，接見室に持ち込む前にテープ等を検査し，接見終了後に，当該テープ等の内容を検査して未決拘禁の本質的目的に反する内容の部分又は戒護に支障を生ずるおそれのある部分の削除に応じることを条件として許され得る（「弁護人が被告人との接見内容を録

音することについて」（昭和38年矯正甲第279号矯正局長通達），「弁護人が被告人との接見内容を録音することについて」（昭和45年矯正甲第944号矯正局長通達））。

＊訴訟上の必要に基づく記録等のため，弁護人等が接見室にパソコンを持ち込むことは，あらかじめ申し出れば，録音，録画，再生，通信のために使用しないことを条件として許され得る（「弁護人が被告人との接見時に携帯型パソコン等の使用を願い出た場合の取扱いについて」（平成13年矯保第4001号矯正局保安課長通知））。

＊弁護人等が面会室で弁護事件について打合せに必要な電磁的記録媒体を再生することは申告があれば許されるが，その際，電磁的記録媒体の具体的内容に立ち入って申告を求めることは差し控える。事前の申告なしに弁護人等が面会時に電磁的記録媒体を再生していることを確認した場合には事前の申告に準じた対応を執ることになる（「弁護人等が未決拘禁者との面会時に電磁的記録媒体の再生を求めた際の対応について（通知）」（平成31年矯成第999号矯正局成人矯正課長通知））。

刑訴法39条１項は，「立会人なくして接見し」と定めているため，被告人又は被疑者と弁護人等との接見については秘密が保障されているが，書類又は物の授受についてはそのような限定はなく，その秘密は保障されていない。刑事収容施設法は，被疑者又は被告人と弁護人等との面会については，刑事施設の職員の立会い等の規定を適用しないが（刑事収容施設116Ⅰ・145），弁護人等との書類若しくは物の授受については，刑事施設の職員が一定の範囲で検査を行うこととしている（刑事収容施設44・135Ⅰ・145）。

(5)　接見及び物の授受の制限

刑訴法は，以下のとおり規定している。

①　被疑者又は被告人と弁護人等との「接見又は授受については，法令……で，被告人又は被疑者の逃亡，罪証の隠滅又は戒護に支障のある物の授受を防ぐため必要な措置を規定することができる。」（刑訴39Ⅱ），

②「検察官，検察事務官又は司法警察職員……は，捜査のため必要があるときは，公訴の提起前に限り」，その「接見又は授受に関し，その日時，場所及び時間を指定することができる。」（同条Ⅲ）。

①の措置として，刑事収容施設法は，例えば，以下のとおり規定している。

＊弁護人等から被収容者に対する金品の交付については，それを検査の対象から除外せず（刑事収容施設44），一定の事由に該当すれば制限される（刑事収容施設46Ⅰ）。
＊弁護人等との面会については，その日及び時間帯は原則として日曜日その他政令で定める日以外の日の刑事施設の執務時間内とされ（刑事収容施設118Ⅰ），その場所は刑事施設の長の指定した場所で，原則として仕切り板のある場所とする（刑事収容施設118Ⅳ・刑事施設規70Ⅱ）。
＊弁護人等との間で発受する信書も一定の範囲で検査の対象とし（刑事収容施設135Ⅰ），一定の事由に該当すれば，差止め等の措置を講じ得る（刑事収容施設136・129）。

刑事収容施設法は，未決拘禁者の弁護人等との面会の日及び時間帯については，防御権に配意し，刑事施設の管理運営上支障があるときを除き，上記の日及び時間帯以外でも，これを許すものとしている（刑事収容施設118Ⅲ）。これを受け，法務省及び日本弁護士連合会は，刑事施設及び少年鑑別所の未決拘禁者，勾留又は観護の措置が執られた少年と弁護人等又は付添人等との夜間及び休日における面会について，一定の範囲で，夜間は平日の執務時間終了時以後午後８時までの時間帯において，休日は土曜日の午前中において行うことができるとの申し合わせをしている（「夜間及び休日の未決拘禁者と弁護人等との面会等の取扱いについて」（平成19年矯成第3246号矯正局長通達））。

なお，保護室収容中の未決拘禁者に対し弁護人等から面会の申出があった場合には，当該未決拘禁者が極度の興奮による錯乱状態にある場合のように精神的に著しく不安定であることなどから，その申出の事実を告げられても依然として保護室収容の要件（刑事収容施設78Ⅰ②）に該当することとなることが明らかな場合を除いて，直ちに当該未決拘禁者にその申出の事実を告げ，当該未決拘禁者の反応等を確認しなければならず，これを踏まえ，その要件に該当するか否かを判断し，それに該当すれば保護室収容を継続して面会を拒否することは許されるが，そうでなければ保護室収容を中止した上，弁護人等との面会を許さなければならない（最判平30.10.25民集72-５-940参照，「被収容者の外部交通に関する訓令の運用について」平成19年矯成第3350号矯正局長依命通達１⑼））。

また，被収容者の発受する信書は検査され，その許否，発送・交付年月日，相手方の氏名等が記録されるとともに，必要に応じ，その信書の要旨が記録されるが（「被収容者の外部交通に関する訓令」（平成18年矯成訓第3359号）８条），弁護人等と授受される書類の検査等も禁じられていない。もっとも，被疑者又は被告人が弁護人等から受ける信書の検査は，防御権に配意し，原則として，それに該当することを確認するために必要な限度で行うものとするとともに（刑事収容施設135Ⅱ①・145），弁護人等と発受する信書については，特別の事情がない限り，書信表における要旨の記録は省略し，又は「裁判の件」等の簡潔な記載にとどめるものとしている（「被収容者の外部交通に関する訓令の運用について」（平成19年矯成第3350号矯正局長依命通達）15⑵）。

②の措置は，検察官等に接見等の日時等の指定を認めるもので，接見交通権の保障と捜査のための必要との合理的調整を図るものであり，接見指定といわれる。

「捜査のため必要があるとき」とは，「現に被疑者を取調中であるとか，実況見分，検証等に立ち会わせる必要がある等捜査の中断による支障が顕著な場合」をいい（前掲最判昭53．７．10），「間近い時に右取調べ等をする確実な予定があって，弁護人等の必要とする接見等を認めたのでは，右取調べ等が予定どおり開始できなくなるおそれがある場合」が含まれる（最判平３．５．10民集45-５-919，最判平３．５．31判時1390-33）。

なお，逮捕直後の初めての接見は，その重要性に照らし，捜査に顕著な支障が生じるのを避けられない場合でも，即時又は近接した時点で認めなければならないとされる（最判平12．６．13民集54-５-1635）。

検察官は，接見等の指定をすることが見込まれる事件については，刑事施設に対し，あらかじめ，「被疑者と弁護人又は弁護人を選任することができる者の依頼により弁護人となろうとする者との接見又は書類（新聞，雑誌及び書籍を含む。）若しくは物（糧食，寝具及び衣類を除く。）の授受に関し，捜査のため必要があるときは，その日時，場所及び時間を指定することがある。」旨記載した接見等の指定に関する通知書を発することとしている。これを受け，刑事施設においては，その事件に関し，後日，弁護人等から接見等の申出がなされた場合には，検察官が交付した接見等の日時，時間及び場所の記載された指定書の提示を受けるなどして指定の有無を確認し，それに従い接見等を行わせるものとされている（「弁護人等に対する接見等の指定に関する取扱いについて」(昭和63年矯保第548号矯正局長通達))。

5　第1回公判期日前の証拠保全の請求

被告人，被疑者又は弁護人は，あらかじめ証拠を保全しておかなければその証拠を使用することが困難な事情があるときは，第1回公判期日前に限り，裁判官に押収，捜索，検証，証人の尋問又は鑑定の処分を請求することができる（刑訴179Ⅰ）。

第５　捜査の端緒

１　概　説

捜査機関が犯罪の捜査を開始する場合，通常は，それに先立ち，一定の犯罪の存在を疑わせる徴表が認知される。これを捜査の端緒という。例えば，

> 職務質問，所持品検査，被害届，告訴，告発，変死又はその疑いがある死体の検視，現行犯，自首，投書，新聞，雑誌，聞き込み，他の事件の捜査過程で得た情報

等があり得る。刑事施設では，職員の現認，他の被収容者による内報，告訴，告発等がある。

捜査機関は，捜査の端緒を得た後，証拠を収集するとともに，犯人の検挙に向け，捜査活動を開始するが，的確に捜査を遂げるには，的確に捜査の端緒を把握することが重要である。

２　職務質問，所持品検査

⑴　意　義

一般司法警察職員である警察官は，犯罪の摘発を目的とする司法警察活動だけでなく，犯罪の予防，公安の維持等を目的とする行政警察活動として（警２Ⅰ参照），職務質問，所持品検査等を行う。所持品検査は，職務質問と異なり，直接の根拠規定はないが，職務質問と密接に関連しその効果を上げる上で必要，有効なものであるから，これに付随するものとして許容されている（最判昭53．６．20刑集32－４－670）。もっとも，任意で行われるものであるから，個人の自由に介入し得る程度は，その必要性の程度に応じた相当なものでなければならない（警察比例の原則）。

実務上，職務質問，所持品検査の過程で，捜査の端緒が得られる場合は少なくない。

⑵　職務質問における有形力行使の限界

職務質問では，その相手方に対して抱いた不審事由について，その場でその真偽を解明する必要性が高いため，「停止させて」質問することができるから（警職２Ⅰ），警察官は，その場から立ち去ろうとする相手方に対し，職務質問を継続するため，強制にわたらない限度で，一定程度の有形力を行使することが許される。以下は，いずれも適法とされたものである。

- ◆駐在所に任意同行し職務質問及び所持品検査を受けていた者が突如逃走したため，追跡してその背後から腕に手をかけて制止する行為（最決昭29．７．15刑集８－７－1137）
- ◆酒気帯び運転の疑いのある者が車に乗り込んで運転・発進しようとしたため，窓から手を入れてエンジンキーを回しスイッチを切り制止する行為（最決昭53．９．22刑集32－６－1774）

⑶　所持品検査における適法性の限界

所持品検査では，捜索に至らない程度の行為は，強制にわたらない限り許される場合があり，その必要性，緊急性，これにより害される個人の法益と保護されるべき公共の利益との権衡等を考慮し，具体的状況のもとで相当と認められる限度で許されるものと解されている。例えば，適法とされたものに以下がある。

- ◆猟銃等を使用した銀行強盗が発生した状況のもと，犯人としての容疑が存し，凶器を所持している疑いがある者に対し職務質問を実施した際，再三にわたり所持品の開披を求めたものの拒否する言動をとり続けたため，その承諾無くボーリングバッグを開披し，内容を一瞥する行為（前掲最判昭53．６．20）

違法とされたものには以下がある。

- ◆覚醒剤の使用又は所持の嫌疑を抱いて職務質問を実施した警察官が，上着の左側内ポケットに手を差し入れて所持品を取り出した行為（最判昭53．９．７刑集32－６－1672）
- ◆覚醒剤使用の嫌疑を抱いて職務質問を実施しようとしたところ，相手方が逃走したため，その意に反して警察署に連行し，取調べ室において，所持品検査を求めたところ，ふてくされた態度で上着を脱いで投げ出したため，黙示の同意があったものと判断し，所持品検査を実施するとともに，その左足首付近の靴下の膨らんだ部分から覚醒剤様のもの及び注射器等を発見した行為（最決昭63．9．16刑集42-7-1051）
◆覚醒剤所持の嫌疑を抱いた警察官が，承諾無く，相手方の自動車内を検索し，懐中電灯を用い座席の背もたれを前に倒し，シートを前後に動かすなどして覚醒剤様のものを発見した行為（最決平7．5．30刑集49-5-703）

事案の重大性及び嫌疑の程度等に応じた所持品検査の必要性及び緊急性の程度，当該検索行為の態様等の具体的事情に照らして，結論が分かれたものといえよう。

3　告訴，告発

(1)　意　義

告訴及び告発とは，捜査機関に対し，一定の犯罪事実を申告し，その処罰を求める意思表示をいう。刑事施設における捜査の端緒として実務上重要な意義を有する。

告訴と告発はその意思表示を行う者により区別され，告訴は，原則として，被害者又はその法定代理人に限り行うことができるのに対し（刑訴230・231Ⅰ），告発は，何人でも行うことができる（刑訴239Ⅰ）。

(2)　告訴，告発の方法

告訴又は告発は，書面又は口頭で検察官又は司法警察員にこれをしなければならない（刑訴241Ⅰ）。

口頭による告訴又は告発を受けた司法警察員は，告訴人又は告発人から事情を聴取し，告訴調書又は告発調書を作成しなければならない（同条Ⅱ）。

(3)　親告罪と告訴権

一定の犯罪（例えば，名誉毀損罪，侮辱罪，私用文書等毀棄罪，器物損壊罪，信書隠匿罪等）については，被害者のプライバシーの保護，その被害の軽微性等から，親告罪とされ，告訴がなければ公訴を提起することができないから（例えば，刑180Ⅰ・232Ⅰ・264），通常は，告訴を受理してから，捜査を遂げ，検察官に送付する。

なお，告訴権者が犯人を知った日から6か月を経過したときは，告訴権は消滅する（刑訴235）。

被害者とその法定代理人が，異なる日に犯人を知った場合のように，告訴期間の起算日が異なることがあり得るが，その場合は，告訴期間は，それぞれの告訴人ごとに計算される（刑訴236）。

司法警察員が告訴又は告発を受けた事件については，速やかに，捜査を遂げ，これに関する書類及び証拠物を検察官に送付する（刑訴242）。告訴人は，公訴の提起があるまでは，これを取り消すことができるが（刑訴237Ⅰ），告訴を取り消した告訴人は，更に告訴をすることができない（同条Ⅱ）。

第6　任意捜査と強制捜査

1　概　説

捜査の端緒を得た後，捜査機関は，証拠を収集するとともに犯人を検挙するため捜査を開始する。捜査の過程では，

> 遺留品の領置，証拠物の任意提出・領置，関連場所に対する捜索及び証拠物の差押え，関連場所の実況見分又は検証，各種の鑑定，被害者又は参考人らの取調べ

等が行われるとともに，被疑者の尾行，張り込み又は聞き込み，身上関係の照会等を経て，任意同行，逮捕・勾留等の様々な捜査活動が行われる。

その性質に応じ，その対象者の権利・利益の制約を伴うものから何らその制約を伴わないものまで様々なものがあり得るが，実体的真実の発見を確保するとともに，合理的な範囲を超える権利・利益の制約を排除するためには，捜査活動は，一定の法的規制に服さなければならない。

捜査手続の適法性を論ずる意義は，それが違法とされる場合に損害賠償請求の対象となり得るという点のほか（国賠1），証拠の収集手続に令状主義の精神を没却するような重大な違法があって，これを証拠として許容することが将来における違法捜査抑制の見地から相当でないと認められるときは，それにより得られた証拠の証拠能力が否定され有罪を認定する証拠として使えなくなるという点にある（最判昭53.9.7刑集32-6-1672）。

2　強制処分法定主義と令状主義

(1)　憲法における規定

憲法は，「何人も，法律の定める手続によらなければ，その生命若しくは自由を奪はれ，又はその他の刑罰を科せられない。」と定め（憲31），法律の定める手続によらなければ，その自由を侵害されないことを保障するとともに（適正手続の保障），「何人も，現行犯として逮捕される場合を除いては，権限を有する司法官憲が発し，且つ理由となつてゐる犯罪を明示する令状によらなければ，逮捕されない。」（憲33），「何人も，その住居，

書類及び所持品について，侵入，捜索及び押収を受けることない権利は，第33条の場合を除いては，正当な理由に基いて発せられ，且つ捜索する場所及び押収する物を明示する令状がなければ，侵されない。」（憲35 I）と定め，個人の権利・利益に対する制約は，裁判官が，あらかじめ，法律の定める手続にのっとり，それが許される要件が具備されていることを審査して発する令状がなければ許されないとする（令状主義）。

(2)　刑訴法における規定

刑訴法は，「捜査については，その目的を達するため必要な取調をすることができる。但し，強制の処分は，この法律に特別の定のある場合でなければ，これをすることができない。」と定める（刑訴197 I）。同条の「取調」とは，広く強制処分の性質を有しない任意処分一般を意味するものと解されており，一般に，同条は，

① 捜査は任意処分が原則であること（任意捜査の原則）

② 逮捕・勾留，捜索・差押え等の強制処分を行うには，法律に特別の定めがなければならないこと（強制処分法定主義）

を定めるものと理解されている。

3　任意処分と強制処分の区別

様々な捜査活動のうち，強制処分の性質を有するものについては，強制処分法定主義及び令状主義に服するものと解されるため，いかなる性質の捜査活動が，その規律に服さなければならないかが議論されてきた。

伝統的には，刑事手続において保護される権利・利益は，人身の自由のように，直接的な実力行使を伴う手段や，観念的な義務を課しこれに従うよう命ずる手段により侵害され得るものが想定され，それらの手段が強制処分であるとされた。

ところが，技術の発達や人権意識の高揚等に伴い，例えば，盗聴等によるプライバシーの侵害のように，直接的な実力行使を伴う手段や，観念的な義務を課しこれに従うよう命ずる手段によらない権利・利益の侵害があり得ることが意識され，近時は，対象者の意思に反して重大な権利・利益を侵害する行為を強制処分とする見解が有力に唱えられている。

判例は，道路交通法違反（酒酔い）の被疑者に対し，警察署の取調室において呼気検査を受けるように説得中，被疑者が退去しようとしたため，その

腕首をつかんで制止したという事案で，

「捜査において強制手段を用いることは，法律の根拠規定がある場合に限り許容されるものである。しかしながら，ここにいう強制手段とは，有形力の行使を伴う手段を意味するものではなく，個人の意思を制圧し，身体，住居，財産等に制約を加えて強制的に捜査目的を実現する行為など，特別の根拠規定がなければ許容することが相当でない手段を意味するものであつて，右の程度に至らない有形力の行使は，任意捜査においても許容される場合があるといわなければならない。ただ，強制手段にあたらない有形力の行使であつても，何らかの法益を侵害し又は侵害するおそれがあるのであるから，状況のいかんを問わず常に許容されるものと解するのは相当でなく，必要性，緊急性なども考慮したうえ，具体的状況のもとで相当と認められる限度において許容されるものと解すべき」

とし，これを適法とした（最決昭51．3．16刑集30-2-187）。

これに従えば，①強制処分とは，「個人の意思を制圧し，身体，住居，財産等に制約を加えて強制的に捜査目的を実現する行為など，特別の根拠規定がなければ許容することが相当でない手段」をいい，それ以外は任意処分とされるが，②任意処分においても，必要性，緊急性等を考慮し具体的状況のもとで相当と認められる限度であれば，強制処分にわたらない一定程度の有形力の行使が許容されることとなる。

4　任意同行，取調室への滞留と任意捜査の限界

⑴　基本的な視点

任意捜査といえども，何ら有形力を行使し得ないわけではなく，その必要性，緊急性等を考慮し具体的状況のもとで相当と認められる限度であれば，これが許容される反面で，その限度を超えれば，違法と評価される（前掲最決昭51．3．16）。

⑵　任意同行，取調室への滞留

主として取調べを目的とし，被疑者又は参考人に警察署への同行を求めることを任意同行といい，任意捜査として許容される（刑訴197Ⅰ本文・198Ⅰ本文・223Ⅰ）。

当該犯罪についての事情をよく知る被疑者，被害者又は参考人を取り調べ，その供述を得ることは，真相を解明するために極めて重要である。しか

し，特に被疑者については，ひとたび逮捕されれば，その自由が制約されるだけでなく，被疑者自身やその近親者に心理的動揺を与え，その名誉を失わせるなど，法律上・事実上様々な不利益を伴う。実務上は，逮捕に先立ち，任意同行を求め，取調室への任意の滞留を得るなどして，これを取り調べ，その弁解を聴取し，逮捕を要するか否か慎重に判断されることが多い。

(3)　実質的な逮捕と同視される場合

もとより任意同行，取調室への滞留は，任意捜査として行われるものである以上，任意なものでなければならない（刑訴198 I ただし書）。

実務上は，警察官が路上で不審者を発見し，職務質問する過程で，覚醒剤使用の嫌疑を深め，最寄りの警察署に任意同行した上，その取調べを実施し，尿の任意提出を受け，簡易鑑定を実施して陽性の結果が出たため，覚せい剤取締法違反の罪により緊急逮捕する場合のように，任意同行，取調室への滞留，尿の任意提出・簡易鑑定，緊急逮捕という一連の過程で，緊急逮捕に先立ち，令状によることなく実質的に逮捕がなされていたのではないか，仮に実質的逮捕に当たると解されれば，尿の任意提出，その鑑定結果に基づく緊急逮捕は，その影響を受けて違法なのではないかが争われることが多い。

一般に，任意同行，取調室への滞留が実質的な逮捕に該当するか否かは，個々の事案に照らし，

①　同行を求めた時間・場所
②　同行の態様
③　同行の必要性
④　同行後の取調べ時間の長短，取調べの態様
⑤　同行後の食事・休憩等の管理状況その他の監視状況
⑥　捜査官の主観的意図
⑦　被疑者の対応の状況等の具体的な事情

を総合的に考慮し判断されている。

例えば，午前９時30分頃，警察官数名が被疑者の自宅に赴き，玄関先で声を掛けたものの反応が無かったので，無断で屋内に立ち入り，ベッドで寝ていた被告人を起こし警察署に任意同行した上，午前10時頃から取調べを開始し，その自白を得て，尿の任意提出を受けてから簡易鑑定した後，逮捕状を請求し，午後５時過ぎ頃に通常逮捕するまでの間，取調室に滞留

させた事案において，被疑者方の寝室までその承諾なく立ち入っていること，任意同行に際し明確な承諾を得ていないこと，被疑者の退去の申し出に応ぜず警察署に留め置いたことなど，任意捜査の域を逸脱した違法な点が存することから，これに引き続いて行われた尿の任意提出は違法性を帯びるとされている（最判昭61．４．25刑集40－３－215）。

５　取調べと任意捜査の限界

⑴　出頭義務，滞留義務の有無

逮捕又は勾留された被疑者の取調べにおいては，出頭義務，滞留義務があるものと解されるが，それ以外の被疑者，被害者又は参考人の取調べには，このような義務はなく，任意で取調室への出頭，滞留を得て行われなければならないものと解される（刑訴198Ⅰただし書参照）。

⑵　黙秘権の告知

検察官，検察事務官，司法警察職員は，被疑者の取調べに際し，あらかじめ，黙秘権を告知しなければならないが（刑訴198Ⅱ），参考人については，その必要はない（最判昭25．６．13刑集４－６－995）。

⑶　自白の任意性と証拠能力

被疑者の取調べにおいては，単に黙秘権を告知するだけでなく，その任意性を確保しなければならない。強制，拷問又は脅迫による自白，不当に長く抑留又は拘禁された後の自白その他任意にされたものでない疑いのある自白は，証拠能力を否定される（刑訴319Ⅰ）。

◆満16歳に満たない少年に対し勾留の必要性が認め難い事件で，７か月あまり勾留し，その間に余罪の放火罪の取調べをして得られた自白に，一貫性がないなどの事情があれば，「不当に長く抑留又は拘禁された後の自白」に当たる（最大判昭27．５．14刑集６－５－769）。

◆検察官の不起訴の約束による自白（最判昭41．７．１刑集20－６－537），共犯者である夫に対しその妻が共謀を自白した旨偽り共謀を自白させた後に妻に対し夫が共謀を自白した旨告げたことによる自白（最大判昭45．11．25刑集24－12－1670）は，「その他任意性に疑いのある自白」に当たる。

⑷　検察庁での取調べ

刑事施設に勾留された被疑者又は被告人の取調べは，通常，刑事施設において行われているが，その者を検察庁に護送して取調べが行われる場合があり得る。その場合，一般に，刑事施設内とは異なり人的・物的戒護力が著しく低下し，逃走，暴行，自殺・自傷等のおそれは飛躍的に高くなるため，手錠及び捕縄を使用する必要性は高いが（刑事収容施設78Ⅰ），他方，任意性の確保の観点からは，手錠がなされたまま取調べが行われることは好ましくなく，手錠を外した状態で取調べが行われるのが通例である。

そのため，検察庁において取調べが実施される場合には，検察官の申入れを尊重しつつ，被疑者の年齢，経歴及び心身の状況，被疑事件の性質並びに調室の構造，位置及び周囲の状況等を勘案し，特に逃走，暴行，自殺・自傷のおそれのないこと，検察官取調室の出入口及び窓の閉鎖その他所要の措置が講じられていることを確認して手錠を外すこととされ，取り外した後もその動静を厳重に視察するなど，戒護に十全を期すこととされている（「検察官調室における手錠の使用について」（昭和31年刑事第13154号刑事局長代理矯正局長依命通牒））。

(5)　供述調書

検察官，検察事務官，司法警察職員は，被疑者又は参考人を取り調べたときは，その供述を供述調書に録取することができる（刑訴198Ⅲ・223Ⅱ）。

供述調書を作成する場合には，それを作成した後，それを閲覧又は読み聞かせ，誤りがないかどうかを問い，被疑者又は参考人が増減変更を申し立てたときには，その供述を供述調書に記載し，誤りがないことを申し立てたときには，拒絶した場合を除き，これに署名押印することを求めることができる（刑訴198Ⅳ・Ⅴ・223Ⅱ）。

☞署名することができないときは，他人に代書させ，押印することができないときは，指印させる（刑訴規61Ⅰ）。

☞代書させる場合，代書した者が，その事由を記載して署名押印しなければならないが（刑訴規61Ⅱ），供述調書の奥書に代書させたこと及びその理由を記載し，代書者に代書させる方式でも差し支えない（最決平18.12.8刑集60-10-837）。

☞指印は，左手の示指を回転して押なつすることとされ，その欠損その他の事由により左示指を押なつさせることができないときは，他の一指の指印を押なつさせ，その指を明らかするため，奥書において，「署名指印（左拇指）をした。」等と記載する（「供述調書等の指印について」（昭和30年矯正甲第247号矯正局長通達））。

なお，刑事施設の職員が，一定の被疑事実について，逮捕又は勾留されている者を被疑者又は被告人として取調室又はこれに準ずる場所において取り調べた場合，取調べを行った日ごとに，取調年月日，取調時間，取調場所，取調担当者の氏名，供述調書作成の有無及びその通数等を明らかにするため，取調状況等報告書を作成しなければならない（「取調状況の記録等に関する訓令」（平成16年矯保訓第1193号），「取調状況の記録等に関する訓令の運用について」（平成16年矯保第1194号矯正局長依命通達））。

○　取調べの任意性と録音・録画義務

公訴の提起がなされた後，検察官が捜査段階で作成された被疑者の供述調書の取調べを請求した場合に，被告人又は弁護人が，それが任意になされたものでない疑いがあることを理由としてその取調べに異議を述べたときは，検察官は，それが任意になされた供述を録取したものであることを証明しなければならない（刑訴319Ⅰ・322Ⅰ）。平成28年の刑訴法の改正においては，一定の対象事件における司法警察職員，検察官，検察事務官の取調べについて，原則として，その録音・録画を義務付けるとともに，検察官に，それが任意になされたものであることの立証のためにその記録媒体の取調べを行うことを義務付ける仕組みが制度化され，令和元年６月１日から施行された。具体的には，その供述調書が逮捕・勾留された被疑者の供述を録取したもので，その事件が，①死刑又は無期の懲役・禁錮に当たる罪のもの，②故意の犯罪行為により被害者が死亡したもので短期１年以上の有期の懲役・禁錮に当たる罪のもの，③検察官の独自捜査によるものである場合には，検察官は，その供述調書が作成された状況を録音・録画した記録媒体の取調べを請求しなければ，原則として，その供述調書は証拠採用されない（刑訴301の２Ⅰ・Ⅱ）。そのため，司法警察職員，検察官，検察事務官は，その対象となる事件について，逮捕・勾留されている被疑者の取調べを行う場合には，機械の故障その他やむを得ない事情が存する場合，被疑者の言動により記録をしたならば十分な供述をすることができないと認める場合，指定暴力団の構成員による犯罪である場合又は被疑者若しくはその親族に害を加え若しくは畏怖・困惑させる行為がなされるおそれがあることにより記録をしたならば十分な供述をすることができないと認める場合を除き，その供述及び状況を録音・録画しなければならない（刑訴301の２Ⅳ）。

○　合意制度

組織的犯罪の捜査においては，首謀者を含めた多数の関係者の関与状況の解明のため，それら関係者の供述が重要な証拠となるが，取調べのみによりその供述を得ることには限界がある。そのため，平成28年の刑訴法の改正により，検察官が，弁護人の同意を得て，被疑者・被告人との間で，組織的に行われることが通例である財政経済犯罪・薬物犯罪等の特定犯罪に係る他人の刑事事件について，被疑者・被告人が真実を供述し又は証拠の提出その他の必要な協力を行う代わりに，検察官が公訴を提起しない又は特定の求刑を行う等の被疑者・被告人に有利な訴訟行為をすることを合意し履行する制度が設けられた（刑訴350の２）。この合意の成立後，これに反し，被疑者・被告人が虚偽の供述をし又は偽造・変造の証拠を提出した場合，５年以下の懲役に処せられ（刑訴350の15Ⅰ），検察官が公訴を提起し，特定の求刑以上の求刑を行った場合，裁判所はその合意により得られた供述及び証拠を証拠採用しないものとされ（刑訴350の14Ⅰ），公訴棄却その他その訴訟行為を認めない措置を執るものとされている（刑訴350の13Ⅰ・Ⅱ）。日本版の司法取引というべき制度である。

6　写真撮影等と任意捜査の限界

(1)　写真撮影・ビデオ撮影

写真及びビデオは，一定の状態を機械的に正確に記録・保存できるため，その証拠価値は極めて高いが，人はみだりにその容姿・姿態を撮影されない自由を有するため，無制限に撮影が許されるものとは解しがたい。

もっとも，公共の場所における場合と，自宅等における場合では，その自由の保障の程度は異なろう。

◆公道上における違法なデモ行進及びオービスによる取締りにおける写真撮影の適法性が争われた事案では，犯罪捜査のための写真撮影は，現に犯罪が行われ，若しくは行われたのち間がないと認められ，証拠保全の必要性・緊急性があり，その写真撮影が一般的に許容され得る限度内で相当と認められる方法によるものであれば，適法とされている（最大判昭44. 12. 24刑集23-12-1625，最判昭61. ２. 14判時1186-149）。

◆強盗殺人事件の被害品であるキャッシュカード等を用いてＡＴＭ機から現

金を払い戻した者の姿が防犯ビデオに撮影されていたため，その者と被疑者との同一性を確認するために，公道上及びパチンコ店において被疑者の姿をビデオ撮影する行為は，重要な証拠を入手するため必要な限度で，いずれも他人から容ぼうを観察されること自体は受忍せざるを得ない場所で行われたものであるから適法とされている（最決平20．4．15刑集62－5－1398）。

なお，身体の拘束を受けている被疑者の写真を撮影するには，被疑者を裸にしない限り令状を要しない（刑訴218Ⅲ）。

⑵　公務所等に対する照会

捜査機関は，公務所又は公私の団体に照会して必要な事項の報告を求めることができる（刑訴197Ⅱ）。

Point　刑事施設に対する照会への回答義務について

刑事施設においては，捜査に必要な事項の照会のほか，裁判所（刑訴279），弁護士会（弁護23の２）から，各種の事項に関し照会がなされることがあるが，一般に，公務所である刑事施設はそれらの照会に対し回答義務を負う。そのため，例えば，検察官から，勾留されている者の面会日，相手方，その面会の状況，差入れ日，相手方，その内容について照会がなされたときは，通常，これに回答することは不当に人権又は名誉を侵害するおそれがあるものとは認められないから，施設の管理運営に著しい支障を生じることのない限り回答すべきであるが，照会に対して回答することが施設の管理運営に著しい支障を生じ，又は不当に関係人の人権若しくは名誉を侵害するおそれがある等の理由により相当でないと認められるときは，回答を拒否することがあり得る（「刑事訴訟法第197条第２項の規定に基づく照会について」（昭和36年矯正甲第910号矯正局長通達））。

第７　逮　捕

1　概　説

被疑者の逃亡及び罪証隠滅を防止し，真相を解明するには，その身柄を拘束しなければならない場合があるが，被疑者を社会生活から隔離しその自由を奪うものであるため，慎重になされなければならない。そこで，憲法は，「何人も，現行犯として逮捕される場合を除いては，権限を有する司法官憲が発し，且つ理由となつてゐる犯罪を明示する令状によらなければ，逮捕されない。」と定め（憲33），刑訴法は，以下の３種類を認めている。

① 通常逮捕
② 現行犯逮捕
③ 緊急逮捕

2　通常逮捕

(1)　概　説

検察官，検察事務官，司法警察職員は，被疑者が罪を犯したと疑うに足りる相当な理由があるときには，あらかじめ裁判官の発付する逮捕状により被疑者を逮捕できる（刑訴199Ⅰ）。ただし，「被疑者が逃亡する虞がなく，かつ，罪証を隠滅する虞がない等明らかに逮捕の必要がないと認めるとき」には，逮捕状は発せられない（同条Ⅱただし書，刑訴規143の３）。

典型的には，逃亡のおそれ及び罪証隠滅のおそれがないときなどが想定されるが，それに限られず，逮捕することが健全な社会の常識に照らし相当でないと考えられる特段の事情の存在する場合はこれに該当する。

(2)　軽微な罪の場合

30万円以下の罰金（刑法，暴力行為等処罰法及び経済関係罰則整備法の罪以外の罪については２万円以下の罰金），拘留又は科料に当たる罪については，被疑者が，住居不定である場合又は正当な理由なく出頭に応じない場合に限り逮捕し得る（刑訴199Ⅰただし書）。

これは，軽微な罪についての逮捕を抑制的にする趣旨である。現行犯逮捕についても，同様の規定がある（刑訴217）。

(3)　逮捕状の請求と発付

逮捕状は，検察官，司法警察員の請求により裁判官が発する（刑訴199Ⅱ）。逮捕状及び請求書には，罪を犯したと疑うに足りる相当な理由があることを明示するため，被疑事実の要旨及び罪名を記載しなければならない（刑訴200Ⅰ，刑訴規142Ⅰ②）。逮捕状は，その執行の際に被疑者に示される（刑訴201Ⅰ）。

ところで，逮捕状及びその請求書（刑訴200Ⅰ，刑訴規142Ⅰ①②）には，被疑者の氏名，被疑事実の要旨等を記載しなければならないが，被疑者の氏名が明らかでないときは，「人相，体格その他被疑者を特定するに足りる事項」を記載することで被疑者を特定することが許される（刑訴200Ⅱ・64Ⅱ，刑訴規142Ⅱ）。具体的には，通称，若しくは自称等による氏名，性別，年齢（生年月日）又は年格好，身長，身体の肥痩，頭髪，目，眉，眼鏡，耳，鼻，口，歯，ひげ，顔色，その他の顔貌，創痕・入れ墨等，身体の障害等，体格，一見した感じ等の事項を記載し，又は写真を貼付することにより特定することが考えられるが，誤認逮捕を避けるため，誰が逮捕されるのかが明らかな程度に特定されなければならない。また，被疑事実の要旨は，どのような罪を犯したのかが明らかになれば足りるから，逮捕状の請求及び発付の段階で特定されている限度で記載すれば足りるものと解される。

3　現行犯逮捕

(1)　概　説

憲法は，令状主義の例外として，現行犯人の場合には，権限を有する司法官憲が発し，かつ，その理由となる犯罪を明示した令状によることなく，被疑者を逮捕できるものとしている（憲33）。現行犯人は，犯罪及びその犯人が明白であるため，無実の者を誤って逮捕するおそれがなく，また，令状を得る暇がないことから，令状主義の例外としてその逮捕が認められている。現行犯人については，捜査機関だけでなく，私人でも，令状なく逮捕できる（刑訴213）。

現行犯人は，（狭義の）現行犯人と準現行犯人に区別される。

(2)　（狭義の）現行犯人

（狭義の）現行犯人とは，現に罪を行い，又は現に罪を行い終わった者をいう（刑訴212Ⅰ）。「現に罪を行」う者とは，特定の犯罪の実行行為を行っている者であって，それが逮捕者の面前で行われている場合をいう。「現に罪を行い終わつた者」とは，特定の犯罪の実行行為を終了した瞬間又はこれと極めて接着した時間の者であって，それが逮捕者に明白である場合をいう。

現行犯人を認めてから逮捕するまでの間に，逃走した現行犯人を追跡したため，時間的隔たりが生じる場合があり得る。現行犯逮捕と認められた事例として以下がある。

◆密漁犯人を現行犯逮捕するため約30分密漁船を追跡した者の依頼により，約３時間にわたり同船の追跡を継続して現行犯逮捕する行為は，適法である（最判昭50．４．３刑集29−４−132）。

(3)　準現行犯人

（狭義の）現行犯人に該当しない者でも，

①　犯人として追呼されている者（例えば，第三者に「泥棒」，「泥棒」等と呼ばれながら追い掛けられている者等）

②　贓物又は明らかに犯罪の用に供したと思われる兇器その他の物を所持している者（例えば，犯行に使用したと認められるナイフを所持している者等）

③　身体又は被服に犯罪の顕著な証跡がある者（例えば，血痕の付着した衣服を着ている者等）

④　誰何されて逃走しようとする者（例えば，「誰か。」と声をかけられて逃げようとしている者等）

のいずれかであって，罪を行い終わってから間がないと明らかに認められるときは，それらの者は現行犯人とみなされ，何人でも，令状によることなく逮捕できる（刑訴212Ⅱ）。

一般に，これらは準現行犯人といわれる。

準現行犯人は，現行犯人である時点から，更に時間が経過した時点での逮捕を認めるものであるため，どの時点までであれば，「罪を行い終わってから間がないと明らかに認められるとき」といえるのか微妙な場合があり得る。以下について，判例はいずれも適法としている。

◆品川区五反田で窃盗が行われてから後，２時間30分経過後に台東区で贓物所持を発見されて追跡され，犯行後４時間経過してなされた準現行犯逮捕（最判昭30.12.16刑集９-14-2791）

◆放火等の行為を行って逃走し，犯行後40から50分経過した時点で，現場から約1,100メートル離れた場所で，警察官が犯人と思われる者を懐中電灯で照らし警笛を吹き鳴らしたところ逃走しようとしたためになされた準現行犯逮捕（最決昭42.９.13刑集21-７-904）

◆犯行の約１時間40分経過後に犯行場所から約４キロメートル離れた場所でなされた準現行犯逮捕（最決平８.１.29刑集50-１-１）

⑷　逮捕に伴う実力行使

逮捕は，強制処分であるから，逮捕する際に抵抗を受けるなどした場合には，合理的な限度で有形力を行使し，これを排除することができる。特に現行犯逮捕では，犯罪の遂行を阻止し，犯人から抵抗を受けた場合に，これを排除するため，社会通念上逮捕のために必要かつ相当であると認められる限度内で実力を行使することが許されている（前掲最判昭50.４.３，最決昭55.９.22刑集34-５-272）。

4　緊急逮捕

⑴　概　説

死刑又は無期若しくは長期３年以上の懲役若しくは禁錮に当たる罪を犯したことを疑うに足りる充分な理由がある場合で，急速を要し，裁判官の逮捕状を求めることができないときは，その理由を告げて被疑者を逮捕することができる（刑訴210Ⅰ）。現行犯逮捕と異なり，緊急逮捕は，検察官，検察事務官，司法警察職員のみがなし得るものとされ，逮捕後に直ちに裁判官に逮捕状の発付を請求しなければならず，これが発付されないときは，直ちに被疑者を釈放しなければならない（同項）。

憲法は，何人も，現行犯人の場合を除いては，権限を有する司法官憲が発し，かつ，その理由となる犯罪を明示した令状によらなければ，逮捕されないと定めるため（憲33），緊急逮捕を認めることはこれに反するのではないか議論がある。判例は，刑訴法の定める厳格な要件の制約の下，罪状の重い一定の犯罪のみについて，緊急やむを得ない場合に限り，逮捕後直ちに裁判官の審査を受けて逮捕状の発付を求めることを条件とし，被疑者の逮捕を認めることは，憲法の趣旨に反しないという（最大判昭30.12.14刑集９-13-2760）。

⑵　逮捕状の請求

緊急逮捕した場合には，「直ちに」裁判官に逮捕状を請求しなければならない（刑訴210Ⅰ）。

実務上，逮捕状の請求のためには，逮捕の理由及び必要性についての疎明資料を提出しなければならないから（刑訴規143），その作成等に時間を要し逮捕状の請求が遅れた場合に「直ちに」の要件を具備していないのではないかが争われる場合が少なくない。裁判例には，６時間の経過（広島高判昭58.２.１判時1093-151），６時間半の経過（京都地決昭52.５.24判時868-112）を適法としたもの，６時間35分の経過（大阪高判昭50.11.19判時813-102），８時間の経過（大阪地決昭35.12.５判時248-35）を違法としたものがある。

◆京都地決昭45.10.２判時634-103は，「直ちに」裁判官の逮捕状を求める手続がなされたかどうかは，単に緊急逮捕したときから逮捕状の請求が裁判所に差し出されたときまでの時間の長短のみで判断されるものではなく，被疑者の警察署への引致，逮捕手続書等の書類の作成，疎明資料の調製，書類の決裁等の警察内部の手続に要する時間，及び事件の複雑性，被疑者の数，警察署から裁判所までの距離，交通機関の事情等を考慮することが許されるという。

緊急逮捕後における逮捕状の請求においては，事後的に緊急逮捕の要件を具備していたかどうかが審査されるから（最判昭25.６.20刑集４-６-

1025)，緊急逮捕後逮捕状の請求前に被疑者を釈放した場合でも，逮捕状は請求しなければならない。

5　逮捕後の手続

逮捕状により被疑者を逮捕した場合の手続は次のとおりである。なお，緊急逮捕又は現行犯逮捕により被疑者を逮捕した場合も同じである（刑訴211・216)。

(1)　司法警察員による場合

司法警察員は，自ら逮捕したとき又は逮捕された被疑者を受け取ったときは，直ちに被疑事実の要旨及び弁護人を選任することができる旨を告知するとともに，弁護士，弁護士法人又は弁護士会を指定してこれを選任できる旨及びその申出先を教示し，弁解の機会を与えなければならない（刑訴203Ⅰ・Ⅲ)。

憲法は，何人も，理由を直ちに告げられ，かつ，直ちに弁護人に依頼する権利を与えられなければ，抑留又は拘禁されないと定め（憲34)，逮捕後は，釈放されない限り，一定時間留置されることが予定されているから（刑訴203Ⅰ・205Ⅰ)，これに先立ち，被疑事実の要旨及び弁護人を選任することができる旨を告げ，その手続を教示することとされている。実務上は，黙秘権も告知されている。司法巡査が逮捕状により被疑者を逮捕したときは，司法警察員に引致される（刑訴202)。

更に，引き続き勾留されれば国選弁護人の選任を請求できるから，告知に当たり，引き続き勾留を請求された場合において貧困その他の事由により自ら弁護人を選任することができないときは裁判官に対して国選弁護人の選任を請求することができること，その請求をするには資力申告書を提出しなければならないこと，その資力が50万円以上であるときは，あらかじめ弁護士会に弁護人の選任の申出をしなければならないことを教示しなければならない（刑訴203Ⅳ，刑事訴訟法第36条の２の資産及び同法第36条の３第１項の基準額を定める政令２)。

(2) 司法警察員から検察官への送致

司法警察員は，逮捕した被疑者について，留置の必要がないときには直ちにこれを釈放し，留置の必要があるときには逮捕した時から48時間以内に検察官に被疑者を送致する手続をしなければならない（刑訴203Ⅰ）。

送致された被疑者を受け取った検察官は，弁解の機会を与え，留置の必要がないときには直ちにこれを釈放し，留置の必要があるときは送致された被疑者を受け取った時から24時間以内で，かつ，逮捕した時から通じて72時間以内に裁判官に勾留の請求又は公訴の提起をしなければならず（刑訴205Ⅰ～Ⅲ），それをしないときは直ちに被疑者を釈放しなければならない（同条Ⅳ）。

まだ勾留されていない被疑者について公訴が提起された場合には，裁判官は，速やかに，公訴事実を告げ，これに関する陳述を聞いて，勾留状を発するか否か判断し，勾留状を発しないときは，直ちにその釈放を命じなければならない（刑訴280Ⅱ）。

(3) 検察官，検察事務官による場合

検察官は，自ら逮捕したとき又は司法警察員からの送致によらないで逮捕された被疑者を受け取ったときは，直ちに被疑事実の要旨及び弁護人を選任することができる旨を告知するとともに，弁護士，弁護士法人又は弁護士会を指定してこれを選任できる旨及びその申出先を教示し，弁解の機会を与えなければならない（刑訴204Ⅰ・Ⅱ）。検察事務官が逮捕状により被疑者を逮捕したときは，検察官に引致され（刑訴202），これらの措置が執られる。その告知に当たり，引き続き勾留を請求された場合における国選弁護人の選任の請求手続の教示については，司法警察員による場合の教示と同じである（刑訴204Ⅲ）。

検察官は，逮捕された被疑者について，留置の必要がないときは直ちにこれを釈放し，留置の必要があるときは逮捕した時から48時間以内に裁判官に勾留の請求又は公訴の提起をしなければならず（刑訴204Ⅰ），それをしないときには直ちに被疑者を釈放しなければならない（同条Ⅳ）。

まだ勾留されていない被疑者について公訴が提起された場合の取扱いについては，司法警察員による場合と同じである。

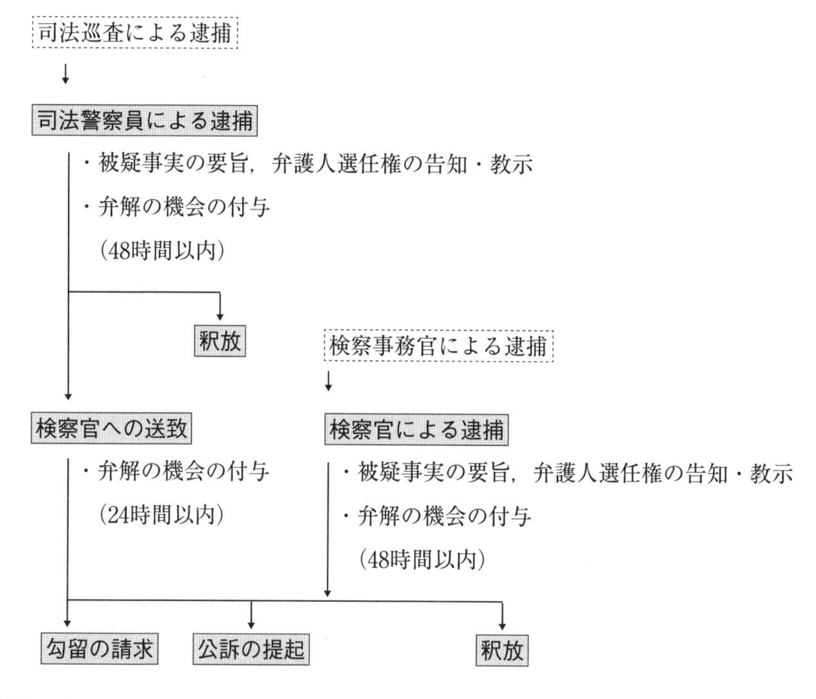

(4)　逮捕された被疑者の身柄の処置

逮捕された被疑者は，一定期間留置される（刑訴203Ⅰ・204Ⅰ・205Ⅰ）。実務上，司法警察員が自ら逮捕したとき又は逮捕された被疑者を受け取ったときは，司法警察員の所属する官公署の施設（例えば，警察官であれば警察署に附属する留置施設，刑務官であれば刑事施設）が，検察官が自ら逮捕したとき又は逮捕された被疑者を受け取ったときは，刑事施設が，それぞれ留置場所とされることが多い。

Point　刑事施設の受刑者を逮捕し，留置施設に収容することについて

例えば，刑事施設に収容されている受刑者の余罪が発覚した場合等のように，実務上，司法警察職員である警察官が刑事施設の受刑者を逮捕し留置施設に収容することがある。刑法及び刑事収容施設法は，懲役，禁錮，拘留の刑の執行を受ける者は刑事施設に収容するものと定めるが（刑12Ⅱ・13Ⅱ・16，刑事収容施設３①），それらの者は，逮捕，勾留その他の事由により刑訴法その他の法令の規定に基づいて拘禁される者としての地位を有しなければ，刑事施設に収容することに代えて留置施設に留置することはできないものとされている（刑事収容施設15Ⅰ①括弧書き）。そのため，刑事施設の受刑者を留置施設に収容する場合には，司法警察職員である警察官において，その余罪についての逮捕状の発付を受け，その者を収容する刑事施設でこれを執行した後でなければ，留置施設に収容することはできない。

なお，死刑の言渡しを受けて拘置される者，観護措置が執られた者又は保護処分が執行された者であって仮に刑事施設に収容されたもの（少17の４Ⅰ・少院133Ⅱ等），逃亡犯罪人引渡法，国際捜査共助等に関する法律又は国際刑事裁判所に対する協力等に関する法律の規定により拘禁される者は，刑事施設に代えて留置施設に収容することはできない（刑事収容施設15Ⅰ②～④）。労役場留置の執行を受ける者は，労役場に留置されるが（刑18Ⅰ），法律上は，労役場はこれが附置される刑事施設とは異なる施設であるから（刑事収容施設287Ⅰ），監置の執行を受ける者と異なり，刑事施設に収容できる旨の規定がない以上（刑事収容施設287Ⅱ参照），留置施設に収容し得ない（「労役場留置者に対する移送依頼があった場合の取扱いについて」（平成18年矯成第4220号矯正局成人矯正課長通知））。

第8　勾　留

1　概　説

逮捕された被疑者の拘束を続ける必要があるときには，裁判官は，検察官の請求により勾留状を発付し，被疑者を勾留することとなる。逮捕による身柄拘束の時間は最大72時間であるのに対し，勾留による身柄拘束は通常最大20日間であるため，被疑者の逃亡及び罪証の隠滅を防止しながら捜査を継続しなければならない場合には，勾留が執られることとなる。

2　勾留の手続

(1)　勾留の請求

検察官は，被疑者を逮捕し又は逮捕された被疑者を受け取った場合において，被疑者の身柄を拘束したまま捜査を継続する必要があると認めたときは，

① 自らが逮捕し又は司法警察員以外の者から逮捕された被疑者を受け取ったときは，その逮捕の時から48時間以内に，

② 司法警察員から逮捕された被疑者を受け取ったときは，その被疑者を受け取った時から24時間以内で，かつ，その逮捕の時から通じて72時間以内に，

裁判官に勾留を請求しなければならない（刑訴204Ⅰ・205Ⅰ・Ⅱ・211・216）。

なお，検察官又は司法警察員がやむを得ない事情によって制限時間を遵守できなかったときは，検察官は，その事由を疎明して勾留を請求でき，裁判官は，その遅延がやむを得ない事由に基づく正当なものであると認めるときは，勾留状を発し得る（刑訴206・207Ⅴ）。

(2)　勾留質問

検察官から勾留の請求を受けた裁判官は，被疑者に対し，被疑事実を告げ，これに関する陳述を聞かなければならない（刑訴207Ⅰ・61）。これを勾留質問という。

この際，裁判官は，被疑者に対し，弁護人を選任することができる旨を告知し，弁護士，弁護士法人又は弁護士会を指定してこれを選任できる旨及びその申出先を教示するとともに，貧困その他の事由により自ら弁護人を選任することができないときは国選弁護人の選任を請求することができること，その請求をするには資力申告書を提出しなければならないこと，その資力が50万円以上であるときには，あらかじめ弁護士会に弁護人の選任の申出をしなければならないことを教示しなければならない（刑訴207Ⅱ～Ⅳ，刑事訴訟法第36条の２の資産及び同法第36条の３第１項の基準額を定める政令２）。

Point　勾留質問室への護送における留意点について

刑事施設に収容されている被疑者又は被告人に対する勾留質問が行われる場合，刑事施設の職員は，その者を裁判所に護送し，勾留質問室に連行する。この場合，裁判官から供述の任意性を確保するためとして勾留質問室からの退室を求められることがある。その場合において，これに応ずるに当たっては，

- 逃走，暴行，自殺・自傷などのおそれがないこと
- 勾留質問室の扉，窓等が確実に閉鎖されていることなど容易に室外に脱出できない状態であること
- 被疑者の近くに逃走，暴行，自殺・自傷などに用いられるおそれのある物品が置かれていないこと
- 勾留質問室内に裁判官のほかに被疑者の行為を即座に制止できる裁判所職員が在室していること
- 非常の際に直ちに戒護職員に報知できる構造又は設備であること
- 退出した戒護職員が勾留質問室内の状況を容易に視察でき，かつ，非常の場合には直ちに室内に入り被疑者を取り押さえられる状態であること

などを調べ，戒護上の支障がないことを確認しなければならない（「裁判官が戒護職員に対し勾留質問中退室を求めた場合の措置について」（昭和45年矯正甲第678号矯正局長通達））。

⑶　勾留状の発付

勾留質問を実施した裁判官は，

①　被疑者が罪を犯したことを疑うに足りる相当な理由があり

かつ，

②　被疑者が定まった住居を有しないとき，被疑者が罪証を隠滅すると疑うに足りる相当な理由があるとき，又は被疑者が逃亡し，若しくは逃亡すると疑うに足りる相当な理由があるときのいずれかに該当するとき

には（刑訴207Ⅰ・60Ⅰ），速やかに勾留状を発付しなければならない（刑訴207Ⅴ）。

客観的には定まった住居を有するものの，被疑者が黙秘したため，それを知り得ないときは，定まった住居を有しないときに該当しよう（東京地決昭43．5．24下刑集10－5－581）。実務上，最も争われるのは，被疑者が罪証を隠滅すると疑うに足りる相当な理由があるときに該当するか否かであるが，事案の性質・内容・軽重，逮捕の態様，逮捕時の態度，犯行直後の状況，被疑者の供述内容・態度，立証方法，被疑者と証拠との関係，共犯者の状況，被疑者の供述と関係証拠との一致・不一致，捜査の進展の度合い，罪証隠滅行為の存在，被疑者の生活歴・家族関係，暴力団関係の存在等の諸般の事情を勘案して判断される。

勾留の理由がある場合でも，事案がごく軽微であって，起訴の可能性が極めて少ないものと認められる場合など，勾留の必要性がないときは，勾留は認められない。

なお，30万円以下の罰金（刑法，暴力行為等処罰法及び経済関係罰則の整備に関する法律の罪以外の罪については2万円以下の罰金），拘留又は科料に当たる罪については，被疑者が定まった住居を有しないときに限り，勾留状を発付し得る（刑訴207Ⅰ・60Ⅲ）。

⑷　勾留の通知

裁判官は，被疑者を勾留したときは，直ちに弁護人にその旨を通知しなければならず，弁護人がいないときは，被疑者の法定代理人，保佐人，配偶者，直系親族及び兄弟姉妹のうち被疑者の指定する者1人に，それらの

者がいないときは申出により被疑者の指定する者１人に，その旨を通知しなければならない（刑訴207Ⅰ・79，刑訴規79）。

⑸　請求の却下と準抗告

裁判官は，勾留状を発しないときは，直ちに勾留の請求を却下し，被疑者の釈放を命じなければならない（刑訴207Ⅴ）。勾留の請求が却下されたときは，検察官は，準抗告を申し立てられる（刑訴429Ⅰ②）。

準抗告が認められ，勾留の請求を却下した裁判が変更され，勾留が認められれば，被疑者は勾留されるが，それまでは勾留の請求を却下した裁判は効力を有しているため，その裁判の執行が停止されなければ，一旦，被疑者を釈放しなければならない。そのため，準抗告の申立てを受けた裁判所は，その裁判の執行を停止することができる（刑訴432・424Ⅱ）。

⑹　勾留状の執行

裁判官により発付された勾留状は，検察官の指揮により，検察事務官，司法警察職員又は刑事施設の職員が，これを被疑者に提示した上，できる限り速やかに，かつ，直接に指定された刑事施設に引致して執行される（刑訴207Ⅰ・73Ⅱ）。これを受け，刑事施設は，刑訴法の規定により勾留される者を収容する施設とされている（刑事収容施設３③）。

なお，都道府県警察の警察官が逮捕する者又は受け取る逮捕された者であって留置施設に留置されるもののうち，刑訴法の規定により勾留されるものについては，一定の例外を除いて，刑事施設に収容することに代えて留置施設に留置することができるため（刑事収容施設14Ⅱ②・15Ⅰ），勾留状において勾留すべき刑事施設として留置施設が指定された場合は（刑訴64Ⅰ），留置施設に留置することができ，実務上，都道府県警察の警察官が逮捕した被疑者のほとんどは，その指定を受け，留置施設において勾留されている。

勾留状において勾留すべき刑事施設として指定された場所を変更し，被疑者を他の刑事施設に移送するときは，検察官は，裁判官の同意を得なければならない（刑訴規80Ⅰ）。被疑者又はその弁護人等は，被疑者を他の刑事施設に移送するよう裁判官に請求することはできないが，裁判官は，検察官の請求を待つことなく，職権により検察官にその移送を命じ得る（最

決平7．4．12刑集49－4－609)。

⑺　勾留期間の延長

被疑者を勾留した場合，検察官は，その被疑事実について，勾留を請求した日から10日以内に公訴を提起しないときは，直ちに被疑者を釈放しなければならない（刑訴208Ⅰ)。

ただし，やむを得ない事由があると認められるときは，裁判官に請求し，その期間を10日間延長できる（刑訴208Ⅱ)。「やむを得ない事由があるとき」とは，事件の複雑性，証拠収集の遅延若しくは困難等により，勾留期間を延長して更に取調べをしなければ起訴・不起訴の決定をすることが困難な場合をいう（最判昭37．7．3民集16－7－1408)。

勾留された被疑事実が，内乱に関する罪，外患に関する罪，国交に関する罪，騒乱の罪に当たるときは，検察官は，裁判官に請求し，更に通じて5日間を超えない範囲で，勾留期間を延長できる（刑訴208の2)。

⑻　公訴が提起された後の措置

検察官が，捜査を尽くした後，勾留された被疑事実と同一性を有する公訴事実について公訴を提起したときは，被疑者の勾留は，被告人の勾留として，そのまま継続される（刑訴208Ⅰの反対解釈)。被告人の勾留の期間は，公訴の提起があった日から2か月であるが，特に継続の必要があるときは，1か月ごとに更新でき，その更新回数は，公訴事実が死刑又は無期若しくは短期1年以上の懲役若しくは禁錮に当たる罪であるとき，被告人が常習として長期3年以上の懲役又は禁錮に当たる罪を犯したものであるとき，被告人が罪証を隠滅すると疑うに足りる相当な理由があるとき，被告人の氏名又は住居が分からないときは制限はないが，それ以外は1回である（刑訴60Ⅱ)。

被疑者として勾留されていた被疑事実と公訴を提起された公訴事実とが同一性を欠くときは，裁判官は，

①　被告人が罪を犯したことを疑うに足りる相当な理由があり

かつ，

②　被告人が定まった住居を有しないとき，被告人が罪証を隠滅すると疑うに足りる相当な理由があるとき，又は被告人が逃亡し，若しくは逃亡すると疑うに足りる相当な理由があるときのいずれかに該当する

とき

は，職権により，被告人を勾留することができる（刑訴60Ⅰ）。

被告人を勾留する場合，既に弁護人が選任されているときを除き，被告人に対し，弁護人を選任することができる旨及び貧困その他の事由により自ら弁護人を選任することができないときは弁護人の選任を請求することができる旨を告げるとともに，公訴事実を告げ，これに関する陳述を聴かなければならない（刑訴61・77Ⅰ）。

検察官が，勾留された被疑事実とは同一性を欠く公訴事実により公訴を提起する場合に，被告人としての勾留を要すると認めるときは，起訴状に「求令状」と記載し，裁判官の職権発動を促すのが実務の取扱いである。

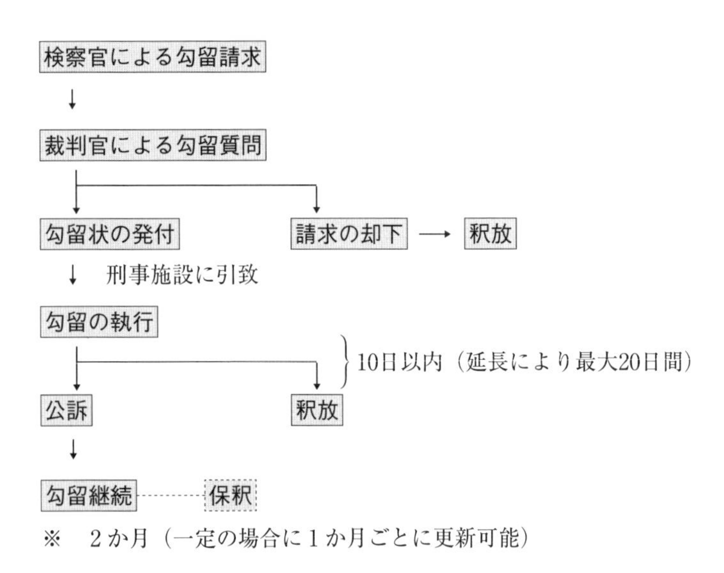

(9)　被疑者が少年の場合

被疑者が少年である場合には，検察官は，やむを得ない場合でなければ，勾留の請求をすることはできない（少43Ⅲ）。

検察官は，勾留の請求に代えて，観護の措置を請求し，これを受けた裁判官により家庭裁判所調査官の観護に付し又は少年鑑別所に送致することができる（少43Ⅰ・17Ⅰ）。詳細は，第4章「第1　少年法」を参照のこと。

3　逮捕前置主義

(1)　逮捕の被疑事実と勾留の被疑事実の同一性

勾留は，被疑者を逮捕し又は逮捕された被疑者を受け取った検察官の請求を受けてなされるため（刑訴207Ⅰ），勾留に先立ち，逮捕が先行することが刑訴法の建前であると解される（逮捕前置主義）。その趣旨は，勾留に先立ち，逮捕により短期間身柄拘束を行い，なお身柄拘束を継続する必要が存する場合に限り，勾留し得るものとすることで，同一の被疑事実について，二重の司法審査を経た慎重な手続により身柄拘束の適否を判断することにある。そのため，逮捕された被疑事実と勾留される被疑事実とは同一性を欠いてはならないと解されている。

例えば，刑事施設の居室内で暴れてその備品を故意に損壊した器物損壊罪により受刑者を逮捕し，検察官に送致した場合において，検察官が，その受刑者が刑務官に対して暴行を加えてその職務の執行を妨害した公務執行妨害罪のみにより勾留請求し，これを受けた裁判官が同罪のみにより勾留状を発することは許されない。

これに対し，検察官が器物損壊罪に公務執行妨害罪を付加して勾留請求し，これを受けた裁判官が両罪により勾留状を発することは，少なくとも，器物損壊罪については，同一の被疑事実により二重の司法審査を経た慎重な手続により身柄拘束の適否が判断されているので許される。

(2)　違法な逮捕の場合

勾留に先立つ逮捕手続が違法である場合（例えば，現行犯逮捕の要件を具備しないまま現行犯逮捕した場合，やむを得ない事由がないのに逮捕後の制限時間を超過して勾留の請求がなされた場合等）は，勾留それ自体の要件を具備していたとしても，勾留の請求は認められない。これらの場合，その違法の程度が軽微なものであって，なお留置の必要があれば，釈放後，検察官が逮捕状による逮捕又は緊急逮捕を行って手続をやり直すことができる。その場合には，当初の逮捕が違法であっても，その後に適法な逮捕行為がなされていれば問題はない。実務上は，当初の逮捕の制限時間内に勾留請求を行っている。

4　勾留に対する不服申立て等

勾留は，逮捕と異なり，長期間，身柄拘束を継続するものであるから，それに伴う被疑者，被告人の不利益は大きい。そのため，違法・不当な勾留がなされた場合等に，これに対する不服申立て等が認められている。

(1)　準抗告

勾留に関する裁判(例えば,勾留する裁判又はその請求を却下する裁判,勾留期間を延長する裁判又はその延長の請求を却下する裁判等）に対して不服がある者は，準抗告の申立てをすることができる（刑訴429Ⅰ②)。

(2)　勾留理由開示

被疑者，被告人，弁護人，法定代理人，保佐人，配偶者，直系の親族，兄弟姉妹その他利害関係人は，裁判所又は裁判官に対し，公開の法廷で，勾留の理由の開示を求めることができる（刑訴82Ⅰ・Ⅱ・83Ⅰ・207Ⅰ)。憲法は,「何人も，正当な理由がなければ，拘禁されず，要求があれば，その理由は，直ちに本人及びその弁護人の出席する公開の法廷で示されなければならない。」と定め（憲34)，拘禁の理由が開示されることを保障する。勾留理由開示は，直接身柄の解放を求めるものではないが，勾留の理由が明らかにされることで，その判断の適正を期することを目的としている。

勾留理由開示の請求を受けた裁判所又は裁判官は,原則として,被疑者,被告人及び弁護人を出頭させて勾留の理由を告げなければならず（刑訴83Ⅲ・207Ⅰ)，検察官，被疑者，被告人及び弁護人並びにそれら以外の請求者は，これに対する意見を陳述することができる（刑訴84Ⅱ・207Ⅰ)。同一の勾留についての勾留の理由の開示は１回しかできない（刑訴86)（最決昭28.10.15刑集７-10-1938)。

(3)　勾留取消し

勾留の理由若しくは勾留の必要がなくなったとき，又は勾留による拘禁が不当に長くなったときは，裁判所又は裁判官は，検察官，被疑者，被告人，弁護人，法定代理人，保佐人，配偶者，直系の親族，兄弟姉妹の請求により，又は職権で，勾留を取り消さなければならない（刑訴87Ⅰ・91Ⅰ・207Ⅰ)。

(4) 勾留の執行停止

裁判所又は裁判官は，適当と認めるときは，被疑者又は被告人を親族，保護団体その他の者に委託し，又は被疑者若しくは被告人の住居を制限して，勾留の執行を停止することができる（刑訴95・207Ⅰ）。この場合，裁判所は，一定の期間を定めて勾留の執行停止を決定できる（刑訴98Ⅰ参照）。勾留の執行停止は，専ら裁判所又は裁判官の職権によりなされるものであるから，被疑者又は被告人による勾留の執行停止を求める申請は，その職権の発動を促すものにすぎない（最判昭24．2．17刑集3-2-184，最決昭61．9．25裁集刑243-821）。

勾留の執行停止は，勾留取消しと異なり，勾留の理由又は必要性がなくなったとはいえない場合（刑訴87Ⅰ参照）になされるものであるから，「適当と認めるとき」とは，勾留の執行を停止して釈放すべき緊急あるいは切実な必要がある場合をいうものと解される。実務上は，被疑者の重病あるいは急病のため緊急の治療を要する場合が多い。

勾留執行停止の決定を受けた被告人が，

・召喚を受け正当な理由がなく出頭しないとき
・逃亡し又は逃亡すると疑うに足りる相当な理由があるとき
・罪証を隠滅し又は罪証を隠滅すると疑うに足りる相当な理由があるとき
・被害者その他事件の審判に必要な知識を有すると認められる者若しくはその親族の身体若しくは財産に害を加え若しくは加えようとし，又はこれらの者を畏怖させる行為をしたとき
・住居の制限その他裁判所の定めた条件に違反したとき

には，裁判所は，検察官の請求により又は職権で，その決定を取り消すことができる（刑訴96Ⅰ・207Ⅰ）。

(5) 保　釈

保釈とは，一定額の保証金の納付を条件として勾留の執行を停止することをいう。保釈は被告人の勾留のみに認められ（刑訴88Ⅰ），被疑者の勾留には認められない（刑訴207Ⅰただし書）。

保釈の請求は，被告人，弁護人，法定代理人，保佐人，配偶者，直系の親族又は兄弟姉妹がなし得る（刑訴88Ⅰ）。

保釈の請求があったときは，

① 被告人が死刑又は無期若しくは短期1年以上の懲役若しくは禁錮に当たる罪を犯したものであるとき

② 被告人が前に死刑又は無期若しくは長期10年を超える懲役若しくは禁錮に当たる罪につき有罪の宣告を受けたことがあるとき

③ 被告人が常習として長期3年以上の懲役又は禁錮に当たる罪を犯したものであるとき

④ 被告人が罪証を隠滅すると疑うに足りる相当な理由があるとき

⑤ 被告人が，被害者その他事件の審判に必要な知識を有すると認められる者若しくはその親族の身体若しくは財産に害を加え又はこれらの者を畏怖させる行為をすると疑うに足りる相当な理由があるとき

⑥ 被告人の氏名又は住居が分からないとき

のいずれかに該当する場合を除いては，これを許さなければならない（刑訴89）。仮にそれらの事由に該当するときでも，逃亡・罪証隠滅のおそれの程度のほか，身体の拘束の継続により被告人が受ける健康上，経済上，社会生活上又は防御の準備上の不利益の程度その他の事情を考慮し，適当と認めるときは，職権で保釈を許すことができる（刑訴90）。勾留による拘禁が不当に長くなったときは，保釈を許さなければならない（刑訴91Ⅰ）。

保釈の請求がなされた場合，裁判所又は裁判官は，検察官の意見を聴いて，これを許す決定又はその請求を却下する決定を行う（刑訴92Ⅰ）。保釈を許す場合には，犯罪の性質及び情状，証拠の証明力並びに被告人の性格及び資産を考慮して被告人の出頭を保証するに足りる相当な金額の保証金額を定め（刑訴93Ⅰ・Ⅱ），これが納付された場合に，保釈を許す決定が執行され，身体拘束が解かれるが（刑訴94Ⅰ），被告人の住居を制限しその他適当と認める条件が附された場合には，被告人はこれに従わなければならない（刑訴93Ⅲ）。

勾留の執行停止と同様，一定の事由が認められるときには，裁判所又は裁判官は，保釈を取り消すことができ（刑訴96Ⅰ），その場合，決定で保釈金の全部又は一部を没収することができる（同条Ⅱ）。

第９　逮捕・勾留の諸問題

1　事件単位の原則

逮捕・勾留は，罪を犯したことを疑うに足りる相当な理由があるときに許され（刑訴199Ⅰ・207Ⅰ・60Ⅰ），その効力はその被疑事実に限り効力が及ぶものと解される（事件単位説）。例えば，逮捕状請求書・勾留請求書には被疑事実の要旨が記載され（刑訴規142Ⅰ②・147Ⅰ②），逮捕状・勾留状には被疑事実の要旨（刑訴200Ⅰ・207Ⅰ・64Ⅰ）が記載されるが，その逮捕・勾留はその被疑事実に限り効力が及ぶ。これを事件単位の原則という。

事件単位の原則を採ることで，例えば，

① 逮捕状における被疑事実と同一性を欠く被疑事実が記載された勾留状が発付されることは許されない（逮捕前置主義）

② 勾留期間の延長が許されるための「やむを得ない事由」があるか否かは，勾留状に記載された被疑事実の範囲で判断されなければならない

③ 被疑事実が異なれば，同時に又は時期を異にし，重ねて逮捕・勾留できる

④ 勾留状に記載された被疑事実と同一性を欠く被疑事実により公訴が提起されたときは，裁判官の職権により改めて公訴事実により勾留されない限り釈放される

⑤ 公訴が提起された後における保釈事由の存否の判断は，公訴事実の範囲でなされる

などの帰結が導かれる。ただし，①については，逮捕された被疑事実とともに他の被疑事実により勾留することは許され，②については，当該事件と関連のある他の事件についても相当の限度で考慮に入れることは妨げられず（最判昭37．7．3民集16-7-1408），③については，不当な逮捕・勾留の蒸し返しは許されない場合があるとされるなど，一定の限度で，逮捕・勾留された事実以外の事実を考慮することは許容される。

2　再逮捕・再勾留

(1)　概　説

逮捕・勾留された被疑事実とは異なる事実による再逮捕・再勾留は許されるのに対し，同じ事実による再逮捕・再勾留は，逮捕・勾留の厳格な期間制限を無意味なものとし，その不当な蒸し返しになるため，原則として許されない（逮捕・勾留の一回性の原則）。

これに対し，刑訴法は，検察官又は司法警察員は，逮捕状を請求する場合，同一の被疑事実について，その被疑者に対し前に逮捕状の請求又はその発付があったときは，裁判所に通知しなければならないとし（刑訴199Ⅲ），例外的に，同じ被疑事実により再逮捕することを想定している。

(2)　同じ被疑事実による再逮捕・再勾留が許される場合

一般的には，例えば，被疑者を逮捕し引致した後に逃走された場合，逮捕手続に軽微な違法がある場合（例えば，現行犯逮捕したものの，その要件は満たしていないが，緊急逮捕の要件は満たしている場合等）などでは，再逮捕が許されようが，

①　逮捕・勾留した後に公訴を提起することなく釈放したものの，新しい証拠が発見され，逃亡又は罪証隠滅のおそれが生じたために再逮捕・再勾留すること

②　実体法上の一罪又は科刑上の一罪を構成する被疑事実のうちの一部により逮捕・勾留した後，残りの被疑事実により改めて再逮捕・再勾留すること（例えば，常習として賭博行為を５回行った場合には常習賭博罪１罪が成立するものと解されているが，そのうちの２回の賭博行為により常習賭博罪で逮捕・勾留した後，残りの３回の賭博行為により常習賭博罪で再逮捕・再勾留することなど）

が許されるかは議論が分かれている。

①については，先行する逮捕・勾留期間の長短，その期間中の捜査経過，身柄釈放後の事情変更の内容，事案の軽重，検察官の意図その他諸般の事情を考慮し社会通念上捜査機関に強制捜査を断念させることが首肯（しゅこう）し難く，身柄拘束の不当な蒸し返しでないと認められる場合には例外的に許さ

れるといわれている（東京地決昭47. 4. 4刑月4－4－891）。

②については，実体法上の一罪又は科刑上の一罪を構成する被疑事実を分割して逮捕・勾留を繰り返すことは原則として許されないが（一罪一逮捕一勾留の原則），上記の例でいえば，残りの3回の賭博行為が，先の逮捕・勾留を経て公訴が提起された後に保釈されてから犯されたものであれば，例外的に再逮捕・再勾留することは許されるといわれている（福岡高決昭42. 3. 24高刑集20－2－114）。

3　別件逮捕・別件勾留

(1)　意　義

別件逮捕・別件勾留とは，一般的には，逮捕・勾留の要件を具備しない重大な犯罪（本件）を取り調べる目的で，その要件を具備する軽微な犯罪（別件）により逮捕・勾留することをいう。

別件逮捕・別件勾留は，別件により逮捕・勾留されながら，その身柄拘束期間が専ら本件の取調べに費やされ，その後に改めて本件による逮捕・勾留が許されれば，実質的に本件により2度逮捕・勾留を許したことと等しく，逮捕・勾留の一回性の原則に反し，令状主義を潜脱するのではないかという問題意識から，その適法性が議論されている。これを防止するため，司法警察員が逮捕状を請求するときには，同じ被疑事実であるときはもちろん，現に捜査中である他の被疑事実によりその被疑者に対し前に逮捕状の請求又は逮捕状の発付があったときは，それを裁判所に明らかにしなければならないとされている（刑訴199Ⅲ，刑訴規142Ⅰ⑧）。

別件逮捕・別件勾留の適法性は，主として，

①　別件の逮捕状及び勾留の請求の却下の要否

②　本件の逮捕状及び勾留の請求の却下の要否

③　別件逮捕・別件勾留の期間中に得られた被疑者の自白の証拠能力の有無

の場面で議論されているが，①，②の場面で判断するのは困難が伴う場合が多く，実務的には，③の場面で実益を持つといわれる。

(2) 本件基準説

本件基準説とは，別件の逮捕・勾留それ自体は要件を満たしていても，捜査機関が専ら本件の取調べを行う意図であれば，その別件の逮捕・勾留は違法となるというものである。

(3) 別件基準説

これに対し，そもそも別件が軽微な事案であれば，別件の逮捕・勾留それ自体の要件を欠くこととなるはずで，別件の逮捕・勾留の要件が具備されているにもかかわらず，捜査機関が専ら本件の取調べを行うという意図を有していれば，なぜ，別件の逮捕・勾留が違法となるのか根拠に乏しいとし，別件の逮捕・勾留の適法性は，それ自体の要件の有無により判断すべきで，その身柄拘束が専ら本件の取調べに利用されることの防止は，逮捕・勾留中における余罪取調べの限界として規制すれば足りるという見解があり，別件基準説といわれる。

判例として以下があるが，別件の逮捕・勾留が専ら本件の取調べに利用する意図で行われたものであることを認定した事例はない。

◆別件の私文書偽造・行使，詐欺罪等により起訴され，その勾留中に余罪の強盗殺人罪について約50回にわたり取調べが行われた事案で，検察官が当初から本件の取調べに利用する目的・意図をもって殊更に別件を起訴・勾留したものとは認められないとした事例（最大判昭30. 4. 6刑集9-4-663）

◆女子高生を誘拐しその身の代金を要求したという恐喝未遂罪等による逮捕・勾留中に当該女子高生に対する強盗強姦殺人罪・死体遺棄罪の取調べが行われた事案で，別件と本件は社会的事実として一連の密接な関係があるため，事件当時の被告人の行動状況を取り調べることは，本件のみならず別件のための捜査ともなること，別件の逮捕・勾留後に証拠を発見・収集して事実を解明することで，初めて本件の逮捕・勾留をなし得たのであるから，身柄拘束の期間の制限を潜脱するため小出しに逮捕・勾留を請求したものとはいえず，専ら本件の取調べ目的で，別件の逮捕・勾留を利用し，本件の逮捕・勾留による取調べと同様の効果を得ることを狙いとしたものとはいえないとした事例（最決昭52. 8. 9刑集31-5-821）

4　逮捕・勾留中における余罪取調べの限界

別件逮捕・別件勾留に該当しない場合でも，逮捕・勾留された被疑事実とは異なる余罪の取調べを行うことは許されないのではないかが議論されている。

⑴　出頭義務・滞留義務

刑訴法は，「検察官，検察事務官又は司法警察職員は，犯罪の捜査をするについて必要があるときは，被疑者の出頭を求め，これを取り調べることができる。但し，被疑者は，逮捕又は勾留されている場合を除いては，出頭を拒み，又は出頭後，何時でも退去することができる。」と定める（刑訴198Ⅰ）。そのため，逮捕又は勾留されている被疑者は，取調べのために出頭し，その場に滞留する義務を負うものと解される（最大判平11．3．24民集53－3－514参照）。

⑵　取調べが許される被疑事実の範囲

逮捕・勾留された被疑者に対する取調べは，原則として，逮捕・勾留された被疑事実の範囲に限られるという見解もあるが，そうなれば，組織的・連続的な犯罪においては，真相の解明を害しかねないこと，再逮捕・再勾留を繰り返さざるを得なくなり身柄拘束が無用に継続しかねないことなどから，実務上は，逮捕・勾留された被疑事実と余罪とが密接に関連している場合などにおいては，余罪取調べが行われている。

判例は，恐喝未遂罪等により逮捕・勾留された被疑者に対し，それと社会的事実として一連の密接な関係のある余罪の強盗強姦殺人罪・死体遺棄罪の取調べが行われた事案で，当然しなければならない取調べをしたものにほかならないとしており（前掲最決昭52．8．9），余罪取調べを認めているが，無制限にこれを許容するものか否かは明らかでない。

5　公訴の提起後における被告人の取調べの可否

逮捕・勾留された被疑者は，検察官がその被疑事実について公訴を提起すれば，被告人となる。被告人は，公判廷において，検察官が公訴を提起した公訴事実の存否について，弁護人の援助を得ながら防御を行う立場にあるから，その公訴事実について，公訴の提起後に，捜査機関が被告人の取調べを行うことは許されないのではないかが議論される。

判例は，刑訴法197条は捜査についてその目的を達するため必要な取調べをすることができる旨規定し，同条は捜査官の任意捜査について何ら制限をしていないから，公訴が提起された後においても，捜査官は，その公訴を維持するため必要な取調べを行うことができるが，被告人の当事者たる地位に鑑み，なるべく避けなければならないとしている（最決昭36.11.21刑集15-10-1764）。

6　弁護人又は弁護人となろうとする者以外の者との接見交通

⑴　勾留されている被疑者又は被告人と弁護人等以外の者との接見交通

勾留されている被疑者又は被告人は，弁護人又は弁護人となろうとする者以外の者と，法令の範囲内で，接見し，又は書類若しくは物の授受をすることができる（刑訴80・207Ⅰ）。これに対し，逮捕されている被疑者が，弁護人又は弁護人となろうとする者以外の者と接見し，又は書類若しくは物の授受をすることが許されることを定めた規定はなく，捜査機関が認めた場合でなければ接見禁止等の措置が執られている場合と同様，刑訴法の定めるところにより許されない場合に当たるとして，金品の交付，面会及び信書の発受は許されないこととなる（刑事収容施設46Ⅰ③・50③・115Ⅰただし書・134ただし書）。

勾留されている被疑者又は被告人の弁護人等以外の者との接見又は書類若しくは物の授受に対する法令の制限として，刑事収容施設法は，

- 金品の交付の制限（刑事収容施設44・46Ⅰ・50）
- 未決拘禁者との面会における立会い等，面会の一時停止等の措置（刑事収容施設116Ⅰ・117）
- 未決拘禁者の発受する信書の検査，信書の内容による差止め等（刑事収容施設135Ⅰ・136）

等の規定を設けている。

Point　未決拘禁者の弁護人等以外の者との外部交通における留意事項

勾留は，逃亡又は罪証隠滅の防止を目的とするものであるから，勾留されている被疑者又は被告人がこれを企図する外部交通を行おうとした場合，刑事施設においては，それが刑罰法令に触れる可能性の有無，罪証隠滅の結果を生ずるおそれの有無等を適切に判断し，面会の一時停止等の措置，信書の内容による差止め等の措置を適切に講じなければならない。もっとも，刑事施設の職員は，捜査・公判の状況を仔細に知り得る立場にないため，その判断に困難が生じる場合は少なくなく，その場合には，必要に応じて検察官に対し適切に情報提供し執るべき措置等を含めて相談するものとされている（「被収容者の外部交通に関する訓令の運用について」（平成19年矯成第3350号矯正局長依命通達）12⑽）。

他方，勾留されている被疑者又は被告人以外の者との面会においては，立会い等をするものとされているが（刑事収容施設116Ⅰ本文），刑事施設の規律及び秩序を害する結果又は罪証の隠滅の結果を生ずるおそれがないと認めるときは，これをさせないことができる（刑事収容施設116Ⅰただし書）。刑事施設においては，捜査・公判の状況を仔細に知り得る立場にないため，その判断が困難な場合は少なくないから，立会い等を省略しようとするときには，あらかじめ，適宜の方法により検察官の意見を求めることとされている（「被収容者の外部交通に関する訓令の運用について」（平成19年矯成第3350号矯正局長依命通達），「未決拘禁者と弁護人等以外の者との面会における職員の立会い等の省略に関する検察官への求意見方法について」（平成21年矯成第303号矯正局成人矯正課長通知））。

⑵　接見禁止等の措置

裁判所又は裁判官は，逃亡し又は罪証を隠滅すると疑うに足りる相当な理由があるときは，検察官の請求により又は職権で，勾留されている被疑者又は被告人と弁護人又は弁護人となろうとする者以外の者との接見を禁じ，又はこれと授受すべき書類その他の物を検閲し，糧食以外の物について，その授受を禁じ，若しくはこれを差し押さえることができる（刑訴

81・207Ⅰ）。

この場合，刑事施設においては，裁判官により接見等を禁止された範囲で，金品の交付，面会，信書の発受を許さないこととなる（刑事収容施設46Ⅰ③・50③・115ただし書・134ただし書）。ただし，当該措置は，現金及び糧食の授受を禁止できないものとされている（刑訴81，刑事収容施設46Ⅰ③）。

勾留された被疑者についての接見禁止等の措置は，勾留が継続する限り公訴が提起された後もその効力を有するが，実務上は，被疑者の勾留における接見禁止等の措置においては，「公訴提起に至るまでの間」などと期限が定められ，公訴が提起された後に，改めて接見禁止等の措置を採るか否かが判断されることが多い。

第10　捜索・差押え等

1　概　説

憲法は，何人も，その住居，書類及び所持品について，侵入，捜索及び押収を受けることのない権利は，被疑者を逮捕する場合を除いては，正当な理由に基づいて発せられ，かつ，捜索する場所及び押収する物を明示する令状がなければ，侵されないと定める（憲35Ⅰ）。

これを受け，刑訴法は，検察官，検察事務官又は司法警察職員は，犯罪の捜査をするについて必要があるときは，裁判官の発する令状により，

① 差押え
② 記録命令付差押え
③ 捜索
④ 検証
⑤ 身体検査

を行い得るものとする（刑訴218Ⅰ）。

2　捜索・差押え等の手続

(1)　捜索令状，差押令状等の発付

差押え，記録命令付差押え，捜索，検証，身体検査の令状の請求は，検察官，検察事務官又は司法警察員の請求により発付される（刑訴218Ⅳ）。憲法35条1項が発付される令状に捜索する場所及び押収する物が明示されなければならないと定めているのは，それらが強制処分であることから，その処分を受ける者がプライバシーの制約を受ける範囲を画するためで，これを明示しない令状を発することは許されない（刑訴219Ⅰ・Ⅱ）（一般令状の禁止）。

ア　差押え

差押えとは，物の占有を強制的に取得することをいう。

差し押さえるべき物がＬＡＮなどに接続されたパソコンである場合，そのパソコンに接続されて作成・変更等を行うことができるＬＡＮ上のデータについては，複写が許されるものとして令状に記載されていれば，そのパソコン等に複写し差し押さえることができる（刑訴218Ⅱ・219Ⅱ）。差押えに先立ち，差し押さえるべき物が通信事業者等が業務上記録する携帯電話等の通信履歴である場合には，原則として，30日を超えない期間の範囲内で，これを消去しないよう保全要請できる（刑訴197Ⅲ）。

なお，被告人その他の者が遺留した物又は所有者，所持者若しくは保管者が任意に提出した物は，その占有を任意的に取得することができるため，差押えと異なり，令状を得ることなく領置できる（刑訴221）。

イ　記録命令付差押え

記録命令付差押えとは，電磁的記録を保管する者その他電磁的記録を利用する権限を有する者に命じ，必要な電磁的記録を記録媒体に記録させ，又は印刷させた上，当該記録媒体を差し押さえることをいう（刑訴99の２）。対象となる電磁的記録が通信履歴である場合には，差押えの場合と同様，保全要請できる（刑訴197Ⅲ）。

ウ　捜　索

捜索とは，人の身体，物，住居などの一定の場所について，物を発見するために執る措置をいう。

差押え，記録命令付差押えは，証拠物又は没収すべき物の取得のために行われるが，通常，それは被疑者その他の者の自宅，事務所などに存在するため，実務上，差押え，記録命令付差押えに先立ち，その場所に立ち入り，証拠物又は没収すべき物を発見するために捜索が行われる。そのため，一定の場所における捜索・差押えを行うための令状は，捜索差押令状として１通の令状により発せられることが多い。憲法は，「捜索又は押収は，権限を有する司法官憲が発する各別の令状により，これを行ふ。」と定めるが（憲35Ⅱ），捜索・差押えが各別に許可されていることが記載されていれば，１通の令状に記載することも許される（最判昭27．３．19刑集６－３－502）。

なお，覚醒剤使用事案では，被疑者の身体に残留する尿から覚醒剤の成分が検出されるか否かが証拠上重要であるところ，被疑事件の重大性，嫌疑の存在，当該証拠の重要性とその取得の必要性，適当な代替手段の不存在等の事情に照らし，犯罪捜査上真にやむを得ないと認められる場合には，身体検査令状に関する刑訴法218条５項を準用して医師に相当と認められる方法により行わせなければならない旨の条件を付した捜索差押令状により強制的に尿を採取し得るものと解されている（最決昭55.10.23刑集34-５-300）。

エ　検　証

検証とは，身体，場所等の一定の物の存在及び状態を五官の作用で実験・認識することをいう。

その処分を受ける者の支配する身体，場所等がその対象として想定されるが，その者の承諾を得て行う場合や，公道などのいずれかの者の排他的占有に属しない場所で行う場合には，プライバシーに対する侵害を伴わないため，任意でその存在及び状態を五官の作用で実験・認識することが許され，実務上，実況見分といわれる。

オ　身体検査

身体検査とは，検証のうち，身体に対するものをいう。

身体の拘束を受けている被疑者の指紋若しくは足型を採取し，身長若しくは体重を測定し，又は写真を撮影するには，被疑者を裸にしない限り，身体検査令状の発付を受けることなく，これを行うことが許される（刑訴218Ⅲ）。

(2)　捜索令状，差押令状等の執行

差押え，記録命令付差押え，捜索，検証，身体検査を行うに当たっては，処分を受ける者に令状を示し，立会いを求めなければならない（刑訴222Ⅰ・110・114）。

☞公務所内であればその長又はこれに代わるべき者に通知して立会いを求め，人の住居，人の看守する邸宅，建造物，船舶内であれば住居主，看守者又はこれに代わるべき者等の立会いを求める（刑訴222Ⅰ・114）。

☞女子の身体については，捜索であれば成年の女子を，身体検査であれば医師又は成年の女子を立ち会わせなければならない（刑訴222Ⅰ・115・131Ⅱ）。

差押え，記録命令付差押え，捜索に当たっては，錠を外し，封を開き，その他必要な処分をすることができる（刑訴222Ⅰ・111）。差し押さえるべき物がデータを記録した媒体である場合には，その処分を受ける者に対し，電子計算機の操作その他の必要な協力を求めることができるとともに（刑訴222Ⅰ・111の２），その差押えに代え，自ら又は差押えを受ける者において，それを複写するなどして差し押さえることができる（刑訴222Ⅰ・110の２）。検証，身体検査に当たっては，身体の検査，死体の解剖，墳墓の発掘，物の破壊その他必要な処分をすることができる（刑訴222Ⅰ・129）。

日の出前又は日没後に，差押え，記録命令付差押え，捜索，検証，身体検査を行うため，人の住居又は人の看守する邸宅，建造物若しくは船舶内に入るには，原則として，令状にこれを許可する旨の記載がなければならない。ただし，日没前に執行に着手したときは，その旨の記載がなくても，日没後も，その処分を継続できる（刑訴222Ⅲ～Ⅴ・116）。

⑶　調書の作成，目録の交付

差押え，記録命令付差押え，捜索，検証，身体検査を実施した場合には，実務上，その状況を記載した調書を作成している。

差押えをしたときは，その目録を作成し，所有者，所持者若しくは保管者又はこれらの者に代わるべき者に交付しなければならない（刑訴222Ⅰ・120）。

⑷　押収拒絶権

公務員又は公務員であった者が保管し又は所持する物について，本人又は当該公務所が職務上の秘密に関するものであることを申し立てたときは，当該監督官庁の承諾がなければ押収できない。ただし，監督官庁は，国の重大な利益を害する場合でなければ，その承諾を拒めない（刑訴222Ⅰ・103・104）。

医師，歯科医師，助産師，看護師，弁護士，弁理士，公証人，宗教の職にある者又はこれらの職にあった者は，業務上委託を受けたため保管し又は所持する物で，他人の秘密に関するものについては，押収を拒み得る（刑訴222Ⅰ・105）。ただし，秘密の主体が承諾を与えたとき，又は秘密の主体が被疑者でない場合に，被疑者のためだけにする権利の濫用と認められるときは，この限りでないと解される（刑訴222Ⅰ・105ただし書）。

(5)　押収品に関する措置

差し押さえられた物は，原則として，捜査機関において保管され，留置の必要がないものは，還付しなければならない（刑訴222Ⅰ・123Ⅰ）。

Point　被収容者に還付する場合の扱いについて

差し押さえられた物が盗品である場合で，被害者に還付すべき事由が明らかなときは，被害者に還付されるが（刑訴220Ⅰ・124Ⅰ），そうでなければ，差押えなどがなされた時点で，それを占有していた者に還付される。そのため，例えば，被疑者が被害者又はその遺族の所有する物を占有していた場合，留置の必要がなくなれば，その物が被疑者に還付されることとなる。

その被疑者が刑事施設に収容されていれば，通常，被疑者に還付された物は領置され（刑事収容施設47Ⅱ），被収容者がこれを第三者に交付し，又は廃棄することが可能となる。もとより捜査機関から還付された物の返還を巡る権利関係は，民事上の権利関係であるが，差し押さえられた物が盗品でなく，被害者に還付すべき事由が明らかとはいえない場合であっても，それが被害者又はその遺族の所有するものと認められ，その返還を求めている場合には，一定の限度で，その権利行使に対する配慮を行うのが適当である。

刑事施設では，裁判所，検察庁，被害者又はその遺族から，被害者又はその遺族が刑事施設の被収容者に還付された物の返還を希望していると認められるときは，その被収容者に対し，被害者又はその遺族に返還するよう指導するとともに，これに応じないときは，被害者又はその遺族に対し，その旨連絡するなどし，被害者又はその遺族の権利行使が妨げられることのないように配慮するものとされている（「被害者又はその遺族の所有に係る押収物が被収容者に還付された場合の取扱いについて」（平成12年矯保第317号矯正局総務課長・保安課長・教育課長通知））。

3　令状による捜索・差押え等

(1)　捜索令状，差押令状等の発付の要件

検察官，検察事務官又は司法警察職員は，捜索・差押え等を行うには，裁判官に対し，

①　被疑者が罪を犯したと思料されること（刑訴規156Ⅰ）

②　捜索・差押え等をすることが犯罪の捜査をするについて必要であること（刑訴218Ⅰ）

を，それぞれ疎明するとともに，

③　その対象となる「捜索すべき場所」，「差し押さえるべき物」等を明示した請求書

を提出して（刑訴規155Ⅰ），捜索令状，差押令状等の発付を得なければならない。

捜索・差押え等を行う相手方が被疑者以外の者である場合，被疑者の支配領域と異なって差押えなどの対象となる物が存在する蓋然性は明らかでない。そのため，被疑者以外の者から発し，又は被疑者以外の者に対して発した郵便物，信書便物又は電信に関する書類で法令の規定に基づき通信事務を取り扱う者が保管し，又は所持するものに対する差押えは，被疑事件に関係があると認めるに足りる状況がある場合（刑訴222Ⅰ・100Ⅱ，刑訴規156Ⅱ），被疑者以外の者の身体，物又は住居その他の場所に対する捜索は，押収すべき物の存在を認めるに足りる状況がある場合（刑訴222Ⅰ・102Ⅱ，刑訴規156Ⅲ）でなければ，それぞれ行うことができない。

「差し押さえるべき物」が証拠物又は没収すべき物と思料されるものであれば，通常，捜索・差押え等をすることが犯罪の捜査をするについて必要であると認められるが，犯罪の態様，軽重，差押物の証拠としての価値，重要性，差押物が隠滅毀損されるおそれの有無，差押えによって受ける被差押者の不利益の程度その他諸般の事情に照らし明らかに差押えの必要がないと認められるときは，裁判官は，差押令状の請求を却下し得る（最決昭44．3．18刑集23-3-153）。

(2) 令状における対象の明示

憲法が，何人も，その住居，書類及び所持品について，侵入，捜索及び押収を受けることのない権利は，正当な理由に基づいて発せられ，かつ，捜索する場所及び押収する物を明示する令状によらなければ，侵されない（憲35Ⅰ）とする趣旨を実現するため，

・捜索令状では「捜索すべき場所，身体若しくは物」

・差押令状では「差し押さえるべき物」

が，それぞれ明示されなければならない（刑訴219Ⅰ）。

令状に記載される「捜索すべき場所」について，判例は，管理権の個数を基準に確定することを要し，令状の記載を合理的に解釈し，その場所を特定できれば足りるとしている（最決昭30.11.22刑集9-12-2484）。

◆捜索令状における「日本教職員組合本部」，「東京都教職員組合本部」という記載は，抽象的な団体名の表示にとどまるものではなく，当該組合本部役職員の執務場所を他の場所と区別し得る程度に明示したものであるから，その特定に欠けるところはない（最大決昭33.7.29刑集12-12-2776）。

令状に記載される「差し押さえるべき物」は，捜査機関の知り得ない領域に存在するものであるが故に，差押令状の発付段階で，「差し押さえるべき物」を特定することには困難が伴うことが多いので，ある程度抽象的概括的な表示も許される。

◆令状に「差し押さえるべき物」として，「会議議事録，斗争日誌，指令，通達類，連絡文書，報告書，メモその他本件に関係ありと思料せられる一切の文書及び物件」と記載することは，令状に記載された地方公務員法違反被疑事件に関係があり，具体的に例示された文書又は物件に準じるようなものを指すものであることが明らかであるから特定に欠けるところはない（前掲最大決昭33.7.29）。

(3) 差押えが許される範囲

現実に差し押さえる物が令状において差押えが許されたものであるか否かは，「差し押さえるべき物」の記載その他の令状の記載を踏まえ，合理的に解釈される。

◆罪名を「賭博」とし，捜索すべき場所を「甲府市水門町二番地麻雀荘上海こと丸山くもゐ方居宅（含営業所）及附属建物」とし，差し押さえるべき物を「本件に関係ありと思料される帳簿，メモ，書類等」とした捜索差押許可状により麻雀牌及び計算棒を差し押さえた事案において，「等」との記載は麻雀賭博に関係ありと思料される帳簿，メモ，書類等とみるべきであるから，麻雀牌及び計算棒は差し押さえるべき物に含まれる（最判昭42. 6. 8判時487-38）。

4　令状によらない捜索・差押え等

(1)　意　義

憲法は，何人も，その住居，書類及び所持品について，侵入，捜索及び押収を受けることのない権利は，被疑者を逮捕する場合を除いては，正当な理由に基づいて発せられ，かつ，捜索する場所及び押収する物を明示する令状がなければ，侵されないとし（憲35Ⅰ），令状主義の例外として，被疑者を逮捕する場合においては，令状なく捜索・差押えなどを行うことを認める。

これを受け，刑訴法は，検察官，検察事務官又は司法警察職員は，被疑者を逮捕する場合において必要があるときは，人の住居又は人の看守する邸宅，建造物若しくは船舶内に入り被疑者を捜索すること，逮捕の現場で差押え，捜索又は検証をすることを許している（刑訴220Ⅰ）。検証には身体検査は含まれるが，記録命令付差押えは規定がない以上行うことはできない。令状によらない捜索・差押え等を認めた趣旨は，逮捕に関連して必要な捜索，差押え，検証を行うことを認めても，人権の保障上格別の弊害もなく，かつ，捜査上の便益にもかなうことを考慮したものといわれる（最大判昭36. 6. 7刑集15-6-915）。

なお，緊急逮捕に伴い差押えをした場合に，後に逮捕状の発付が受けられなかったときは，差押物は直ちに還付しなければならない（刑訴220Ⅱ）。

(2)　令状によらない捜索・差押え等が許される範囲

逮捕に伴う捜索・差押え等は，「逮捕する場合において」，「逮捕の現場で」

行うことが許されるが（刑訴220Ⅰ），実務上，

①　捜索・差押え等を時間的に逮捕に先行して行うことが許されるか

②　捜索・差押え等が許される場所的範囲の限界はどこまでか

③　捜索・差押え等が許される証拠物の範囲はどこまでか

が議論される。

①について，判例は，被疑者を緊急逮捕するため，その自宅に赴いた捜査員が,家人から被疑者は外出中であるがすぐ帰宅する旨告げられたため，令状なくその自宅の捜索・差押えを開始し，約30分後に帰宅した被疑者を緊急逮捕した事案において，捜索・差押えは，逮捕と時間的接着性が認められ，場所的にも逮捕現場と同一であるから，逮捕の着手との時間的な前後関係は問わないとして適法であるとした（前掲最大判昭36. 6. 7）。

②について，一般には，令状によれば捜索・差押え等を行い得る同一管理権の及ぶ範囲と解されている。

なお，例えば，路上で逮捕した被疑者の着衣を捜索・差押えする場合において，その付近の状況に照らし，被疑者の名誉等を害し，その抵抗による混乱を生じ，又は現場付近の交通を妨げるおそれがあるといった事情のため，その場で直ちに実施することができないときは，最寄りの適当な場所まで，被疑者を連行した後にその着衣を捜索・差押えすることが許される場合がある。判例は，逮捕後約1時間経過し，約3キロメートル離れた警察署におけるそのような捜索･差押えを適法であるとした（最決平8. 1. 29刑集50－1－1）。

③について，逮捕の理由とされた被疑事実に関する証拠物及び凶器に限られるといわれ（前掲最大判昭36. 6. 7），それ以外の被疑事実に関する証拠物が発見された場合には，任意提出を求めて領置するか，改めて当該証拠物に関する被疑事実により差押令状の発付を受けるなどして差し押さえなければならない。

第11　鑑　定

捜査機関は，捜査のため必要があるときは，学識経験者に鑑定を嘱託することができる（刑訴223Ⅰ）。例えば，ＤＮＡ型鑑定，血液鑑定，精神状態の鑑定，指紋の異同識別の鑑定などがあり得る。

(1)　鑑定留置状と鑑定処分許可状

鑑定の嘱託を受けた者は，必要な調査をし，鑑定の結果を報告するが，その調査の過程で，強制処分を行わなければならない場合があり得る。刑訴法は，裁判官の発する令状により，

①　被疑者の心神又は身体に関する鑑定をさせるについて必要があるときは，一定の期間を定め，病院その他の相当な場所にその者を留置できる（刑訴224・167Ⅰ）。

②　鑑定について必要がある場合には，人の住居若しくは人の看守する邸宅，建造物若しくは船舶内に入り，身体を検査し，死体を解剖し，墳墓を発掘し，又は物を破壊することができる（刑訴225・168Ⅰ）。

としている。前者の令状を鑑定留置状といい，後者の令状を鑑定処分許可状という。前者の例としては，精神鑑定を行うために必要な期間，刑事施設，病院などに被疑者又は被告人を留置する場合，後者の例として，死体の解剖をする場合などが考えられる。

(2)　令状の請求と発付

令状の請求そのものは，捜査機関において行い，その発付を得た後，鑑定の嘱託を受けた者が，捜査機関の協力を得て，これを実施する。

鑑定留置状が発せられた場合に，その留置場所が刑事施設と指定されたときは，その者は刑事施設に収容されるが，未決の者として拘禁される者であるから，その者の処遇は，未決拘禁者の処遇と同じである（刑事収容施設２⑧・３⑤）。

第12　公訴の提起

1　概　説

捜査を遂げた事件は，原則として検察官に送致又は送付された後，検察官は，その事件について公訴を提起するか否かを判断することとなる。

ここでは，捜査が終結した後における検察官による公訴権の行使及びその方式等を説明する。

2　捜査の終結

(1)　検察官への送致・送付

司法警察員は，犯罪の捜査をしたときは，速やかに書類及び証拠物とともに事件を検察官に送致又は送付する(刑訴246本文・242・245)。ただし，被疑者を逮捕した場合には，逮捕した時から48時間以内に，書類及び証拠物とともにその身柄を送致する手続をしなければならない（刑訴203Ⅰ・211・216)。

実務上，窃盗罪，詐欺罪又は横領罪などに該当する事案で，軽微で被害回復がなされているものなど検察官が指定した事件については，逮捕又は告訴，告発若しくは自首を受けた事件でなければ，送致を要しないものとされている（刑訴246ただし書)。これを微罪処分という。なお，少年が犯した罰金以下の刑に当たる罪の事件については，司法警察員は，直接，家庭裁判所に送致する（少41)。

(2)　他管への送致等

送致又は送付を受けた検察官は，その事件が当該検察官の所属する検察庁の対応する裁判所の管轄に属しないものであるときは，その事件を書類及び証拠物とともにその管轄に属する裁判所に対応する検察庁の検察官に送致し（刑訴258)，その事件の被疑者が少年であって家庭裁判所に送致する事由があるときは，家庭裁判所に送致するが(少42Ⅰ)，そうでなければ，捜査を遂げた結果を踏まえ，当該事件について公訴を提起するか否かを判断する。

3　公訴の提起

(1)　公訴提起の権限

検察官は,公訴を提起するか否かを判断する権限を独占するとともに(国家訴追主義，起訴独占主義）（刑訴247），公訴を提起することができる事件でも，犯人の性格，年齢及び境遇，犯罪の軽重及び情状並びに犯罪後の情況により訴追を必要としないときは,公訴を提起しないことができる(起訴便宜主義）（刑訴248）。

諸外国には，被害者又は公衆による公訴の提起を認める法制度（私人訴追主義）を採用する国があるが，我が国は，公益の代表者として，公共の福祉にかなう中立・公平な公訴権の行使がなされるように国家に公訴権を与え（国家訴追主義），その権限の行使を検察官に委ねるとともに（起訴独占主義），公訴を提起することができる場合でも，形式的・画一的に公訴を提起することなく，刑事政策的な考慮を働かせながら，個別の事案に応じた具体的な正義を実現できるよう，検察官に起訴を猶予する裁量を認めている（起訴便宜主義）。

(2)　公訴提起の方式

検察官は，公訴を提起する場合には，裁判所に起訴状を提出する（刑訴256Ⅰ）。起訴状を提出する裁判所は，その事件について管轄権を有する裁判所である（裁24②・33Ⅰ②）。

起訴状には,

①　被告人の氏名その他被告人を特定するに足りる事項

②　公訴事実

③　罪名

を記載しなければならない（刑訴256Ⅱ）。

(3)　公訴事実の記載

公訴事実は，訴訟において攻撃防御の対象となる訴因，すなわち，検察官の主張する犯罪の構成要件に該当する具体的事実を明示して記載されなければならない。

公訴事実とは，法的に構成される以前の生の社会的事実をいうのに対し，訴因とは，それを犯罪の構成要件に当てはめて法律的に構成した事実と解される。例えば，凶器を用いて人を殺害したというのが公訴事実であるとすれば，それに対する訴因としては，その態様，被告人の意思次第で，殺人罪又は傷害致死罪のいずれかに法律的に構成した事実が考えられよう。

公訴事実に掲げられる訴因は，できる限り日時，場所及び方法をもって罪となるべき事実を特定して記載されなければならないが（刑訴256Ⅲ），裁判官に予断を生じさせるおそれのある書類その他の物を添付し又はその内容を引用してはならない（刑訴256Ⅵ）。裁判官に不当な予断を生じさせる事項にわたる記載がなされていた場合，その公訴の提起は無効とされ，公訴棄却の裁判がなされる（最大判昭27．3．5刑集6－3－351）。

(4)　訴因変更の手続

裁判における攻撃防御の対象は公訴事実に記載された訴因であるから，裁判所がその訴因とは異なり被告人の実質的防御に不利益を生じる新たな事実を認定して有罪判決をすることは，不意打ちとなるため許されない。

公判における攻撃防御の結果，公訴事実に記載された訴因とは異なる訴因が認定されるものと考える場合には，検察官は訴因変更の手続を執る。裁判所は，検察官の請求があるときは，公訴事実の同一性を害しない限度において，起訴状に記載された訴因の追加，撤回又は変更を許可しなければならない（刑訴312Ⅰ）。訴訟における攻撃防御の対象は，検察官が設定するものであるから，公訴事実の同一性を害しない限り，裁判所はこれを許可しなければならない（最判昭42．8．31刑集21－7－879）。

裁判所は，公訴事実に記載された訴因とは異なる訴因が認定されるものと考える場合には，審理の経過に鑑み適当と認めるときは，訴因を追加又は変更すべきことを命ずることができるが（刑訴312Ⅱ），検察官がこれに従い訴因変更の手続をとらなければ，訴因は変更されない（最大判昭40．4．28刑集19－3－270）。

4 訴訟条件

(1) 訴訟条件の種類

公訴の提起の有効要件を訴訟条件という。訴訟条件が欠けている場合，裁判所は，事件の実体に立ち入ることなく，管轄違い，公訴棄却又は免訴により訴訟を打ち切らなければならない。

訴訟条件として，以下が挙げられる。①は管轄違いの判決により，②ないし⑥は公訴棄却の決定により，⑦ないし⑩は公訴棄却の判決により訴訟が打ち切られ，⑪ないし⑭は免訴の判決により訴訟が打ち切られる。

① 裁判所が管轄を有しないとき（刑訴329）。

② 起訴状の謄本が被告人に送達されなかったために公訴の提起が効力を失ったとき（刑訴339 I ①）。

③ 起訴状に記載された事実に何ら罪となる事実が含まれていないとき（同項②）。

④ 公訴が取り消されたとき（同項③）。

⑤ 被告人が死亡し，又は被告人たる法人が消滅したとき（同項④）。

⑥ 同じ事件が既に他の裁判所に公訴提起されているとき（同項⑤）。

⑦ 裁判権を欠くとき（刑訴338①）。

⑧ 公訴の取消しにより公訴が棄却された後に，新たな重要証拠が発見されないままさらに公訴が提起されたとき（同条②）。

⑨ 既に同じ事件が公訴提起されている裁判所に重ねて公訴が提起されたとき（同条③）。

⑩ 公訴の提起の手続が法令の規定に違反するとき（同条④）。

⑪ 既に確定判決がなされているとき（刑訴337①）。

⑫ 犯罪後の法令により刑が廃止されたとき（同条②）。

⑬ 大赦があったとき（同条③）。

⑭ 公訴時効が完成しているとき（同条④）。

◆公訴が提起された事件の審理が著しく遅延し，迅速な裁判を受けるという被告人の権利が害されたと認められる異常な事態が生じたときには，免訴により訴訟が打ち切られる（最大判昭47.12.20刑集26-10-631）。

(2) 公訴時効

訴訟条件の一つである公訴時効（刑訴337④）は，犯罪行為が終わった時から一定期間を経過すれば，検察官が公訴を提起しても，事件の実体の審理に入ることなく，訴訟を打ち切らなければならないというものである。

その趣旨は，時間の経過により犯罪の加罰性が微弱化するとともに，証拠が散逸し真相の発見が困難となるなどの理由から訴訟を打ち切らなければならないというものである。

公訴時効の起算日は，犯罪行為が終わった時である（刑訴253Ⅰ）。初日はその時間にかかわらず算入され，時効期間の末日が休日などに当たる日でも期間に算入される（刑訴55Ⅰただし書，Ⅲただし書）。

公訴時効の期間は，その罪種及び法定刑により異なる。

① 人を死亡させた罪であって死刑に当たるものについては，公訴時効はない（刑訴250Ⅰ参照）。

② 人を死亡させた罪であって禁錮以上の刑に当たるものについては，無期の懲役又は禁錮に当たる罪は30年，長期20年の懲役又は禁錮に当たる罪は20年，それ以外の罪は10年とされている（同条Ⅰ）。

③ ①②以外の罪については，死刑に当たる罪は25年，懲役又は禁錮に当たる罪のうち，無期は15年，長期15年以上は10年，長期15年未満は7年，長期10年未満は5年，長期5年未満は3年，罰金は3年，拘留又は科料に当たる罪は1年とされている（同条Ⅱ）。

❖コラム❖　公訴時効の規定の改正（平成22年）

人を死亡させた罪であって死刑に当たるものについての公訴時効の廃止及び人を死亡させた罪であって禁錮以上の刑に当たるものについての公訴時効期間の延長は，平成22年の刑訴法の改正により規定されたもので，改正法の施行日である平成22年4月27日から適用される。同日において，既に公訴の時効が完成している罪については改正後の規定は適用されないが，その公訴の時効が完成していない罪については改正後の規定が適用される（刑法及び刑事訴訟法の一部を改正する法律（平成22年法律第26号）附則3）。

公訴時効は，

・公訴が提起されたとき（刑訴254Ⅰ）
・犯人が国外にいるとき（刑訴255Ⅰ）
・犯人が逃げ隠れしているため起訴状の謄本の送達等ができなかったとき（刑訴255Ⅰ）

には，その進行が停止する。公訴が提起されたときの公訴時効の進行の停止の効果は，公訴が提起されていない共犯者に及ぶが，その裁判が確定すれば再びその進行が始まる（刑訴254Ⅱ）。

5　即決裁判手続の申立て

(1)　即決裁判の対象

検察官は，公訴を提起しようとする事件について，事案が明白であり，かつ，軽微であること，証拠調べが速やかに終わると見込まれることその他の事情を考慮し，相当と認めるときは，公訴の提起と同時に，書面により即決裁判手続の申立てをすることができる（刑訴350の16Ⅰ本文）。

ただし，死刑又は無期若しくは短期１年以上の懲役若しくは禁錮に当たる事件については，即決裁判手続の申立てを行うことはできない（刑訴350の16Ⅰただし書）。

懲役又は禁錮に処されるのが相当な事案であるが，公訴事実に争いがなく，証拠が簡明で，刑の執行の猶予が見込まれるものについて，簡易・迅速な手続により審判を行うというのが即決裁判手続の意義である。

(2)　被疑者の同意と弁護人の選任

即決裁判手続の申立ては，被疑者の同意がなければすることができない（刑訴350の16Ⅱ）。弁護人がある場合には，被疑者が同意するとともに，弁護人が同意し又はその意見を留保しているときに限り申立てを行うことができる（同条Ⅴ）。

(3)　証拠開示と公判期日の指定

検察官が，被告人又は弁護人に対し，取調べを請求する予定の証拠書類の閲覧等の機会を与えるべきときは，できる限り速やかにその機会を与えなければならず（刑訴350の19），公判期日はできる限り早い時期に定めなければならない（刑訴350の21）。

(4) 公判期日

裁判所は，第１回公判期日において，被告人が起訴状に記載された訴因について有罪である旨の陳述をしたときは，原則として，即決裁判手続によって審判をする旨の決定をしなければならない（刑訴350の22）。この第１回公判期日及び即決裁判手続による公判期日は，弁護人がいなければ開廷できない（刑訴350の23）。

即決裁判手続によって審判をする旨の決定がなされた事件の審理は簡略化され，その証拠調べは，公判期日において適当と認める方法で行うことができる（刑訴350の24・350の27）。裁判所は，できる限り即日判決の言渡しをしなければならず（刑訴350の28），懲役又は禁錮の言渡しをする場合には，その刑の執行猶予の言渡しをしなければならない（刑訴350の29）。

即決裁判手続に付された被告人が否認に転じるなどしたため，証拠調べを行うことなく公訴の提起を取り消したときは，検察官は，再度捜査を遂げて公訴を提起することができる（刑訴350の26。なお刑訴340参照）。

6　略式命令請求

(1) 略式命令の請求

検察官は，簡易裁判所の管轄に属する事件について公訴を提起する場合において，100万円以下の罰金又は科料を科するのが相当であると思料するときは，公訴の提起と同時に書面で略式命令を請求できる（刑訴461）。

一定額以下の罰金又は科料に処されるのが相当な事案で，公訴事実に争いがなく，証拠が簡明なものについて，公判手続を開かず，簡易な手続によりそれらの刑を言い渡すというのが略式命令の意義である。

検察官は，被疑者に対し，あらかじめ，略式手続を理解させるため必要な事項を説明し，通常の規定に従い審判を受けることができる旨を告げた上，略式手続によることについて異議がないかどうかを確かめ（刑訴461の２Ⅰ），これに異議がない被疑者は，書面でその旨を明らかにしなければならない（同条Ⅱ）。

⑵　略式命令

検察官の請求を受けた簡易裁判所は，その管轄に属する事件について，通常の規定に従った公判手続を行うことなく，略式命令で，100万円以下の罰金又は科料を科することができる（刑訴461Ⅰ）。

⑶　略式命令の告知と正式裁判の請求

略式命令を受けた者又は検察官は，その告知を受けた日から14日以内に正式裁判の請求をすることができ（刑訴465Ⅰ），適法な正式裁判の請求により判決がなされたときは，略式命令は，その効力を失うが（刑訴469），そうでなければ，その期間の経過により略式命令は確定判決と同一の効力を有することとなる（刑訴470）。

第13　公訴権の行使の適正を担保するための方策

1　概　説

検察官は，広範な公訴権を有するため，それが恣意的に行使されてはならない。公訴権の行使の適正を担保するための方策について説明する。

2　公訴の取消し等

検察官は，第一審の判決があるまでは，公訴を取り消すことができるため（刑訴257），不当な公訴の提起がなされた場合，自らこれを取り消し得る。その場合，新たに重要な証拠が発見されない限り，再度の公訴の提起はできない（刑訴340）。

なお,判例は,公訴の提起が職務犯罪を構成するような極限的な場合には，訴訟を打ち切る余地があり得ることを示唆するが（最決昭55.12.17刑集34-7-672），検察官が健全な社会常識を働かせて公訴の提起を行う限り，そのような事例は考え難いであろう。

3　不当に公訴を提起しない処分を抑制するための方策

(1)　不起訴処分の通知

検察官は，告訴又は告発等がなされた事件について，公訴を提起し，又はこれをしない処分をしたときは，速やかにその旨を告訴又は告発等をした者に通知しなければならない（刑訴260）。それらの事件について，公訴を提起しない処分をした場合には，それらの者の請求があれば，検察官はその理由を告げなければならない（刑訴261）。不起訴処分の通知は，告訴又は告発等をした者に対し検察審査会に対する審査申立て，付審判請求の機会を与えるものである。

なお，実務上，告訴又は告発等をした者以外でも，被害者，その親族，目撃者等に対しては，希望があれば，事件の処理結果，公判期日，刑事裁判の結果等が通知されている（被害者等通知制度）。

(2) 検察審査会に対する審査申立て

検察審査会は，公訴権の実行に関し民意を反映させ，その適正を図るために，政令で定める地方裁判所及びその支部ごとに置かれ（検審１），有権者の中から選ばれた合計11名の検察審査員により検察官の不起訴処分の当否の審査，検察事務の改善に関する建議又は勧告を行う（検審２・14）。

検察審査会は，告訴・告発をした者又は犯罪の被害者若しくはその遺族等の申立てがある場合又は検察審査員の過半数の議決がある場合に，検察官の不起訴処分の当否の審査を行う（検審２Ⅱ・Ⅲ，30）。

検察審査会は，

- 検察官に必要な資料の提出又は意見の陳述を求める（検審35）
- 必要に応じ，審査補助員として法律に関する専門的な知見を提供する弁護士の協力を得る（検審39の２）

などしながら，検察審査員の全員が出席する非公開の検察審査会議で（検審25Ⅰ・26），当該不起訴処分の当否の審査を行い，起訴相当，不起訴不当，不起訴相当のいずれかの議決を行う（検審39の５Ⅰ）。

起訴相当又は不起訴不当の議決がなされた場合，検察官は，速やかにその議決を参考にして改めて公訴を提起するか否かを検討した上，公訴の提起又は再度の不起訴処分をし，その結果を検察審査会に通知しなければならない（検審41）。

❖コラム❖　再度の不起訴処分

検察審査会は，起訴相当の議決をした事件について，検察官が公訴を提起しないときは，改めて不起訴処分の当否を審査しなければならない（検審41の２）。

審査の結果，再度，起訴をすべき旨の議決をしたときは，検察審査会は，認定した犯罪事実を記載した議決書を作成し，地方裁判所にその謄本を送付する（検審41の７Ⅲ）。

議決書の謄本の送付を受けた地方裁判所は，公訴の提起及びその維持に当たる弁護士を指定し，その指定を受けた弁護士は，検察官の職務を行うものとして，速やかに公訴を提起し，その維持に当たらなければならない（検審41の９Ⅰ・Ⅲ・41の10Ⅰ）。

⑶　付審判請求

公務員職権濫用罪，特別公務員職権濫用罪，特別公務員暴行陵虐罪，特別公務員職権濫用等致死傷罪等の一定の公務員犯罪に係る事件について検察官から公訴を提起しない処分をした旨の通知を受けた告訴人，告発人は，それに不服があれば，その通知を受けた日から７日以内に，その検察官の所属する検察庁の所在地を管轄する地方裁判所に事件を裁判所の審判に付することを請求するため，当該検察官に請求書を提出できる（刑訴262）。

請求書の提出を受けた検察官は，その請求に理由があるものと認めるときは，公訴を提起する（刑訴264）。

送付を受けた地方裁判所は，その請求について審理し，理由があると認めるときは，事件を審理に付する旨の決定をし，理由がないものと認めるとき又は請求が法令上の方式に違反しているときは，その請求を棄却する（刑訴266）。

事件を審理に付する旨の決定がなされたときは，その事件について公訴の提起があったものとみなされ（刑訴267），その事件について公訴の維持に当たる弁護士を指定し，当該弁護士は，検察官の職務を行い，その公訴の維持に当たる（刑訴268Ⅰ・Ⅱ）。

第14　公判手続

1　概　説

公訴が提起された後は公判期日が開かれ，審理が行われ裁判がなされる。憲法は，裁判を受ける権利を保障するとともに，公平な裁判所の迅速な公開裁判がなされることを保障している（憲32・37Ⅰ）。そのため，公判期日における審理は，その憲法の保障を満たしたものでなければならない。

2　公判手続における諸原則

検察官から公訴が提起されて裁判所に事件が係属すれば，公判手続が行われ，裁判がなされる。憲法は，何人も，裁判所において裁判を受ける権利を奪われないとし，被告人が，公平な裁判所の迅速な公開裁判を受ける権利を保障する（憲32・37Ⅰ）。

公判手続における諸原則として，通常，以下が挙げられ，その要請を満たすよう，公判手続のルールが定められている。

①　当事者主義

②　公開主義

③　口頭弁論主義

④　直接主義

⑤　集中審理主義

①当事者主義とは，事案の解明・証拠の提出に関する主導権を当事者に委ねることをいい，②公開主義とは，一般国民に審判の傍聴を許すことをいう。③口頭弁論主義とは，当事者の口頭による攻撃防御に基づいて審判をすることをいい，④直接主義とは，裁判所は自らの面前で取り調べられた証拠のみを基礎として裁判を行うことをいい，⑤集中審理主義とは，裁判所が継続集中して審理を行うことをいう。

公訴提起

裁判所：被告人に起訴状の謄本の送達，弁護人選任権の告知等

検察官：取調べ請求予定証拠の開示等

被告人：取調べ請求予定証拠の開示等

裁判所：第１回公判期日の指定，被告人の召喚

↓

公判前整理手続

↓

第１回公判期日

冒頭手続

証拠調べ

検察官：冒頭陳述

検察官：証拠の取調べ請求及び採否

被告人：証拠の取調べ請求及び採否

（証人尋問，鑑定，証拠書類の取調べ
証拠物の取調べ，被告人質問）

被害者等の意見陳述

検察官による意見陳述（論告・求刑）

弁護人による弁論

被告人による最終陳述

↓

判決

3　第１回公判期日まで

(1)　予断排除の原則

裁判所が公判期日において取り調べられた証拠以外によって心証を形成することを防止することを，予断排除の原則という。刑訴法は，憲法の保障する公平な裁判所の裁判を受ける権利（憲37Ⅰ）を実現するため，裁判所が白紙の状態で予断なく審理に臨むことができるよう，起訴状で事件について予断を生ぜしめるおそれのある書類その他の物の添附又はその内容の引用を禁止する（起訴状一本主義）（刑訴256Ⅵ）。

起訴状一本主義のほか，第１回公判期日までは，勾留されている被告人の保釈の請求（刑訴88Ⅰ・280Ⅰ，刑訴規187），第１回公判期日等の証拠保全の請求（刑訴179Ⅰ），検察官による第１回公判期日前の証人尋問の請求（刑訴226・227Ⅰ）なども，公訴を提起された裁判所を構成しない裁判官により判断がなされるのが原則である。

(2)　起訴状の謄本の送達と弁護人選任権の告知等

検察官から公訴の提起を受けた裁判所は，検察官が差し出した起訴状の謄本を遅滞なく被告人に送達しなければならない（刑訴271Ⅰ，刑訴規165Ⅰ・176Ⅰ）。２か月以内に送達されないときは，公訴の提起は，その効力を失い（刑訴271Ⅱ），公訴を棄却する決定がなされる（刑訴339Ⅰ①）。

裁判所は，公訴の提起があったときは，既に被告人に弁護人があるときを除き，遅滞なく被告人に対し，弁護人を選任することができる旨及び貧困その他の事由により弁護人を選任することができないときは，弁護人の選任を請求することができる旨を知らせなければならない（刑訴272Ⅰ）。この場合において，裁判所は，弁護人がいなければ開廷できない事件を除き，被告人に対し，弁護人の選任を請求するには資力申告書を提出しなければならない旨及びその資力が50万円以上あるときは，あらかじめ，弁護士会に弁護人の選任の申出をしていなければならない旨教示しなければならない（刑訴272Ⅱ）。

(3)　検察官による取調べ請求予定証拠の開示等

検察官は，公訴を提起した後，公判における主張立証方針を策定し，公判において取調べを請求する予定の証拠を選別して被告人又は弁護人に開示する。証人等については，その氏名及び住居を知る機会を与え，証拠書類又は証拠物については，これを閲覧する機会を与えなければならない（刑訴299Ⅰ）。弁護人から開示を受けた証拠があれば，それらを証拠とすることに同意するか否かなどの意見を通知する（刑訴規178の６Ⅰ②）。

☞証人等への加害行為等防止のための配慮要請

検察官又は弁護人は，証拠の閲覧の機会を与えるに当たり，証人等又はその親族に害を加え，又は畏怖・困惑させる行為がなされるおそれがあると認めるときは，相手方に対し，その旨を告げ，その防御に関し必要がある場合を除き，それらの者が通常所在する場所が特定される事項が関係者に知られないようにすることその他それらの者の安全が脅かされることがないよう配慮を求めることができる（刑訴299の２）。

☞被害者特定事項の秘匿要請

検察官は，証拠の閲覧の機会を与えるに当たり，被害者若しくは被害者が死亡した場合若しくはその心身に重大な故障がある場合におけるその配偶者，直系の親族若しくは兄弟姉妹の名誉・社会生活の平穏が著しく害されるおそれがあると認めるとき，又は被害者若しくはその親族に害を加え，若しくは畏怖・困惑させる行為がなされるおそれがあると認めるときには，弁護人に対し，その旨を告げ，その防御に関し必要がある場合を除き，被害者の氏名及び住所その他の当該事件の被害者を特定させることとなる事項について，被告人その他の者に知られないようにすることを求めることができる。ただし，被告人に知られないようにすることを求めることができるのは起訴状に記載されていない事項に限られる（刑訴299の３）。

☞証人等特定事項の秘匿要請

検察官は，証人等の尋問を請求するため，その氏名及び住居を知る機会を与えるに当たり，証人等若しくはその親族の身体・財産に害を加え又はこれらの者を畏怖させ，若しくは困惑させるおそれがあると認めるときは，弁護人に対し，当該証人等の氏名及び住居を被告人に知らせてはならない旨の条件を付し，又はそれらを被告人に知らせる時期・方法を指定しうるほか（刑訴299の４Ⅰ），それらの措置によっては，それらのおそれを防止できないおそれがあると認めたときは，証人等の氏名及び住居を知らせず，これに代わる呼称及び連絡先を知らせることができる（刑訴299の４Ⅱ）。証人等の氏名及び住居が記載・記録されている証拠の閲覧の機会を与えるときにも同様の措置を執り得る（刑訴299の４Ⅲ・Ⅳ）。

検察官が開示する証拠については，弁護人が希望すれば開示された証拠の謄写等が許されているが，謄写等を受けた証拠の複製等は，弁護人において適正に管理し，その保管をみだりに他人に委ねてはならない（刑訴281の３）。もとより公判における防御の方針を策定するため，被告人に交付することは許されるが，被告人及び弁護人は，これを審理の手続又はその準備などの目的以外の目的で第三者に交付するなどして目的外に使用してはならない（刑訴281の４）。これに反すれば，一定の場合には処罰され得る（刑訴281の５）。

Point　刑事施設における証拠書類等の差入れについて

刑事施設において勾留された被告人が事件記録の差入れを受け，居室においてこれを保管することはその防御権の保障の観点から重要であるが，訴訟記録には，例えば，強制性交等罪により公訴が提起された被告人に差し入れられた被害者の供述調書のように，事件関係者の機微にわたる情報が記載されていることが少なくなく，これが他の被収容者の目に触れるのは適当でない。

このような事態を避けるため，検察官は，特に必要と認めるときは，刑事施設の長に対し，移送指揮書の欄外に付記するなどの適宜の方法により単独室に収容するよう配慮願う旨の申入れをすることがあるが，その場合には，できる限り単独室に収容することとされている（「刑事事件記録に記載された被害者の名誉及びプライバシーの保護について」(平成26年矯成第1488号矯正局成人矯正課長通知))。

(4)　被告人等による取調べ請求予定証拠の開示等

被告人又は弁護人は，被告人その他の関係者に面接する等適当な方法によって事実関係を確かめ，検察官から開示を受けた証拠を検討した後，検察官に対し，それらを証拠とすることに同意するか否かなどの意見を通知するとともに，公判において取調べを請求する予定の証拠を検察官に提示して開示しなければならない（刑訴299Ⅰ・刑訴規178の6Ⅱ)。

(5)　第1回公判期日の指定等

このように当事者が訴訟の準備をする一方，裁判所は，当事者に訴訟の準備の進行に関し問い合わせ，又は促し，必要に応じて打ち合わせなどをしながら（刑訴規178の14・178の15)，当事者がなすべき準備の状況を考慮して（刑訴規178の4)，公判期日を指定し，被告人を召喚するとともに，検察官，弁護人等に通知する（刑訴273)。

4　公判前整理手続

(1)　概　要

裁判所は，充実した公判の審理を継続的，計画的かつ迅速に行うため必要があると認めるときは，第１回公判期日前に，事件の争点及び証拠を整理するため，公判前整理手続に付する旨の決定を行うことができる（刑訴316の２Ⅰ）。公判前整理手続は，弁護人がなければ行うことができず，被告人に弁護人がないときは，職権で弁護人が付される（刑訴316の４）。

一般の国民の参加を得て公判手続を行う裁判員裁判対象事件においては，公判手続が継続的，計画的かつ迅速に行われることが特に重要である。そのため，裁判員裁判対象事件では，公判前整理手続を行わなければならないものとされている（裁判員49）。

(2)　公判前整理手続の方法

公判前整理手続は，公判前整理手続期日を定めて，当事者の出頭を得て行われるほか，当事者に書面を提出させる方法により行われる（刑訴316の２Ⅲ・316の６Ⅰ）。公判前整理手続期日は，検察官又は弁護人が出頭しなければ，その期日の手続を行うことができない（刑訴316の７）。被告人は出頭する権利はあるものの，その出頭がなくても，その期日の手続を行うことはできる（刑訴316の９Ⅰ）。

(3)　検察官による証拠開示

検察官は，公判前整理手続に付されたときは，公判期日において証拠により証明しようとする事実を記載した書面（証明予定事実記載書面）を裁判所に提出し，被告人又は弁護人に送付するとともに，その事実を証明するために用いる証拠の取調べを請求し（刑訴316の13Ⅰ・Ⅱ），当該証拠を開示する（刑訴316の14Ⅰ）。

証拠の開示を受けた被告人又は弁護人は，検察官が保管する証拠の一覧表の交付を求めることができるほか（刑訴316の14Ⅱ），検察官が開示していない証拠であって，証拠物，検証調書，鑑定書，検察官の請求により証人尋問することが見込まれる者の供述調書等の一定の類型に該当し，かつ，検察官が取調べを請求する証拠の証明力を判断するために重要であると認められるものなどについて，その開示を請求することができ，検察官は，その重要性の程度その他被告人の防御の準備のために当該開示をすることの必要性の程度並びに当該開示によって生じるおそれのある弊害の内容及び程度を考慮し，相当と認めるときは，その証拠を開示する（類型証拠開示）（刑訴316の15Ⅰ・Ⅱ）。

⑷　被告人又は弁護人による証拠開示

被告人又は弁護人は，それらの書面の送付及び証拠の開示を受けたときは，検察官の請求する証拠を証拠とすることに同意するか否かなどの意見を明らかにするとともに，公判期日においてすることを予定している事実上及び法律上の主張があるときは，これを明らかにし，これを証明するために用いる証拠の取調べを請求し（刑訴316の17Ⅰ・Ⅱ），当該証拠を開示する（刑訴316の18）。

検察官は，開示を受けた証拠について証拠とすることに同意するか否かなどの意見を明らかにするとともに（刑訴316の19Ⅰ），被告人又は弁護人から，検察官から開示を受けた証拠以外の証拠であって，公判期日においてすることを予定している事実上及び法律上の主張に関連すると認められるものについて開示の請求があった場合には，その関連性の程度その他の被告人の防御の準備のために当該開示をすることの必要性の程度並びに当該開示によって生じるおそれのある弊害の内容及び程度を考慮し，相当と認めるときは，その証拠を開示しなければならない（争点関連証拠開示）（刑訴316の20）。

⑸　証拠開示の留意点

検察官及び被告人又は弁護人は，相手方の主張及び取調べを請求する予定の証拠の内容に応じて，その主張の追加・変更をするとともに，それを証明するために用いる証拠の取調べの請求を追加する必要があれば，その取調べを請求し，当該証拠を相手方に開示する（刑訴316の21Ⅰ・Ⅱ・Ⅳ，316の22Ⅰ・Ⅱ・Ⅳ）。その過程で，被告人又は弁護人は，それに応じた類型証拠開示又は争点関連証拠開示の請求をなし得る（刑訴316の21Ⅳ・316の22Ⅴ）。

裁判所は，検察官又は被告人若しくは弁護人が，相手方が開示すべき証拠を開示していないと認めるときは，その請求により，当該証拠の開示を命じることができる（刑訴316の26Ⅰ）。

公判前整理手続における証拠の開示についても，証人等への加害行為等防止のための配慮要請，被害者特定事項の秘匿要請及び証人等特定事項の秘匿要請をなし得る（刑訴316の23Ⅰ・Ⅱ・299の2・299の3・299の4）。

(6)　公判前整理手続の終了

裁判所は，当事者双方の主張及び証拠調べ請求を踏まえつつ，主張を明らかにさせ，証拠の採否を決定するなどしながら，争点及び証拠を整理し，審理計画を策定するなどした後（刑訴316の5），検察官及び被告人又は弁護人との間で，事件の争点及び証拠の整理の結果を確認し，公判前整理手続を終える（刑訴316の24）。

公判前整理手続は，第1回公判期日前に，当該事件の争点及び証拠を整理するための手続であるが，第1回公判期日後においても，同様の手続を行うことができる（期日間整理手続）（刑訴316の28）。

5　第1回公判期日

(1)　冒頭手続

第1回公判期日では，裁判長が出頭した被告人に対し，人違いでないことを確かめるに足りる事項を質問した後（刑訴規196），検察官が起訴状を朗読する（刑訴291Ⅰ）。

☞裁判所は，強制わいせつ罪，強制性交等罪等の事件を取り扱う場合において，被害者又は被害者が死亡した場合若しくはその心身に重大な故障がある場合におけるその配偶者，直系の親族若しくは兄弟姉妹等の申出があるときは，氏名及び住所その他の当該事件の被害者を特定させることとなる事項（被害者特定事項）を公開の法廷で明らかにしない旨の決定（被害者特定事項秘匿決定）をすることができるほか（刑訴290の2Ⅰ），被害者特定事項が公開の法廷で明らかにされることにより被害者若しくはその親族に害を加え，又は畏怖・困惑させる行為がなされるおそれがあると認められる事件を取り扱う場合においても，同様の決定ができる（同条Ⅲ）。

☞裁判所は，証人等の氏名及び住所その他の当該証人等を特定させることとなる事項（証人等特定事項）が明らかにされることにより，証人等若しくはその親族の身体・財産に害を加え又はこれらの者を畏怖させ若しくは困惑させる行為がなされるおそれがあると認められるときや，その名誉・生活の平穏が著しく害されるおそれがあるときは，証人等特定事項を公開の法廷で明らかにしない旨の決定（証人等特定事項秘匿決定）をすることができる（刑訴290の３Ⅰ）。

☞被害者特定事項秘匿決定又は証人等特定事項秘匿決定が行われた場合には，検察官は，それらの事項を明らかにしない方法で起訴状を朗読しなければならない（刑訴291Ⅱ・Ⅲ）。

検察官が起訴状を朗読した後，裁判長は，黙秘権等の被告人の権利を保護するため必要な事項を告げた後，被告人及び弁護人に被告事件についての陳述の機会を与え（同条Ⅳ），罪状の認否などが行われる。

⑵　公判廷における審理

ア　主体及び場所

第一審の地方裁判所は，合議体で事件を取り扱う場合を除き，１人の裁判官で事件を取り扱う（裁26Ⅰ）。合議体で取り扱う事件としては，合議体で審理及び裁判をする旨の決定がなされた事件，死刑又は無期若しくは短期１年以上の懲役又は禁錮に当たる罪に係る事件等があるほか（同条Ⅱ），一定の重大な事件については，裁判員の参加する合議体で取り扱われる（裁判員２・３）。裁判官のみの合議体における裁判官の員数は３人で，そのうち１人を裁判長とする（裁26Ⅲ）。

公判期日は，公判廷で行われる（刑訴282Ⅰ）。

イ　訴訟指揮権，法廷警察権

当事者主義が採られるため，主張・立証は当事者に委ねられるが（刑訴256Ⅰ・298Ⅰ・312Ⅰ），公判手続の進行は，その主宰者である裁判所に委ねられる。公判手続を円滑・合目的的に進行できるよう，裁判所には，訴訟指揮権，法廷警察権が認められる。

訴訟指揮権とは，訴訟の進行を秩序付け審理の円滑を図る合目的活動に関する権限をいう。裁判所が行うものとして，

・証拠調べの範囲・順序・方法の決定・変更（刑訴297）

・弁論の分離・併合・再開（刑訴313）

・公判手続の停止（刑訴314）

等が定められているほか，迅速に行使し得るよう公判期日における訴訟の指揮は裁判長に包括的に委ねられ（刑訴294），

・重複する尋問等の制限（刑訴295Ⅰ・Ⅱ・Ⅲ）

・当事者の不明確・不備のある訴訟行為に対する釈明（刑訴規208Ⅰ）

等が行われる。

法廷警察権とは，法廷の秩序維持のために裁判所が行使する権限をいう。事態に応じて迅速に行使し得るよう，その権限の行使は裁判長に委ねられ，法廷の秩序を維持するため相当な処分をし（刑訴288Ⅱ），裁判所の職務の執行を妨げ，又は不当な行状をする者に対し，退廷を命じ，その他法廷における秩序を維持するのに必要な事項を命じることができるものとされる（裁71Ⅱ）。

それらの措置は，廷吏（裁63Ⅱ），裁判所又は裁判官から命ぜられた裁判所の職員（法廷の秩序維持等にあたる裁判所職員に関する規則１Ⅰ）により実施されるほか，必要があれば，警察官の派出を求め，これを指揮して秩序の維持に当たらせることができる（裁71の２）。

裁判長の命令に反して職務の執行を妨げた者は処罰されるほか（裁73），20日以下の監置若しくは３万円以下の過料に処し，又はこれを併科される（法廷秩序２Ⅰ）。

ウ　開　廷

公判期日は，裁判官，裁判所書記官及び検察官のほか（刑訴282Ⅱ），一定の軽微な事件等の審理を除き，被告人が出頭しなければ開廷できない（刑訴283～286）。

被告人の召喚は，原則として，召喚状の送達により行われる（刑訴62・65Ⅰ）が，裁判所の構内で被告人に公判期日を通知し，又はその被告人が収容されている刑事施設の職員に通知する方法でも召喚し得る（刑訴274・65Ⅲ）。

被告人が正当な理由がなく召喚に応じず，又は応じないおそれがあるときは，裁判所は，勾引状を発し，検察官の指揮により，検察事務官又は司法警察職員がこれを執行する（刑訴58Ⅰ②・62・70Ⅰ）。

勾留されている被告人が，公判期日に召喚を受け，正当な理由なく出頭を拒否し，刑事施設の職員による引致を著しく困難にしたときは，被告人が出頭しない場合でも，その期日の公判手続を行うことができる（刑訴286の２）。

「刑事施設職員による引致を著しく困難にした」とは，例えば，被告人が柱にしがみついて離れない場合，暴れて手がつけられない場合，裸のままでいる場合等がこれに該当しよう。この場合，刑事施設の長は，直ちにその旨を裁判所に通知し（刑訴規187の２），通知を受けた裁判所は，その状況を取り調べなければならない（刑訴規187）。

出廷した被告人は，その公判期日の開廷中は，裁判長の許可を得なければ退廷できない（刑訴288Ⅰ）。

Point　刑事施設の職員が出廷の護送をする際の留意点

法廷では，刑事施設内とは異なり，人的·物的戒護力が著しく低下し，逃走，暴行，自殺・自傷のおそれは飛躍的に高い。特に開廷中及びその前後の法廷には，裁判官，裁判所書記官，検察官，弁護人らほか，証人，傍聴人等の多数の関係者がいるから，逃走，自殺・自傷の防止はもちろん，勾留された被告人が，それらの者に対して危害を加える事態が発生しないよう細心の注意を払わなければならない。

出廷のための護送の任に当たる刑事施設の職員においては，あらかじめ，裁判所，検察官等と十分情報交換し，必要な申入れをすることはもちろん，出廷当日，特に入廷前に被告人の衣体検査を励行すること，法廷では，被告人の側面又はその両側に近接して着席し，その動静に注意を払うこと，法廷において証人と被告人の席が近距離すぎる場合等には法廷の実情に応じて適宜必要な措置を採るよう申し入れること，手錠及び捕縄を使用する場合には，開廷と同時にこれを解錠し，閉廷時は直ちに施錠して退廷させることなどを励行しなければならない（「刑事法廷における証人の保護について」（昭和31年矯正甲第1075号矯正局長通達），「刑事法廷等における事故の防止について」（昭和32年矯正甲第398号矯正局長通達））。

公判廷においては，暴力を振るい又は逃亡を企てた場合でなければ，被告人の身体を拘束してはならず（刑訴287Ⅰ），看守者を付し得るにとどまる（同条Ⅱ）。勾留中の被告人の戒護は，開廷中は，裁判長の訴訟指揮権あるいは法廷警察権による制約を受けるが，そのために刑事施設の職員は勾留中の被告人の公判廷内における身柄確保の責任を免れるものではない（大阪高決昭45．2．20判タ249-268）。

エ　弁護人の選任

被告人について，裁判所又は裁判長が弁護人を付する場合については，第4の3(3)を参照されたい。

6　証拠調べ

(1)　証拠裁判主義

冒頭手続が終了した後，証拠調べ手続が行われる（刑訴292）。刑訴法は，「事実の認定は，証拠による」と定める（刑訴317）。これを証拠裁判主義といい，犯罪事実及びこれに準ずる程度の重要な事実の証明は，適法な証拠調べ手続を経た証拠能力ある証拠によりなされなければならないものと解される（厳格な証明）。

証拠能力とは，事実認定の資料とし得る証拠の資格をいい，一般には，以下が挙げられる。

①証明しようとする事実に対して必要最小限度の証明力をもっていること（自然的関連性）。
②誤った心証を形成させるおそれの強くないこと（法律的関連性）。
③その証拠を用いることが手続の適正その他一定の利益を害さないこと（証拠禁止）。

☞自然的関連性のない例としては，殺人に用いられた凶器とは異なる凶器の立証等が挙げられる。
☞法律的関連性のない例としては，強制，拷問又は脅迫による自白，不当に長く抑留又は拘禁された後の自白その他任意にされたものでない疑いのある自白による立証の禁止（刑訴319Ⅰ），伝聞証拠による立証の禁止（刑訴

320Ⅰ)，相当程度類似する顕著な特徴を有しない同種前科による立証の禁止（最判平24．9．7刑集66-9-907）等が挙げられる。
☞証拠禁止の例としては，押収等の手続に令状主義の精神を没却する重大な違法があり，将来の違法捜査の抑止の見地から証拠として許容することが相当でない証拠による立証の禁止（違法収集証拠排除の法則）（最判昭53．9．7刑集32-6-1672）等が挙げられる。

無罪推定の原則の働く刑事手続では，起訴状に記載された訴因の立証責任は検察官が負担するから，証拠調べにおいては，検察官が厳格な証明によりその立証に成功するか否かが吟味される。

⑵　冒頭陳述

証拠調べのはじめに，検察官は，証拠により証明すべき事実を明らかにする（刑訴296本文)。これを冒頭陳述といい，公訴事実に記載された訴因の存在を主張・立証するために必要な事実を主張するものである。裁判官に不当な予断・偏見を抱かせることのないよう証拠とすることができず，又は証拠としてその取調べを請求する意思のない資料に基づいて，裁判所に事件について偏見又は予断を生ぜしめるおそれのある事項を述べてはならない（同条ただし書)。

検察官が冒頭陳述をした後，裁判所は，被告人又は弁護人が証拠により証明すべき事実を明らかにすることを許すことができる（刑訴規198Ⅰ)。

⑶　証拠の取調べ請求及び採否

冒頭陳述を終えた後，検察官は，それを証明するための証拠の取調べを請求する（刑訴298Ⅰ，刑訴規193Ⅰ)。

裁判所は，被告人又は弁護人の意見を聴いて，検察官が取調べを請求する証拠の採否を決定し（刑訴規190Ⅰ・Ⅱ)，その証拠の取調べが実施される。

検察官が証拠の取調べの請求を終えた後，被告人又は弁護人は，事件の審判に必要と認める証拠の取調べを請求できる(刑訴規193Ⅱ)。実務では，検察官が立証責任を負うことに鑑み，先に検察官が証拠の取調べを請求して，その採否を決定し，その取調べが実施された後に，被告人又は弁護人が証拠の取調べを請求して，その証拠の採否を決定し，その証拠の取調べが実施されるという順で行われるのが通例である。

⑷　公判前整理手続又は期日間整理手続を経た事件の証拠調べ

公判前整理手続又は期日間整理手続に付された事件においては，被告人又は弁護人は，証拠により証明すべき事実その他の事実上法律上の主張があるときは，検察官の冒頭陳述に引き続き，これを明らかにしなければならない（刑訴316の30）。その後，裁判所は，当該事件の争点及び証拠関係の整理の結果を明らかにするため，公判前整理手続又は期日間整理手続の結果を明らかにする（刑訴316の31）。公判前整理手続又は期日間整理手続に付された事件においては，既に証拠の取調べの請求がなされ，通常，その採否が決定されているため，公判前整理手続又は期日間整理手続の結果を明らかにした後は，直ちに証拠調べが実施される。

検察官及び被告人又は弁護人は，やむを得ない事由により公判前整理手続又は期日間整理手続において請求することができなかったものを除いては，それらの手続の終了後は，新たに証拠の取調べを請求することはできない（刑訴316の32Ⅰ）。

⑸　証拠調べの実施

ア　証人尋問

○　意義

証人とは，裁判所又は裁判官に対して自己の直接経験した事実を供述すべき第三者をいう。その供述を証言という。

証人には，その実験した事実及びその事実により推測した事項を証言させることができる（刑訴156Ⅰ）。何人でも証人となり得る資格があるが（刑訴143），公務員又は公務員であった者の知り得た事実について，本人又は当該公務所が職務上の秘密に関するものであることを申し立てたときは，当該監督官庁の承諾がなければ証人として尋問することができない（刑訴144本文）。ただし，監督官庁は，国の重大な利益を害する場合を除いては，承諾を拒めない（本条ただし書）。

人の記憶は，観察，記憶及び表現の各過程において誤謬（ごびゅう）が生じるおそれがあるから，証人尋問においては，その証言内容自体とともに，その者が自ら直接体験した事実及びその事実により推測した事項を証言させるとともに（刑訴156Ⅰ），その観察，記憶又は表現の正確性等の証言の信用性及びその利害関係，偏見，予断等の証人の信用性に関する事項（刑訴規199の６参照）が尋問を通じて確かめられ，それに不当な影響を及ぼすなどの弊害の存する誘導尋問等は制限される（刑訴規199の３Ⅲ・199の４Ⅳ・199の13等）。

○　証人の義務

証人は，出頭，宣誓，証言の義務を負う。裁判所は，召喚状を発して証人を召喚し（刑訴153・62），召喚に応じなければ勾引し得るとともに（刑訴152），過料等の制裁のほか，１年以下の懲役等に処され得る（刑訴150・151）。

出頭した証人には宣誓をさせる（刑訴154）。宣誓を欠く証言には証拠能力がないが，宣誓の趣旨を理解することができない者には，宣誓させないで尋問でき，その場合には，その証言は証拠能力を有する（刑訴155）。

証人が正当な理由なく宣誓，証言を拒めば，過料等の制裁のほか，１年以下の懲役等に処され得る（刑訴160・161）。ただし，自己又はその近親者等が刑事訴追を受け又は有罪判決を受けるおそれがある証言は拒み得る（刑訴146・147）。医師，歯科医師，助産師，看護師，弁護士，弁理士，公証人，宗教の職にある者又はこれらの職にあった者は，業務上委託を受けたため知り得た事実で他人の秘密に関するものは原則として証言を拒み得る（刑訴149）。

○　刑事免責

刑訴法が刑事訴追を受け又は有罪判決を受けるおそれがある証言を拒み得るとしている（刑訴146）のは，憲法が，「何人も，自己に不利益な供述を強要されない。」とし，自らの供述により自らが処罰されないことを保障する自己負罪拒否特権を定めているからである（憲38Ⅰ）。しかし，例えば，組織的な犯罪の実行行為者を証人として尋問し，首謀者の関与に関する証言を得ようとする場合に，証人がその証言を拒めるとすれば，その立証に支障を来してしまいかねない。そのため，平成28年の刑訴法の改正により，検察官は，その証言及びこれに基づいて得られた証拠を宣誓拒絶罪，偽証罪の立証以外には，証人の刑事事件の証拠に用いないことを保障する代わりに，証人は証言を拒絶し得ないという条件で，その証人に対する尋問を行うことを請求し，裁判所の決定を得て，その証人に証言を義務付ける制度（刑事免責）が導入された（刑訴157の２・157の３）。

○　証人への配慮

裁判所は，証人の年齢，心身の状態その他の事情を考慮し，証人が著しく不安又は緊張を覚えるおそれがあると認めるときは，検察官及び被告人又は弁護人の意見を聴き，一定の者を，その証人の供述中，証人に付き添わせることができる（刑訴157の４Ⅰ）。

裁判所は，犯罪の性質，証人の年齢，心身の状態，被告人との関係その他の事情により，証人が被告人の面前において供述するときは圧迫を受け精神の平穏を著しく害されるおそれがあると認める場合であって，相当と認めるときは，検察官及び被告人又は弁護人の意見を聴き，弁護人が出頭しているときに限り，被告人とその証人との間で，一方から又は相互に相手の状態を認識することができないようにするための措置を採ることができる（刑訴157の５Ⅰ）。犯罪の性質，証人の年齢，心身の状態，名誉に対する影響その他の事情を考慮し，相当と認めるときは，傍聴人とその証人との間でも，相互に相手の状態を認識することができないようにするための措置を採ることができる（同条Ⅱ）。遮蔽板を設置して行う尋問である。

強制わいせつ罪，強制性交等罪の被害者等を証人として尋問する場合において，相当と認めるときは，検察官及び被告人又は弁護人の意見を聴き，裁判官及び訴訟関係人が証人を尋問するために在席する場所以外の場所（これらの者が在席する場所と同一の構内に限る。）にその証人を在席させ，映像と音声の送受信により相手の状態を相互に認識しながら通話をすることができる方法によって尋問することができる（刑訴157の６Ⅰ）。また，証人が同一の構内に出頭することにより精神の平穏を著しく害され若しくは害を加えられ若しくは畏怖・困惑させられるおそれがある場合又は年齢，職業，健康状態その他の事情により同一の構内に出頭することが著しく困難である場合には，映像と音声の送受信により相手の状態を相互に認識しながら通話を行うために必要な装置が設置された他の裁判所にその証人を在席させ，同様の方法により尋問を行い得る（刑訴157の６Ⅱ）。ビデオリンク方式による尋問である。

証人が被告人の面前では圧迫を受け充分な供述をすることができないと認めるときは，弁護人が出頭している場合に限り，その証言の間，被告人を退廷させることができ（刑訴304の２），特定の傍聴人の面前で充分な供述をすることができないと認めるときは，その証言の間，傍聴人を退廷させることができる（刑訴規202）。

証人等を尋問する場合において，証人等又はその親族に害を加え，又は畏怖・困惑させる行為がなされるおそれがあり，この者が通常所在する場所が特定される事項が明らかにされたならば十分な供述をすることができないと認めるときは，裁判所は，犯罪の証明に重大な支障を生ずるおそれがあるとき，又は被告人の防御に実質的な不利益を生ずるおそれがあるときを除き，当該事項の尋問を制限することができる（刑訴295Ⅱ）。被害者特定事項秘匿決定又は証人等特定事項秘匿決定がなされている場合には，裁判所は，被害者特定事項又は証人等特定事項にわたる尋問又は陳述を制限することができる（同条Ⅲ・Ⅳ）。

これらの措置は，性犯罪の被害者，組織犯罪の関係者等の証人尋問において用いられることが多い。

イ　鑑　定

鑑定とは，特別の学識経験によってのみ知り得る法則についての供述又は事実にこの法則を当てはめて得た結論についての供述をいう。例えば，精神鑑定，死因鑑定，ＤＮＡ型鑑定等である。

裁判所は，鑑定の決定をした場合には，鑑定人を定めて召喚し（刑訴171・153・62），出頭した鑑定人に宣誓をさせ（刑訴166），鑑定事項を指定して鑑定を命じ，その経過及び結果を報告させる。

捜査機関の嘱託を受けた鑑定人同様，裁判所は，被告人の心神又は身体に関する鑑定をさせるについて必要があるときは，期間を定め，病院その他の相当な場所に被告人を留置することができ（刑訴167Ⅰ），鑑定人は，鑑定について必要がある場合には，裁判所の許可を受けて，人の住居若しくは人の看守する邸宅，建造物若しくは船舶内に入り，身体を検査し，死体を解剖し，墳墓を発掘し，又は物を破壊することができる（刑訴168Ⅰ）。

正当な理由なく召喚に応じず，宣誓を拒み，鑑定の経過及び結果の報告を拒んだときには，制裁を受け得るが（刑訴171・150・151・160・161），勾引はなし得ない（刑訴171）。

ウ　証拠書類の取調べ

証拠書類とは，その記載の内容が証拠としての意義を有する書面をいう。例えば，供述調書，捜査報告書，陳述書等がある。証拠書類の取調べは，その内容の朗読又はその要旨の告知により行われる（刑訴305Ⅰ・Ⅱ，刑訴規203の２）。被害者特定事項秘匿決定又は証人等特定事項秘匿決定がなされている場合には，その内容の朗読又はその要旨の告知は，被害者特定事項又は証人等特定事項を明らかにしない方法で行う（刑訴305Ⅲ・Ⅳ）。証拠調べが終われば，その証拠書類は遅滞なく裁判所に提出される（刑訴310）。

○　伝聞証拠による立証の禁止

刑訴法は，原則として，公判期日における供述に代えて書面を証拠とし，又は公判期日外における他の者の供述を内容とする供述を証拠とすることはできないとする（刑訴320Ⅰ）。これを伝聞証拠の禁止という。「公判期日における供述に代えて書面を証拠」（供述代用書面）とする例としては，供述調書，捜査報告書，陳述書が挙げられ，「公判期日外における他の者の供述を内容とする供述を証拠」（伝聞供述）とする例としては，証人が第三者から伝え聞いた内容についての証言が挙げられる。

伝聞証拠とは，一般に，要証事実を直接に知覚した者の供述を内容とする供述証拠で，その原供述の内容をなす事実の証明の用に供される証拠をいう。例えば，犯人性が争われている殺人事件において，被告人が犯人であることを要証事実として，第三者Ａから「被告人が刺しているのを見た。」旨伝え聞いた証人Ｂが，そのように伝え聞いた旨証言する場合，その証言は伝聞証拠であるとされる。

人の供述は，知覚・記憶・表現・叙述という過程をたどり，法廷における証拠とされるが，その過程には誤りが混入するおそれが高く，その供述の内容の真実性が問題とされる場合には，要証事実を直接知覚した者を直接に尋問し，その過程における誤りの有無を検証する機会が与えられなければならない。憲法が，被告人に全ての証人を審問する機会が与えられなければならないとし（憲37Ⅱ），被告人の反対尋問権を保障するのはその趣旨である。そのため，刑訴法は，その供述の内容を記載した書面又はその供述を伝え聞いた者の供述の証拠能力を原則として否定し，原供述者を直接に証人尋問しなければならないとする。

伝聞証拠であるか否かは，要証事実と供述者との関係により決せられる。Ａの発言内容を聞知したＢの供述を例にとれば，Ａが一定内容の発言をしたことを要証事実とする場合には，その発言を直接知覚したＢの供述は伝聞供述に当たらないが，Ａの発言内容に符合する事実を要証事実とする場合には，Ｂはこれを直接知覚していないので伝聞証拠に当たると解されている（最判昭38.10.17刑集17−10−1795）。上記の殺人事件の例は，後者に当たる場合であるため，伝聞証拠とされるのである。

○　伝聞証拠による立証の禁止の例外

もっとも，例えば，証人が死亡した場合，被告人に対する迎合・反感などから，従前述べた供述とは異なる供述をする場合等にも，伝聞証拠の利用を禁止すれば，真実の発見の妨げとなり得る。そのため，伝聞証拠を利用する必要性が高く，その供述の内容が真実と認めるに足りるような事情の存する場合には，一定の範囲で，伝聞証拠による立証が認められる（刑訴321～328）。

伝聞証拠による立証の禁止の例外の代表的なものは，次のとおりである。

＊捜査機関において作成される被告人以外の者の供述調書については，検察官が作成したものは，その供述者が死亡，精神若しくは身体の故障，所在不明若しくは国外にいるために公判準備若しくは公判期日において供述することができないとき，又は公判準備又は公判期日において前の供述と相反するか実質的に異なった供述をしたときであって，公判準備又は公判期日における供述よりも前の供述を信用すべき特別の情況の存するときには，その者の供述が録取された供述調書を証拠とすることができる（刑訴321Ⅰ②）。これに対し，司法警察職員が作成したものは，供述者が死亡，精神若しくは身体の故障，所在不明又は国外にいるため公判準備又は公判期日において供述することができず，かつ，その供述が犯罪事実の存否の証明に欠くことができないものであるときであって，その供述が特に信用すべき情況の下に作成されたものであるときに，その者の供述が録取された供述調書を証拠とすることができるにとどまる（同項③）。

＊捜査機関において作成される検証調書，実況見分調書（最判昭35．9．8刑集14-11-1437），鑑定受託者の鑑定書（最判昭28.10.15刑集7-10-1934）については，その作成者が公判期日において証人として尋問を受け，真正に作成されたものであることを供述したときは，それらの証拠書類を証拠とすることができる（同条Ⅲ・Ⅳ）。

＊捜査機関において作成される被告人の供述調書については，その供述が被告人に不利益な事実の承認を内容とするものであるとき，又は特に信用すべき情況の下にされたものであるときは，それが任意になされたものであれば証拠とすることができるとされ（刑訴322Ⅰ・319Ⅰ），被告人以外の者の供述調書と異なり，作成主体により証拠能力の要件が異なるものとはされていない。

＊戸籍謄本，公正証書謄本その他公務員がその職務上証明することができる事実についてその公務員の作成した書面，商業帳簿，航海日誌その他業務の通常の過程において作成された書面，その他特に信用すべき情況の下に作成された書面は証拠とすることができる（刑訴323）。

＊検察官及び被告人が証拠とすることに同意した書面又は供述は，その書面が作成され又は供述されたときの情況を考慮して相当と認められるときに限り，証拠とすることができる（刑訴326Ⅰ）。実務上，この同意を得て証拠能力が認められる証拠書類は，同意書面といわれ，争いのない事実を証明する場合に活用されている。

エ　証拠物の取調べ

証拠物は展示され（刑訴306），証拠調べが終われば，遅滞なく裁判所に提出される（刑訴310）。証拠物には，例えば，犯行に使用した凶器，着衣，偽造文書等がある。

オ　被告人質問

被告人は，黙秘権を有するが，任意に供述する場合には，必要とする事項について，その供述を求めることができる（刑訴311Ⅱ・Ⅲ）。これを被告人質問という。

カ　公判期日外の証拠調べ

証拠調べは公判期日で行われるが，健康状態の悪い証人の証人尋問，犯行現場の検証，証拠物の捜索・押収等，公判期日で実施し得ない場合があり得る。その場合には，例外的に，公判期日外で，それらを実施し，公判期日において，その結果が記載された書面を証拠書類として取り調べ，又は押収したものを証拠物として取り調べる（刑訴303）。

7　被害者等の意見陳述

裁判所は，被害者又は被害者が死亡した場合若しくはその心身に重大な故障がある場合におけるその配偶者，直系の親族若しくは兄弟姉妹又は被害者の法定代理人から，被害に関する心情その他の被告事件に関する意見の陳述の申出があるときは，公判期日において，その意見を陳述させる（刑訴292の２Ⅰ）。

8　結　審

証拠調べが終わった後，検察官は，事実及び法律の適用について意見を陳述しなければならない（刑訴293Ⅰ）。実務上，この意見において量刑についての意見，すなわち，求刑が述べられるため，論告・求刑といわれる。

被告人及び弁護人も意見を陳述することができるが（同条Ⅱ），被告人又は弁護人には最終に陳述する機会を与えなければならないとされているから（刑訴規211），実務上は，論告・求刑の次に弁護人が意見を陳述した後，最後に被告人が意見を陳述する取扱いがなされている。この弁護人の意見を弁論といい，被告人の意見を最終陳述という。

検察官並びに被告人及び弁護人の意見の陳述を終えた段階で，判決の宣告だけが残された状態となる。これを結審という。

9　被害者参加

(1)　概　要

裁判所は，故意の犯罪行為により人を死傷させた罪，強制わいせつ罪，強制性交等罪等の重大な犯罪について，その被害者又は被害者が死亡した場合若しくはその心身に重大な故障がある場合におけるその配偶者，直系の親族若しくは兄弟姉妹又は被害者の法定代理人又はこれらの者から委託を受けた弁護士から，被告事件への参加の申出があるときは，被告人又は弁護人の意見を聴き，犯罪の性質，被告人との関係その他の事情を考慮し，相当と認めるときは，決定で，その手続への参加を許すものとされている（刑訴316の33Ⅰ）。

被告事件への参加を許された者（被害者参加人）又はその委託を受けた弁護士は，その事件の公判期日に出席することができる（刑訴316の34Ⅰ）。

被害者参加人又はその委託を受けた弁護士は，以下の事項を行うことができる。

* 検察官に対し，その権限の行使に関し意見を述べること（刑訴316の35）。
* 証人尋問を行う場合には，裁判所の許可を得て，情状に関する事項についての証人の供述の証明力を争うため必要な事項について尋問をすること（刑訴316の36Ⅰ）。
* 被害者等の意見陳述をするため，裁判所の許可を得て，被告人に対する質問をすること（刑訴316の37Ⅰ）。
* 裁判所の許可を得て，検察官の論告・求刑の後に，訴因として特定された事実の範囲内で，事実及び法令の適用についての意見を陳述すること（刑訴316の38Ⅰ）。

(2)　被害者参加人への配慮

裁判所は，被害者参加人が公判期日又は公判準備期日に出席する場合において，その年齢，心身の状態その他の事情を考慮し，被害者参加人が著しく不安又は緊張を覚えるおそれがあると認めるときは，検察官及び被告人又は弁護人の意見を聴き，一定の者を付き添わせることができる（刑訴

316の39Ⅰ)。

被害者参加人が公判期日又は公判準備期日に出席する場合において，犯罪の性質，被害者参加人の年齢，心身の状態，被告人との関係その他の事情により，被害者参加人が被告人の面前において圧迫を受け精神の平穏を著しく害されるおそれがあると認める場合であって，相当と認めるときは，検察官及び被告人又は弁護人の意見を聴き，弁護人が出頭している場合に限り，被告人が被害者参加人の状態を認識することができないようにするための措置を採ることができるほか（同条Ⅳ)，傍聴人と被害者参加人との間で，相互に相手の状態を認識することができないようにするための措置を採ることができる（同条Ⅴ)。

10　判決の宣告

判決は，公判廷において，宣告により告知され（刑訴342)，裁判長が，主文及び理由を朗読し，又は主文の朗読と同時に理由の要旨を告げる（刑訴規35Ⅰ・Ⅱ)。

判決は宣告された内容に従って効力を生じ，判決を宣告する公判期日が終了した後は，その内容を変更することはできない（最判昭47.6.15刑集26-5-341)。判決書はその内容を証明するものにすぎないから，それと異なる内容が宣告された場合，宣告された内容が判決の内容となる（最判昭51.11.4刑集30-10-1887)。

第15　裁判員裁判

1　意　義

平成21年５月から裁判員裁判が行われている。裁判員裁判は，一般の国民が裁判に参加することで，司法に対する国民の理解の増進とその信頼の向上が得られるため導入されたものである。

2　合議体の構成

原則として，裁判官３人と国民から選任された裁判員６人の合議体が審理を行う（裁判員２Ⅱ）。

3　対象事件

裁判員裁判の対象事件は，以下のとおりである（裁判員２Ⅰ）。

・死刑又は無期の懲役若しくは禁錮に当たる事件

・短期１年以上の懲役若しくは禁錮に当たる罪に係る事件のうち，故意の犯罪行為により被害者を死亡させた罪に係るもの

前者の例は，現住建造物等放火罪（刑108），殺人罪（刑199），強盗致死傷罪（刑240）等で，後者の例は，傷害致死罪（刑205），遺棄等致死罪（刑219）等である。

裁判員裁判対象事件以外の事件を裁判員裁判対象事件と併合して審理を行うことが適当と認められるときは，決定で併合できる（裁判員４Ⅰ）。

裁判員裁判対象事件の審理においては，裁判官と裁判員の構成する合議体で，事実の認定，法令の適用及び刑の量定を行う（裁判員６Ⅰ）。

4　裁判員の選任手続

⑴　候補者の選定と呼出し

地方裁判所に裁判員裁判対象事件が公訴提起され，第１回公判期日が定められたときは，審判に要すると見込まれる期間その他の事情を考慮し，

呼び出すべき裁判員候補者の員数を定め，あらかじめ，有権者から無作為に抽出された者のうち，欠格事由（裁判員14）及び就職禁止事由（裁判員15）に該当する者を除いて調製された裁判員候補者名簿から，その員数の裁判員候補者を無作為に選定し，裁判員の選任のための手続を行う期日を定め，選定された裁判員候補者に呼出状を送達し，その期日に呼び出す（裁判員26Ⅱ・Ⅲ，27Ⅰ本文・Ⅱ）。

呼出しを受けた裁判員候補者は，裁判員の選任のための手続を行う期日に出頭しなければならない（裁判員29Ⅰ）。

(2)　選任の期日

裁判員の選任のための手続を行う期日においては，裁判官及び裁判所書記官が列席し，検察官及び弁護人が出席する（裁判員32Ⅰ）。裁判所は，必要と認めるときは，被告人を出席させることができる（同条Ⅱ）。

裁判員の選任のための手続を行う期日は非公開で行われ（裁判員33Ⅰ），裁判長から，出頭した裁判員候補者に対し，裁判員の職務が終了すると見込まれる日までの間に，欠格事由，就職禁止事由に該当するかどうかなどを判断するため，必要な質問がなされ（裁判員34Ⅰ・Ⅱ），それらに該当すると判断された場合には，不選任の決定がなされる（同条Ⅳ・Ⅶ）。検察官及び被告人又は弁護人は，原則としてそれぞれ４人を限度として，理由を示さないで不選任の請求をすることができ，その請求がなされれば，裁判所は不選任の決定をしなければならない（裁判員36Ⅰ・Ⅲ）。

出頭した裁判員候補者のうち，不選任の決定がなされていない者から，無作為に裁判員が選任される（裁判員37Ⅰ）。選任された裁判員は，その権限，義務その他必要な事項の説明を受け，法令に従い公平誠実にその職務を行うことを誓う旨宣誓を行う（裁判員39）。

☞裁判員裁判対象事件の審理を行う間，裁判員が重い疾病又は傷害により裁判所に出頭することが困難となるなどして欠けたときに備え，補充裁判員を置くことができるが（裁判員26Ⅰ），その選任手続は，裁判員の選任手続と同じである。

5　裁判員裁判の審理

(1)　公判前整理手続

裁判員裁判対象事件は，第１回公判期日前に公判前整理手続に付される(裁判員49)。裁判員裁判は，一般の国民の参加を得て行われるものであるため，その負担が過重なものとならないよう他の事件以上に公判の審理を継続的，計画的かつ迅速に行わなければならないのはもちろん（刑訴316の３参照)，裁判員がその職責を十分に果たすことができるよう分かりやすいものでなければならない(裁判員51)。そのため，第１回公判期日前に，公判前整理手続に付さなければならないものとされている。

検察官及び被告人又は弁護人は，冒頭陳述を行うに当たり，公判前整理手続における争点及び証拠の整理の結果に基づき，証拠により証明すべき事実と証拠の関係を具体的に明示しなければならない（裁判員55)。

(2)　公判期日

裁判員は，公判期日又は公判準備期日への出頭義務を負い（裁判員52)，

・証人その他の者を尋問する（裁判員56・57)

・意見陳述を行う被害者等に質問する（裁判員58)

・被告人に供述を求める（裁判員59)

ことができる。

裁判員裁判対象事件の評議は，裁判官及び裁判員で行われ，裁判員は，これに出席し意見を述べなければならない（裁判員66Ⅰ・Ⅱ)。

☞裁判長が，評議において，裁判官の合議による法令の解釈に係る判断及び訴訟手続に関する判断を示した場合，裁判員は，その判断に従わなければならない（裁判員66Ⅲ・Ⅳ)。

☞裁判長は，評議において，裁判員に対して必要な法令に関する説明を丁寧に行うとともに，評議を裁判員に分かりやすいものとなるように整理し，裁判員が発言する機会を十分に設けるなど，裁判員がその職責を十分に果たすことができるように配慮しなければならない（裁判員66Ⅴ)。

評議における評決は，裁判官及び裁判員の双方の意見を含む合議体の員数の過半数の意見によらなければならない（裁判員67Ⅰ)。

裁判員は，判決の宣告をする公判期日に出頭しなければならない（裁判員63Ⅰ）。

Point　裁判員裁判の法廷における被告人の戒護について

一般の国民が参加し，連日的な開廷が予定される裁判員裁判の審理においては，裁判員の予断を防ぐとともに，審理の円滑に資するよう，手錠の解錠・施錠の時期，出廷する被告人の服装，着座位置に関し，一定の便宜を図らなければならないことがあり得る。

手錠の開錠・施錠の時期については，要警備事件に準じた措置を講じた場合（「刑事法廷における戒具の使用について」（平成５年矯保第1704号矯正局長通知））のほか，裁判所が，弁護人の要望を踏まえ裁判員に被告人の手錠等を見せないため開廷の前に被告人の手錠等を外すことが適当であると判断した場合には，裁判官・裁判員の入廷直前に手錠等を外すなどの措置が講じられることがある（「裁判員の参加する刑事裁判の法廷における手錠等の使用について」（平成21年矯成第3666号矯正局成人矯正課長通知））。

服装については，刑事施設において，フック式ネクタイ（フックを襟元に掛けて固定する形態のネクタイをいう。）又は靴型サンダル（靴に模したサンダルをいう。）を備え付け，裁判員裁判に出廷する被告人が，出廷日直前の平日までに，相応の服装で出廷したいとしてそれらの使用を申し出たときは，保安上不適当と認める事情があるときを除き，これらを貸与する。着座位置については，裁判所の指示を受けたときは，法廷において，刑務官がその隣席及び半身程度後方において戒護する状態で，被告人を弁護人席の隣に座らせることとされ，戒護上支障が生じない範囲で，被告人と弁護人等との意思疎通に配慮することとされている（「裁判員の参加する刑事裁判の法廷における被告人の戒護について」（平成21年矯成第2690号矯正局成人矯正課長通知））。

6　その他

その他，裁判員に関する規定の主なものとして，以下がある。

＊裁判員は，評議の秘密その他の職務上知り得た秘密を漏らしてはならず，裁判の公正さに対する信頼を損なうおそれのある行為及びその品位を害するような行為をしてはならない（裁判員９Ⅱ～Ⅳ）。
＊労働者が裁判員の職務を行うために休暇を取得したことなどを理由として解雇その他不利益な取扱いをしてはならない（裁判員100）。
＊何人も，裁判員の氏名，住所その他の個人を特定するに足りる情報を公にしてはならないし（裁判員101Ⅰ），被告事件に関し，裁判員に接触してはならない（裁判員102Ⅰ）。

第16　上　訴

1　概　説

上訴とは，裁判の確定前に上級裁判所の再審査を求める不服申立てをいう。裁判とは，裁判所又は裁判官の訴訟行為で意思表示的内容を有するものをいい，判決，決定，命令の三つの形式がある。判決は裁判所が口頭弁論に基づいてなす裁判をいい，決定は裁判所が口頭弁論に基づかないでなす裁判をいい，命令は裁判官がなす裁判をいう（刑訴43Ⅰ・Ⅱ）。

裁判所又は裁判官の判断にも誤りがあり得るため，裁判の形式に応じ，次のとおり，不服申立てが認められている。

- 判決に対する控訴，上告
- 決定に対する抗告
- 命令に対する準抗告

ここでは，控訴，上告について説明する。

2　判決に対する上訴

控訴とは，地方裁判所又は簡易裁判所がした第一審の判決に対する不服申立てをいい（刑訴372），上告とは，高等裁判所がした第一審又は第二審の判決に対する不服申立てをいう（刑訴405）。

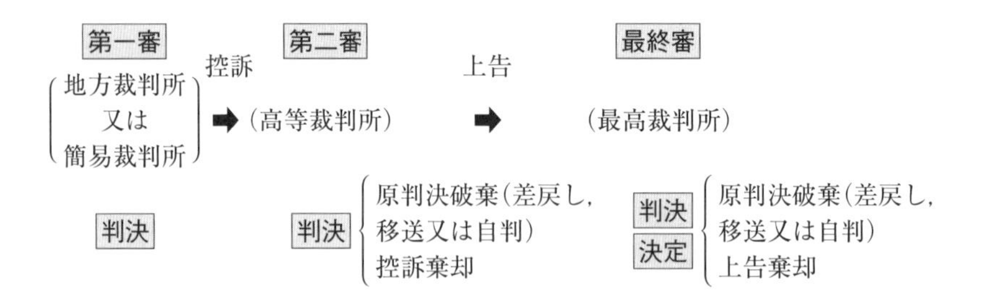

3　上訴に共通する事項

⑴　上訴権者

上訴の権限を有するのは，検察官，被告人であるが（刑訴351Ⅰ），被告人の法定代理人又は保佐人，原審における被告人の代理人又は弁護人も，被告人の明示した意思に反しない限り，被告人のために上訴できる（刑訴353・355・356）。

⑵　上訴の提起期間

控訴，上告の提起期間は14日である（刑訴373・414）。その期間は，判決が公判廷で宣告により告知された日から進行する（刑訴358・342・414）。初日は算入されないため（刑訴55Ⅰ），裁判が告知された日の翌日から起算される。

⑶　上訴の方式

控訴，上告をするには，その提起期間内に原裁判所に申立書を差し出さなければならない（刑訴374・414）。

Point　刑事施設の被収容者による上訴について

刑事施設の被収容者が上訴の提起期間内に申立書を刑事施設の長又はその代理者に差し出したときは，その期間内に上訴したものとみなされる（刑訴366Ⅰ）。

刑事施設の被収容者が申立書を差し出したときとは，居室棟の担当職員等が申立書を現に受け付けた日時をいうものと解されている（「被収容者身分帳簿及び名籍事務関係各帳簿の取扱いについて」（平成18年矯成第3281号矯正局長通達）第５．２）。

刑事施設の被収容者が自ら申立書を作ることができないときは，刑事施設の長又はその代理者は，これを代書し，又は所属の職員にこれをさせなければならない（刑訴366Ⅱ）。

これらの取扱いにより，刑事施設の被収容者による上訴は，刑事施設の長又はその代理者に差し出す方法により行われることが多いが（刑訴規227Ⅰ参照），通常の方法により上訴することは妨げられない（大判大15．５．26刑集５-217参照）。

(4)　上訴の放棄，取下げ

検察官，被告人は，上訴の放棄又は取下げをすることができる（刑訴359）。被告人の法定代理人又は保佐人は，書面による被告人の同意を得て，上訴の放棄又は取下げをすることができる（刑訴360）。上訴の取下げは，上訴審における訴訟行為であるため，原審における被告人の弁護人は，書面による被告人の同意を得てもなし得ない（最決昭25．7．13刑集４－８－1356）。

上訴の放棄は，原裁判所に書面を提出して行い（刑訴360の３，刑訴規223），上訴の取下げは，上訴裁判所に書面を提出することによりなし得る（刑訴規223の２Ⅰ・224）。

上訴の放棄又は取下げをした者，これに同意した被告人は，改めて上訴することはできない（刑訴361）。なお，死刑又は無期の判決については，上訴の放棄はなし得ない（刑訴360の２）。

刑事施設の被収容者による上訴の放棄若しくは取下げについても，上訴の場合と同様に取り扱われる（刑訴367，刑訴規229）。

(5)　上訴権回復の請求

責に帰することができない事由により上訴の提起期間内に上訴することができなかったときは，その事由がやんだ日から上訴の提起期間に相当する期間内であれば，上訴の申立てと同時に，原裁判所に書面で上訴権回復の請求をなし得る（刑訴362・363，刑訴規225）。

刑事施設の被収容者による上訴権回復の請求についても，上訴の場合と同様に取り扱われる（刑訴367，刑訴規229）。

4　控訴審

(1)　控訴の理由

控訴審は，原判決を事後的に審査するものと解され（事後審），その基礎とされた審理を継続するものではないから，控訴の理由は，以下に限られている（刑訴377～384）。

- 重大な又は判決に影響を及ぼすことが明らかな訴訟手続の法令違反
- 判決に影響を及ぼすことが明らかな法令の適用の誤り又は事実の誤認
- 刑の量定の不当

・再審事由に相当する事由の存在

・原判決後の刑の廃止等

⑵　身柄に関する措置

控訴審の係属する高等裁判所は，被告人が刑事施設に勾留されている場合に，公判期日を指定するときは，対応する高等検察庁の検察官に通知し，通知を受けた検察官は，所定の手続を経て，移送指揮書により速やかにその者を高等裁判所の所在地にある刑事施設に移送する（刑訴規244Ⅰ・Ⅱ）。

⑶　審　理

被告人は，控訴審においては，出頭命令が発せられない限り出頭義務を負わないため，その出頭なく公判期日を開くことができる（刑訴390）。

⑷　裁　判

控訴の理由が認められるときは，原判決を破棄する判決がなされる（刑訴397Ⅰ）。この場合には，改めて第一審裁判所に審理を行わせるため，原則として，差戻し，又は移送がなされるが（刑訴398・399・400本文），直ちに判決をすることができるときは，高等裁判所は，自ら判決をすることができる（自判）（刑訴400ただし書）。被告人のためのみに控訴された事件については，原判決より重い刑を言い渡すことはできない（不利益変更の禁止）（刑訴402）。

他方，それ以外の場合には，控訴棄却の決定又は判決をする（刑訴385Ⅰ・386Ⅰ・395・396）。

5　上告審

⑴　上告の理由

上告審は，原判決の事実認定を前提とし，重要な法律問題に関する争いを判断し，法解釈の統一を図る法律審であるから，上告の理由は，憲法違反又は憲法解釈の誤り，判例違反に限られている（刑訴405）。

法令解釈の誤りは，上告の理由ではないが，高等裁判所がした判決に重大な法令解釈の誤りが存する場合に，それを是正する途が全く存しないのは適当ではない。そのため，高等裁判所がした第一審又は第二審の判決に対しては，その事件が法令の解釈に関する重要な事項を含むものと認めるときは，高等裁判所に申立書を提出して最高裁判所に上告審として事件を受理するよう申し立てることができる（上告受理申立て）（刑訴規257・258）。ただし，最高裁判所が，その申立書の送付を受けた日から14日以内に自ら上告審として事件を受理するのを相当と認め，その旨の決定をしなければ，上告審として事件が係属せず，原判決が確定する（刑訴規261・264ただし書）。

(2)　身柄に関する措置

上告審においては，公判期日に被告人を召喚することを要しない（刑訴409）。そのため，被告人が刑事施設に勾留されている場合に，最高裁判所が，公判期日を指定するときでも，その者を他の刑事施設に移送することを要しない（刑訴規265）。

(3)　裁　判

上告の理由が認められるときは，判決に影響を及ぼさないことが明らかでない限り原判決を破棄する判決をしなければならない（刑訴410Ⅰ）。ただし，上告の理由が判例違反のみを理由とするものであって，その判例を変更し，原判決を維持するのが相当と認められるときは，この限りでない（同条Ⅱ）。

上告審は，法律審であるため，控訴と比べて上告の理由が限られるが，それに該当しない場合でも，判決に影響を及ぼすべき法令の違反，刑の量定の甚だしい不当，判決に影響を及ぼすべき重大な事実誤認，再審事由に相当する事由の存在又は原判決後の刑の廃止等のいずれかがあって，原判決を破棄しなければ著しく正義に反すると認められるときは，原判決を破棄する判決をすることができる（刑訴411）。

原判決を破棄するときは，改めて第一審裁判所又は控訴裁判所に審理を行わせるため，原則として，差戻し，又は移送がなされるが（刑訴412・413本文），直ちに判決をすることができるときは，最高裁判所は，自ら判決をすることができる（自判）（刑訴413ただし書）。被告人のためのみに上告された事件については，原判決より重い刑を言い渡すことはできない（不利益変更の禁止）（刑訴414・402）。

他方，それら以外の場合には，上告棄却の決定又は判決をする（刑訴414・385Ⅰ・386Ⅰ・395・408）。

第17　判決の確定

1　意　義

判決の確定とは，判決が上訴又はこれに準ずる不服の申立てによって争えなくなった状態をいう。判決は，確定しなければ執行し得ない。

刑事施設は，懲役，禁錮又は拘留の刑の執行のため拘置される者を収容し，これらの者に対し必要な処遇を行うが（刑事収容施設３①），それはこれらの者に対する有罪判決が確定し，執行されるからである。

2　判決の確定時期

判決は，その告知により効力が生じ，上訴（控訴，上告など）又はこれに準ずる不服の申立て（異議の申立て，判決訂正の申立てなど）がなし得なくなったときに確定し，執行力を生ずる。上訴がなし得なくなったときとは，検察官，被告人ともに上訴権が消滅したときをいう。

上訴権は，上訴の提起期間の経過，その放棄又は取下げにより消滅する。そのため，判決の言渡しがなされた後，

①　検察官，被告人ともに上訴及び上訴の放棄をしない場合

②　検察官，被告人のいずれか一方が上訴の放棄又は取下げをしたが，他方が上訴及び上訴の放棄をしないまま上訴の提起期間が経過した場合

には，上訴期間の満了日の経過により裁判は確定するから（自然確定），いずれも上訴期間の満了日の翌日に判決が確定する。

③　検察官，被告人ともに上訴の放棄又は取下げをした場合

には，上訴期間の経過を待つことなく，検察官，被告人の上訴の放棄又は取下げのいずれか遅い方の日に判決が確定する。

④　検察官又は被告人のいずれか一方が上訴し，上訴期間の経過後に取り下げた場合

には，他方が上訴していない限り，その取下げの日に判決が確定する。

例えば，平成25年12月25日（水曜日）に懲役刑の有罪判決が言い渡された

場合，その翌日の同月26日（木曜日）が上訴期間の起算日となるから（第16の３(2)参照），その期間の満了日である平成26年１月８日（水曜日）の経過により有罪判決が確定するため，同月９日が判決の確定日となる（上記①の場合）。その期間の末日が日曜日，土曜日，国民の祝日に関する法律に規定する休日，１月２日，１月３日又は12月29日から12月31日までの日に当たるときは，その日は算入されないため（刑訴55Ⅲ），その翌日が満了日となるが，上記の例は，これに当たらない。

上記の例で，平成26年１月６日（月曜日）に，検察官が上訴を放棄した場合でも，その時点では，被告人の上訴権は消滅していないから，被告人が上訴及び上訴の放棄をしないままであれば，上訴期間の満了日である１月８日（水曜日）の経過により同月９日に有罪判決は確定し（上記②の場合），１月７日（火曜日）に，被告人が上訴を放棄した場合には，その日に有罪判決は確定するが（上記③の場合），１月７日（火曜日）に，被告人が上訴した後，同年２月７日（金曜日）に，その上訴を取り下げた場合には，同日に有罪判決が確定する（上記④の場合）。

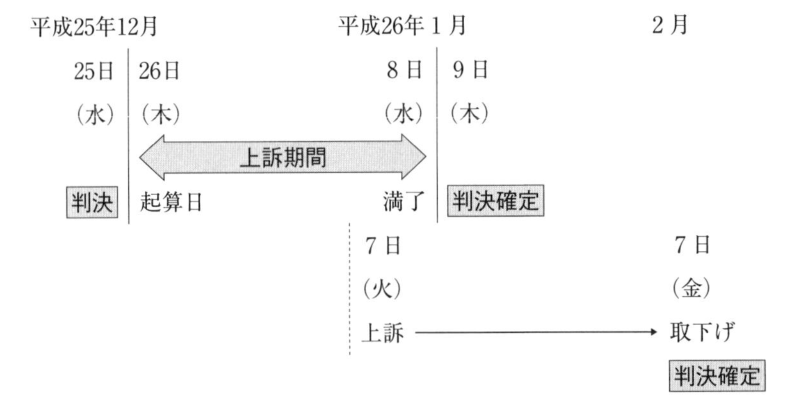

第18　刑の執行

1　意　義

刑の執行とは，刑が言い渡された有罪判決の執行をいう。国家の強制力による判決の内容の実現である。

この点，無罪判決は，その執行を観念し得ない。無罪判決の言渡しを受けた者は，公判期日等に出頭するために要した旅費，日当及び宿泊料並びに弁護人に対する報酬の補償を受け得るとともに（刑訴188の２・188の６），その者が勾留等により抑留又は拘禁されていたときは，その日数に応じて補償を受け得る（刑補１Ⅰ・４Ⅰ）。

2　刑の執行の指揮

(1)　検察官による指揮

刑の執行は，判決の確定後に，検察官の指揮によりなされる（刑訴471・472Ⅰ）。

刑の執行の指揮は，書面でなされ，これに裁判書又は裁判を記載した調書の謄本又は抄本が添えられる（刑訴473）。実務上，この書面を執行指揮書という。なお，死刑は，法務大臣の命令を要するため，その命令がなければ確定後でも執行できない（刑訴475Ⅰ）。法務大臣がその執行を命じたときは，５日以内に執行しなければならない（刑訴476）。

(2)　執行の順序

２以上の刑が言い渡されている場合，罰金及び科料を除いては，その重いものを先に執行するが，検察官は，重い刑の執行を停止し，他の刑の執行をさせることができる（刑訴474）。労役場留置の執行についても同じである（刑訴505）。刑の執行の順序の変更は，仮釈放の資格を早期に取得させられることに実益がある。

(3)　併合罪における制限

２以上の刑が併合罪関係にあるが，同時に審判されなかったために別々

に言い渡されたものである場合には，原則として，２以上の刑を併せて執行するが，

① 死刑を執行するときには，没収以外の他の刑は執行せず（刑51Ⅰただし書）

② 無期の懲役又は禁錮を執行するときは，罰金・科料・没収以外の他の刑を執行せず（同項ただし書）

③ 有期の懲役又は禁錮の執行は，通じて30年を超えない範囲で（刑14Ⅱ参照），最も重い罪について定めた刑の長期にその２分の１を加えたものを限度として執行しなければならない（刑51Ⅱ）。

これらの制限は，検察官が刑の執行指揮をする段階で判断し，執行指揮書に記載するが，刑事施設の職員としても，これに添えられた裁判書等を参照しながら，刑の執行の限度を超えていないか確認する必要がある。

3　刑の執行及びその停止

⑴　死　刑

死刑は，刑事施設内において，絞首して執行する（刑11Ⅰ）。死刑の言渡しを受けた者は，その執行に至るまで刑事施設に拘置されるが（同条Ⅱ），死刑の執行は絞首であるため，それに先立つ拘置は刑の執行ではなく，それに前置する措置にすぎない。

死刑の言渡しを受けた者について，

① 心神喪失の状態にある場合

② 女子であって懐胎している場合

には，法務大臣の命令により，その執行を停止しなければならない（刑訴479Ⅰ・Ⅱ）。これは死刑の執行を停止するものであって，拘置を停止するものではない。

死刑の執行は，検察官，検察事務官及び刑事施設の長又はその代理者の立会いの下で行われる（刑訴477Ⅰ）。検察官又は刑事施設の長の許可を受けた者でなければ，刑場に入ることはできない（同条Ⅱ）。

死刑の執行に立ち会った検察事務官は，執行始末書を作り，検察官及び刑事施設の長又はその代理者とともに署名押印する（刑訴478）。

⑵　懲役，禁錮及び拘留

懲役は，刑事施設に拘置して所定の作業を行わせるもので（刑12Ⅱ），禁錮及び拘留は，刑事施設に拘置するものである（刑13Ⅱ・16）。いずれも拘置を伴うものであるから，自由刑といわれる。禁錮及び拘留は所定の作業を義務付けるものではないが，刑事施設の長の指定する作業を行いたい旨の申出をした場合には，その作業を行うことを許すことができる（請願作業）（刑事収容施設93）。

死刑，懲役，禁錮又は拘留の言渡しを受けた者が拘禁されていれば，そのまま刑の執行ができるが，その者が拘禁されていないときは，検察官は，執行のためこれを呼び出さなければならない（刑訴484前段）。その者が呼出しに応じないときには収容状を発するほか（同条後段），その者が逃亡したとき，又は逃亡するおそれがあるときは，直ちに収容状を発する（刑訴485）。

収容状は，検察官の指揮により検察事務官又は司法警察職員が執行し（刑訴489・70Ⅰ），その執行は，収容状を懲役，禁錮又は拘留の言渡しを受けた者に示した上，できる限り速やかに，かつ，直接，指定された場所に引致するものとされている（刑訴489・73Ⅰ）。

なお，刑事収容施設法は，懲役，禁錮，拘留の刑の執行を受ける者は，逮捕，勾留その他の事由により刑訴法その他の法令の規定に基づいて拘禁される者としての地位を有しなければ，刑事施設に収容することに代えて留置施設に留置することはできないと定めているから（刑事収容施設３・15Ⅰ），留置施設に収容されている被告人が実刑判決が言い渡された場合には，その確定までにその者を刑事施設に収容しなければならない。

⑶　懲役，禁錮及び拘留における執行の停止

懲役，禁錮又は拘留の言渡しを受けた者について，心神喪失の状態にある場合には，検察官の指揮により，その状態が回復するまで執行が停止される（刑訴480）。この場合には，刑の言渡しを受けた者は，監護義務者又は地方公共団体の長に引き渡され，病院その他の適当な場所に入れさせなければならない（刑訴481Ⅰ）。この措置が講じられるまでは，刑の執行を停止された者は刑事施設に留置され，その期間は刑期に算入される（同条

Ⅱ)。

懲役，禁錮又は拘留の言渡しを受けた者について，

① 刑の執行によって，著しく健康を害するとき又は生命を保つことのできないおそれがあるとき
② 70歳以上であるとき
③ 受胎後150日以上であるとき
④ 出産後60日を経過しないとき
⑤ 刑の執行によって回復することのできない不利益を生ずるおそれがあるとき
⑥ 祖父母又は父母が70歳以上又は重病若しくは不具で，他にこれを保護する親族がないとき
⑦ 子又は孫が幼年で，他にこれを保護する親族がないとき
⑧ その他重大な事由があるとき

には，検察官の指揮により，その執行を停止することができる（刑訴482)。

懲役，禁錮又は拘留の執行は，拘置それ自体が刑の執行であるから，その停止は，死刑の執行の停止と異なり，拘置を解くものである。

4　自由刑の刑期の計算

⑴　意　義

自由刑は，懲役，禁錮又は拘留の言渡しを受けた者を拘置するものであるが，その期間は法律の定める刑期の範囲内において，判決の主文で，例えば，「被告人を懲役３年に処する。」などという形で定められる。

刑事施設は，懲役，禁錮又は拘留の刑の執行のため拘置される者を収容し，これらの者に対し必要な処遇を行う施設であるから（刑事収容施設３①)，判決で定められた内容に従い，これを実現しなければならないのはもちろんであるが，その内容を超えて違法に拘置を継続することも当然許されない。刑が期間で定められる懲役，禁錮又は拘留においては，過誤による釈放，違法な拘禁の継続を防ぐため，その期間の計算を正しく行うことが重要であり，疑義があれば，直ちに検察官に確認するなどの措置を講

じる必要がある。

(2) 刑期の起算日

刑期は，裁判が確定した日から起算される（刑23Ⅰ）。ただし，拘禁されていない日数は刑期に算入しない（同条Ⅱ）。受刑の初日は，時間にかかわらず1日として計算される（刑24Ⅰ）。

例えば，上訴の提起期間の最終日が12月1日である場合，上訴がなければ同日の経過により有罪判決が確定するから，確定日は12月2日となるので，その言渡しを受けた者が勾留されている者であれば，検察官の執行指揮の有無を問わず，刑期は12月2日から起算される。これに対し，判決前に保釈されたため，確定日である12月2日に拘禁されておらず，12月5日に収容された者であれば，収容開始の時刻を問わず，12月5日から起算される。

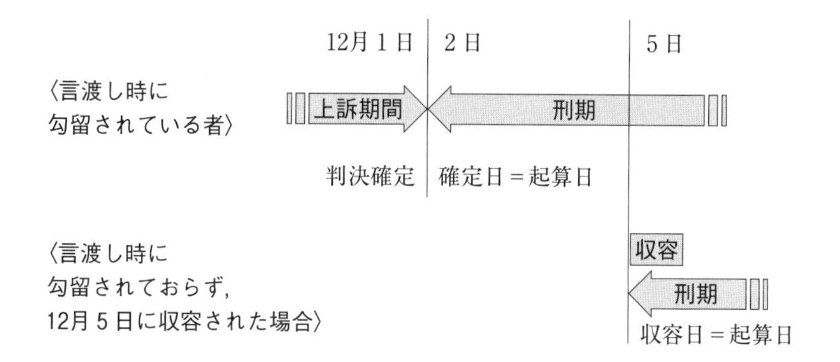

(3) 刑期の計算

刑期は，判決の主文において定められるが，それに従い刑期の起算日からその刑の終了日を求めることを刑期の計算という。刑期の計算方法は，次のとおりである。

＊刑期が月又は年によって定められているときは，暦に従って計算する（刑22)。月又は年の初日が起算日であれば期間の最後の月又は年の末日をもって満了日とし，それ以外の日が起算日であれば期間の最後の月又は年の応当する日の前日をもって満了日とする。もっとも，例えば，起算日がある

月の31日であるが，期間の最後の月にそれに応当する日がない場合のように，応当する日がない場合は，その月の末日をもって満了日とするものと解されている（民143Ⅱ参照）。

＊刑期が日によって定められているときは，実日数で計算する。

＊刑期が月又は年をもって定められた場合と日をもって定められた場合では計算方法が異なる。そのため，例えば，刑期が月及び日にまたがる場合（例えば，刑の執行中に刑の執行の停止がなされ，その後に残刑期を執行する場合などに端数の日数が生じているときなど）には，最初に刑期の月又は年を計算してその終期を求めてから，次にその終期から刑期の日を遡って差し引いて計算し，刑の終期を求めることとなる。

判決で言い渡された刑に通算される未決勾留の日数があれば，刑期の計算により求められた刑の終期から遡ってその日数を控除して刑の満了日を求める。

☞通算される未決勾留の日数が年又は月をもって定められている場合，最初に通算される未決勾留の日数の年又は月を言い渡された刑期の年又は月から控除し，残りの刑期の年又は月を起算日から計算して刑の満了日を求める。

逃走等のために拘禁されていない日数は刑期に算入されないが（刑23Ⅱ），現実に刑事施設内に拘禁されていない場合でも，受刑者が刑事施設外の病院等へ入院した場合（刑事収容施設62Ⅲ）における入院期間はもちろん，刑事施設の長に外泊を許された受刑者が刑事施設の長が指定した日時までに刑事施設に帰着した場合（刑事収容施設107参照）における外泊期間のように，観念的には拘禁されているものと評価され，刑期に算入される場合がある。

⑷　未決勾留日数の通算

ア　概　説

捜査・公判段階における勾留は，自由刑とは異なるものである以上，勾留の期間は，自由刑の期間に通算されないのが原則である。しかし，自由刑同様に身体の自由を剝奪する性質のもので，勾留された者には捜査・公判における防御権が保障され，捜査・公判の推移によりその期間が長期に及ぶことがあり得る以上，刑の執行段階で，一定の場合にはこれを本刑に通算し得るものとされている。

未決勾留の日数のうち，確定した判決の言渡し日の前日までの日数は，裁判所の裁量により刑に通算される日数が定められ，判決の主文で表示されるが（裁定通算）（刑21），上訴提起期間中の未決勾留日数と上訴申立後の未決勾留日数については，法律で当然に刑に通算される日数が定められる場合がある（法定通算）（刑訴495）。法定通算は，判決の主文には表示されないために，刑期の計算の過誤が生じやすいので，注意が必要である。

イ　裁定通算

裁定通算される期間は，裁判所の裁量に委ねられる。ただし，保釈，勾留の執行停止，逃走等により拘禁されていない日数を通算した場合のように，客観的に全く存在しない日数を通算した場合には，その部分は執行不能の判決となる。これに対し，他の刑の執行を受けている日数又は既に他の事件の刑に算入された未決勾留の日数と重複する未決勾留の日数を通算した場合には，それとは異なるため，違法に通算された場合でも，上訴，非常上告等の措置がとられない限り，執行機関はこれを執行しなければならない（福岡高決昭28. 11. 7 高刑集 6 -10-1378）。

ウ　法定通算

上訴の提起期間中の未決勾留の日数は，上訴申立後の未決勾留の日数を除き，その全部が本刑に通算される（刑訴495 I ）。上訴の提起期間中の未決勾留日数のうち，本刑に通算されるものは次のとおりである。

☞上訴を申し立てることなく，上訴の提起期間が経過し，判決が確定した場合，判決言渡し日から上訴の提起期間の満了日までの日数が通算される。
☞上訴を申し立てたときは，判決言渡し日から上訴申立ての日の前日までの日数が通算される。
☞上訴を申し立てた後に上訴の提起期間内にこれを取り下げたときは，判決言渡し日から上訴申立ての日の前日までの日数及び上訴の取下げの日から上訴の提起期間の満了日までの日数を合計した日数が通算される。

次に，上訴申立後の未決勾留日数のうち，本刑に通算されるものは，次のように計算される。

上訴が申し立てられた場合には，上訴審において原判決破棄又は上訴棄却の裁判がなされるが，上訴申立ての日からその裁判の日の前日までの未決勾留の日数は，検察官が上訴を申し立てた場合又は検察官以外の者が上訴を申し立てて上訴審で原判決が破棄された場合には，その全部が本刑に通算され（刑訴495Ⅱ），検察官以外の者が上訴を申し立てて上訴棄却の裁判がなされた場合には，上訴申立後の未決勾留の日数について，裁定通算されるに過ぎない。

☞検察官の上訴申立てと検察官以外の者の上訴申立てが競合した場合は，検察官の上訴申立ての日以後の未決勾留の日数は，その全部が本刑に通算されるものと解される。

⑸　釈　放

刑期は満了日の午後12時をもって終了するが，釈放は，満了日の翌日に行うものとされ（刑24Ⅱ），その日の午前中のうちに，できる限り速やかに釈放しなければならない（刑事収容施設171Ⅰ①）。

第19　再審・非常上告

1　概　説

再審，非常上告は，確定判決の誤りを是正するものである。確定判決の内容の変更は，法的安定性を著しく害するものではあるが，反面で，確定判決の基礎とされた事実認定又は法令の適用が誤りであれば，それをそのまま放置することは不正義である。そのため，再審，非常上告が認められる。

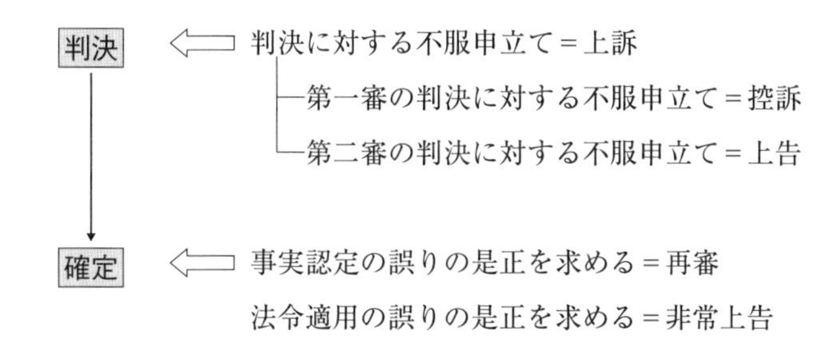

2　再　審

⑴　概　説

再審は，主として，確定判決における事実認定の誤りの是正を求めるものである。再審の請求には，

・有罪の言渡しをした確定判決に対するもの（刑訴435）

・控訴又は上告を棄却した確定判決に対するもの（刑訴436Ⅰ）

がある。ここでは，前者について説明する。

⑵　再審の請求

再審の請求は，その確定判決をした裁判所が管轄し（刑訴438），検察官，有罪の言渡しを受けた者又はその法定代理人若しくは保佐人，有罪の言渡しを受けた者が死亡し又は心神喪失の状態にある場合には，その配偶者，直系の親族及び兄弟姉妹がなし得る（刑訴439Ⅰ）。検察官以外の者は，再審の請求をする場合に弁護人を選任し得る（刑訴440）。再審の請求は，刑の執行が終わり，又はその執行を受けることがないようになったときでもできる（刑訴441）。

再審の請求がなされた場合，原則として，刑の執行は停止されないが，検察官は，これに対する裁判があるまで刑の執行を停止することができる（刑訴442）。

刑事施設の被収容者が再審の請求及びその取下げを行う場合には，上訴及び上訴の取下げ同様，刑事施設の長又はその代理者に差し出すことで，これをなし得る（刑訴444）。

⑶　再審事由

有罪の言渡しをした確定判決に対する再審の請求は，

① 確定裁判により原判決の証拠とされた証拠書類若しくは証拠物の偽造・変造，証人の証言等の虚偽，告訴等の虚偽が証明され若しくは原判決の証拠とされた裁判が変更されたとき，又は特許権等を害した罪により有罪の言渡しをした事件についてその権利の無効の審判等が確定したとき

② 無罪，免訴，刑の免除の言渡し，又は原判決において認めた罪より軽い罪を認めるべき明らかな証拠を新たに発見したとき

③ 確定判決により原判決又は原判決の証拠となった証拠書類の作成に関与した裁判官，検察官，検察事務官，司法警察職員が職務に関する罪を犯したことが証明された場合において，原裁判所がそれらの者について公訴が提起されたことを知らなかったとき

に，その言渡しを受けた者の利益のためにすることができる（刑訴435）。

実務上は，ほとんどが②の事由により請求されているが，その証拠の新規性及びその証拠が事実認定を覆すことの明白性が争われることが多い。証拠の新規性とは，その証拠の発見が新たであることをいう。証拠の明白性とは，確定判決における事実認定について合理的な疑いを抱かせ，その認定を覆すに足りる蓋然性があることをいい，当該証拠と確定判決の基礎とされた証拠を総合的に判断する。

⑷　再審の請求に対する裁判

再審の請求を受けた裁判所は，その請求が法令上の方式に違反し，若し

くは請求権の消滅後になされたものであるとき，又は理由がないときは，決定でその請求を棄却する（刑訴446・447Ⅰ）。

これに対し，再審の請求が理由のあるときは，再審開始の決定をしなければならない（刑訴448Ⅰ）。この場合には，裁判所は，決定で刑の執行を停止することができる（同条Ⅱ）。

⑸　再審開始の決定後の審理

裁判所は，再審開始の決定が確定した事件については，原則として，その審級に従い更に審判をしなければならない（刑訴451Ⅰ）。第一審の確定判決について再審開始の決定がなされた場合には第一審の訴訟手続に従い，控訴審，上告審の確定判決について再審開始の決定がなされた場合には控訴審又は上告審の訴訟手続に従い審理が行われ，改めて判決が言い渡される。

この場合には，原判決の刑より重い刑を言い渡すことはできない（不利益変更の禁止）（刑訴452）。その判決において無罪の言渡しがなされたときは，官報及び新聞紙に掲載して公示される（刑訴453）。再審の無罪判決の確定後は，刑事補償の対象となる（刑補１Ⅰ）。

3　非常上告

検事総長は，判決が確定した後その事件の審判が法令に違反したことを発見したときは，最高裁判所に非常上告をすることができる（刑訴454）。非常上告は，法令の適用の誤りを是正するためのものである。

最高裁判所は，非常上告に理由のないときは，判決で棄却し（刑訴457），理由があるときは，確定判決のうち法令に違反した部分又は手続を破棄する（刑訴458）。この場合に，原判決が被告人のため不利益であるときは，原判決を破棄して更に判決をする（同条①ただし書）。

第4章

その他関係法令

第１　少年法

1　少年法の目的と全件送致主義

少年法では，その目的を，少年の健全な育成を期し，非行のある少年に対して性格の矯正及び環境の調整に関する保護処分を行うとともに，少年の刑事事件について特別の措置を講ずることを目的とするとしている（少１）（「少年」の定義として少年法では20歳に満たない者をいうとしているが（少２Ⅰ），18歳以上の少年については特例を設けている。18歳以上の少年の特例については後述する。）。すなわち，少年の未熟さや可塑性，環境による影響の受けやすさを考慮し，少年を20歳以上の者と同様に扱うのではなく，矯正教育や育成のための環境の調整を行うことで少年の健全な育成を図ることを目的とするものである。

このような目的から，少年法では全件送致主義をとっている。刑訴法では，犯罪の捜査をした司法警察員は事件を検察官に送致することとなっているが，少年法においては，司法警察員が少年の被疑事件について捜査を遂げた結果，罰金刑以下に当たる犯罪の嫌疑があるものと思料するときは，家庭裁判所に送致しなければならず，また，検察官も少年の被疑事件について捜査を遂げた結果，犯罪の嫌疑があると思料するときは家庭裁判所に送致しなければならないとしている（少41・42）。これは，少年の要保護性の認定を家庭裁判所に託す趣旨であり，20歳以上の者の刑事事件のように捜査機関限りで事件を終結することや，起訴するかどうかを決定する検察官の裁量を認めない趣旨であるとされている。

2　非行のある少年の家庭裁判所への送致までの流れ

非行のある少年に対する家庭裁判所への送致までの手続の流れの概略は，以下のとおりである。

⑴　犯罪少年

罪を犯した少年（以下「犯罪少年」という。）を検挙した場合，前記のとおり，司法警察員は捜査を遂げた結果，罰金刑以下に当たる犯罪の嫌疑があるものと思料するときは，家庭裁判所に送致する。また，それ以外の罪に当たる場合は検察官に送致され，検察官も捜査を遂げた結果，犯罪の嫌疑があると思料するときは家庭裁判所に送致しなければならない（少41・42）。

☞家庭裁判所への全件送致主義の例外として，道路交通法違反事件のうち，明白で定型的な比較的軽微な違反行為について交通反則通告制度により反則金の納付により事件を終結させることがある。

(2)　触法少年及びぐ犯少年

14歳未満で刑罰法令に触れる行為をした少年（以下「触法少年」という。第１章「第５　責任能力」の責任年齢の項も参照のこと。）や特定の事由があり，その性格又は環境に照らして，将来，罪を犯し，又は刑罰法令に触れる行為をするおそれのある少年（以下「ぐ犯少年」という。）で14歳未満の者については，都道府県知事又は児童相談所長から家庭裁判所に送致されたときに限り，家庭裁判所は審判に付することができる（少３Ⅱ）。ただし，触法少年に対する警察官の調査の結果，重大な触法行為があると思料され，児童相談所長に送致された少年については，調査の結果，その必要性がないと認められない場合を除いて都道府県知事又は児童相談所長から家庭裁判所に送致しなければならない（少６の７Ⅰ）。

☞ぐ犯少年に関する「特定の事由」とは，
① 保護者の正当な監督に服しない性癖のあること
② 正当の理由なく家庭に寄り付かないこと
③ 犯罪性のある人若しくは不道徳な人と交際し，又はいかがわしい場所に出入りすること
④ 自己又は他人の徳性を害する行為をする性癖のあること
とされている（少３Ⅰ③）。

☞前記の「重大な触法行為」とは，故意の犯罪行為により被害者を死亡させた罪，死刑又は無期若しくは短期２年以上の懲役若しくは禁錮に当たる罪に触れるものとされている（少６の６Ⅰ）。

(3) 通　告

14歳以上のぐ犯少年を発見した者は，家庭裁判所に通告しなければならない。ただし，児童福祉法の対象となる18歳未満の者である少年について，警察官又は保護者は，直接家庭裁判所に送致・通告するよりもまず児童福祉法による措置に委ねるのが適当であると認めるときは，その少年を直接児童相談所に通告することができる（少６）。

3　家庭裁判所における手続の流れ

家庭裁判所は，通告により審判に付すべき少年があると思料するとき，司法警察員，検察官，警察官，都道府県知事又は児童相談所長から送致のあったときは，事件について調査しなければならない（少８Ⅰ）。この調査は，家庭裁判所調査官に命じて行わせることができる（少８Ⅱ）。

☞家庭裁判所調査官とは，各家庭裁判所又は各高等裁判所に配置される裁判所の職員であり，家庭に関する事件の審判及び調停に必要な調査，少年保護事件に必要な調査等を行う職員である（裁61の２）。

家庭裁判所は，審判を行うため必要のあるときは，決定をもって少年鑑別所に少年を送致し，観護の措置をとることができる（少17Ⅰ）。少年鑑別所においては，送致された少年を収容するとともに，家庭裁判所の行う調査，審判等に資するため，医学，心理学，教育学，社会学その他の専門的知識及び技術に基づいて，少年の鑑別を行う（少鑑16）。

家庭裁判所は調査の結果，次のような措置を行う。

①　児童福祉法の措置が相当と認めるとき……都道府県知事又は児童相談所長への送致の決定（少18Ⅰ）

②　審判に付することができない，又は相当でないと認めるとき……審判不開始の決定（少19Ⅰ）

③　本人が20歳以上であることが判明したとき……検察官への送致の決定（少19Ⅱ）

④　死刑，懲役又は禁錮に当たる罪の事件について，その罪質及び情状に

照らして刑事処分を相当と認めるとき，故意の犯罪行為により被害者を死亡させた罪の事件であって，その罪を犯すときに16歳以上の少年であったとき（犯行の動機及び態様，犯行後の情況，少年の性格，年齢，行状及び環境その他の事情を考慮し，刑事処分以外の措置を相当と認めるときを除く。）……検察官送致の決定（少20）

⑤　審判に付することが相当であると認めるとき……審判開始決定（少21）

☞検察官への送致決定の基準について，少年法が非行少年に対し特別予防を目的とし犯罪的危険性を対象とする保護処分を優先的に適用するものとしている点からみるとき，非行少年に対しては保護処分による性格矯正の可能な限り保護処分をもって臨み，それが不可能な場合において初めて事件を検察官に送致すべく，また保護処分が可能な場合においても保護処分に付することが刑事司法の基礎である正義の感情に著しくもとるときは，刑事処分に付すべきであると判示されている（東京家決昭36．3．22家裁月報13-5-183）。

審判開始の決定がなされたときは，少年は審判に付されるが，審判は，非公開であり，懇切を旨として，和やかに行うとともに，非行のある少年に対し自己の非行について内省を促すものとしなければならないとされている（少22）。

家庭裁判所は審判の結果，次のような措置を行う。

a　前記①，③又は④の場合に当たるとき……検察官送致の決定（少23Ⅰ・Ⅲ）

b　保護処分に付することができず，又は付する必要がないと認めるとき……不処分の決定（少23Ⅱ）

c　前記a又はb以外のとき……保護処分の決定（少24Ⅰ）（ただし，保護処分の決定をするため必要があると認めるときは相当の期間，家庭裁判所調査官の観察に付することができる。）（少25Ⅰ）

4　保護処分

保護処分は，少年の健全な育成を目的とし，矯正教育や育成のための環境

の調整を行うための処分であり，

・保護観察所の保護観察に付すること

・児童自立支援施設又は児童養護施設に送致すること

・少年院に送致すること

の３種類の保護処分が定められている（少24Ⅰ）。ただし，決定時に14歳未満の少年に対しては，特に必要と認めるときに限り少年院送致の処分をすることができる（保護観察所による保護観察については，「第２　更生保護法」を参照のこと。）。

☞児童自立支援施設とは，不良行為をなし，又はなすおそれのある児童及び家庭環境その他の環境上の理由により生活指導等を要する児童を入所させ，又は保護者の下から通わせて，個々の児童の状況に応じて必要な指導を行い，その自立を支援し，あわせて退所した者について相談その他の援助を行うことを目的とする施設である（児童福祉法44）。

☞児童養護施設とは，保護者のない児童，虐待されている児童その他環境上養護を要する児童を入所させてこれを養護し，あわせて退所した者に対する相談その他の自立のための援助を行うことを目的とする施設である（児童福祉法41）。

5　少年の刑事事件

家庭裁判所から検察官送致の決定がなされた少年の刑事事件について，少年法は少年の健全な育成を図るために以下のような特別の措置を講ずることとしている。

(1)　勾留の特則

少年の被疑事件においては，やむを得ない場合でなければ裁判官に勾留を請求することができず，勾留の請求に代えて，観護の措置を請求することができる（少43）。勾留状は，やむを得ない場合でなければ少年に対して発することができず，少年を勾留する場合は，少年鑑別所に拘禁することができる（少48）。

少年の被疑者又は被告人は，他の被疑者又は被告人と分離して，なるべく接触を避け，刑事施設，留置施設，海上保安留置施設においては少年と

20歳以上の者とを分離して収容しなければならない（少49）。

☞検察官が勾留を請求できる「やむを得ない場合」とは，勾留を請求する裁判所所在地に少年鑑別所又は代用鑑別所がなく，あっても収容能力の関係から収容できない場合，または，少年の性行，罪質等により勾留によらなければ捜査の遂行上重大な支障を来すと認められる場合等を指称する（横浜地決昭36. 7. 12下刑集3-7・8-800）。

☞我が国が批准している市民的及び政治的権利に関する国際規約（昭和54年条約第7号）においても，少年の被告人は成人と分離されるものとしている（B規約10Ⅱ(b)）。

(2)　死刑と無期刑の緩和

犯罪時に18歳未満の者については，死刑を科すべきときは無期刑を科し，無期刑をもって処断すべきときであっても，10年以上20年以下の範囲内において定期の有期刑を科することができる（少51）。

☞市民的及び政治的権利に関する国際規約において，また，我が国が批准している児童の権利に関する条約（平成6年条約第2号）においても，死刑は18歳未満の者が行った犯罪について科してはならないとされている（B規約6Ⅴ，児童条約37(a)）。

◆無期刑の緩和の裁量は，客観的・合目的的なものでなければならないが，犯罪内容の重大性，悪質性，被害者遺族の処罰感情，社会秩序維持の見地等から，少年に対する刑の緩和の趣旨に照らしても，なお無期刑が相当とされる場合には，これを科すことが少年の量刑の在り方に沿うものであり，少年に対する無期刑緩和の趣旨，少年法改正の経緯，少年の処分に関する規定の実情を踏まえると，18歳未満の少年である一事をもって，直ちに酌量減軽したり，あるいは無期刑を回避する取扱いは相当ではない（東京高判平15. 5. 22判時1861-143）。

(3)　不定期刑等

少年の矯正教育期間に，あらかじめ長期と短期の幅をもたせることがより少年の改善更生にとって効果的であるとの考えに基づき，不定期刑が採用されている。不定期刑については，不定期刑の項を参照のこと（第1章「第15　不定期刑」）。

⑷　懲役，禁錮の執行の特則

懲役又は禁錮を言い渡された少年は，特に設けた刑事施設又は刑事施設若しくは留置施設内の特に分界を設けた場所において刑を執行する。本人が26歳に達するまではこれを継続することができる（少56Ⅰ・Ⅱ）。特に設けた刑事施設として，少年刑務所が設置されている（法務省設置法８）。

また，懲役又は禁錮を言い渡された少年が16歳未満の場合は，16歳に達するまで少年院で刑の執行をすることができる（少56Ⅲ）。実務では，16歳未満の少年受刑者について，義務教育未修了のため，主として教科教育を必要とする者，心身に著しい故障があり，専門的医療措置を必要とする者その他少年院における矯正教育の効果が期待できる者を少年院に収容することとし，少年受刑者を収容する少年院が指定されている。

☞市民的及び政治的権利に関する国際規約においても，少年の犯罪者は成人とは分離されるものとされている（Ｂ規約10Ⅲ）。

⑸　仮釈放の特則

少年法においては，仮釈放の特則を設けている。少年の時に懲役又は禁錮を言い渡された者についての仮釈放の特則については，仮釈放の項を参照のこと（第１章「第18　仮釈放」，第４章「第２　更生保護法」）。

6　特定少年の特例

公職選挙法において選挙権を有する者が18歳以上とされ（公選９），民法においても18歳をもって成年とされたこと（民４）などを踏まえて，少年法においても「少年」の定義は20歳に満たない者をいうことは維持しつつ（少２Ⅰ），18歳以上の少年を「特定少年」とし（少62Ⅰ），特定少年の特例を規定している。

⑴　検察官への送致についての特例

家庭裁判所は，死刑，懲役又は禁錮に当たる罪の事件について，調査の結果，その罪質及び情状に照らして刑事処分を相当と認めるときは，検察官に送致しなければならず（少20Ⅰ，これを実務上検察官への「逆送」ということがある。)，故意の犯罪行為により被害者を死亡させた罪の事件であって，犯罪時16歳以上の少年に係る事件は原則として検察官に送致しなければならない（少20Ⅱ，これを実務上「原則逆送」ということがある。）とされているが，特定少年については，刑事処分を相当と認めるときは検察官に送致しなければならず（少62Ⅰ），故意の犯罪行為により被害者を死亡させた罪の事件であって，犯罪時16歳以上の少年に係る事件，犯罪時に特定少年であった者について死刑，無期，短期1年以上の懲役又は禁錮に当たる罪の事件については原則として検察官に送致しなければならないとし（少62Ⅱ），検察官への逆送，原則逆送の範囲を拡げている。

(2)　保護処分についての特例

特定少年に対する保護処分は次の3つとなる（少64Ⅰ）。

ア　6月の保護観察所の保護観察

イ　2年の保護観察所の保護観察

ウ　少年院への送致

罰金刑以下の刑に当たる罪の事件については上記アの処分のみであり（少64Ⅰただし書），上記ウの処分をするときは3年以下の範囲内で犯罪の軽重を考慮して少年院に収容することができる期間を家庭裁判所が定める（少64Ⅲ）。

上記イの処分を受けた者（「特定保護観察処分少年」と呼ばれる（更生68の2）。）が保護観察中の遵守事項を遵守しなかったと認められ，その程度が重く，少年院における処遇を行わなければ本人の改善及び更生を図ることができないと認められるときは，保護観察所の長の申請により家庭裁判所は少年院に収容する旨の決定を行う（少66Ⅰ）。この決定を受けた者は第五種に指定された少年院に収容される（少院4Ⅰ⑤）。(第五種の少年院に収容されている者は「第五種少年院在院者」と呼ばれる（少院34Ⅳ）。）家庭裁判所は，上記イの決定の際に1年以下の範囲内で犯情の軽重を考慮して少年院に収容できる期間を定める（少64Ⅱ）。

また，ぐ犯少年の規定は特定少年には適用されない（少65Ⅰ）。

(3)　刑事事件の特例

特定少年の被疑事件については，検察官への送致の決定後は少年の刑事事件の特則を原則として適用しない（少67）。例えば，不定期刑，労役場留置の禁止，懲役又は禁錮の執行の際の分離の特則などは特定少年には適用されない。

(4)　記事等の掲載の禁止の特例

家庭裁判所の審判に付された少年又は少年の時に犯した罪により公訴を提起された者については，氏名，年齢，職業，住居，容ぼう等によりその者が当該事件の本人であることを推知することができるような記事や写真を新聞その他の出版物に掲載してはならないと規定されているが（少61，いわゆる「推知報道の禁止」），特定少年のときに犯した罪により公訴が提起された場合にはこの規定を適用しない（少68）。

第2　更生保護法

1　更生保護法の目的

更生保護法（平成19年法律第88号）は，犯罪をした者及び非行のある少年に対し，社会内において適切な処遇を行うことにより，再び犯罪をすることを防ぎ，又はその非行をなくし，これらの者が善良な社会の一員として自立し，改善更生することを助けるとともに，恩赦の適正な運用を図るほか，犯罪予防の活動の促進等を行い，もって社会を保護し，個人及び公共の福祉を増進することを目的としている（更生１）。

この法律では，中央更生保護審査会，地方更生保護委員会及び保護観察所の所掌事務等について，保護観察官及び保護司の従事する事務について，仮釈放，保護観察，生活環境の調整，更生緊急保護及び恩赦の申出についてなどが規定されている。ここでは，この中で，矯正と関連のある仮釈放，生活環境の調整及び更生緊急保護等を中心に説明したい(恩赦の申出については，「第３　恩赦法」を参照のこと。)。

2　仮釈放

仮釈放とは，懲役又は禁錮に処せられて刑事施設又は少年院に収容されている者について，あらかじめ定められた刑期の満了前に遵守事項などを定めて刑事施設等から仮に釈放して社会内で生活させ，保護観察に付して指導監督及び補導援護をしながら，その者が再び犯罪をすることを防ぎ，その者が善良な社会の一員として自立し，改善更生することを図るものである。

(1)　仮釈放の手続

刑事施設の長又は少年院の長（以下「刑事施設の長等」という。）は，懲役又は禁錮の刑の執行のために収容している者が法定期間を経過したときは，地方更生保護委員会（以下「地方委員会」という。）に通告しなければならない（更生33）。法定期間を経過し，法務省令で定める基準に該当すると認めるときは，刑事施設の長等は地方委員会に仮釈放を許すべき旨の申出をしなければならない（更生34）。地方委員会は，刑事施設の長等から申出がなくとも必要があると認めるときは，仮釈放を許すか否かの審理を開始することができる（更生35）。

審理に当たっては，必要に応じて審理の対象とされている受刑者との面接等の調査が行われる（更生25）（この調査を「25条調査」と呼んでおり，地方委員会の委員又は保護観察官により行われる。）。原則として，地方委員会の委員による受刑者に対する面接が実施され，被害者等から仮釈放に関する意見及び被害に関する心情を述べたい旨の申出があったときは，これを聴取した後，地方委員会の決定をもって仮釈放を許す処分を行う（更生38・39）（被害者等の意見等の聴取については，「第５　犯罪被害者等の刑事手続等への関与」を参照のこと。）。

☞地方更生保護委員会は法務省に置かれる地方支分部局の一つであり（法務省設置法15），全国８か所に設置されている。
☞仮釈放の審理は通常は刑事施設の長等からの申出により開始されるが，無期刑受刑者について刑の執行から30年経過したときなど刑事施設の長等からの申出によらずに審理が開始される場合がある。

〈仮釈放の手続の図〉

仮釈放を許す決定までの一般的な流れは，以下のようである。

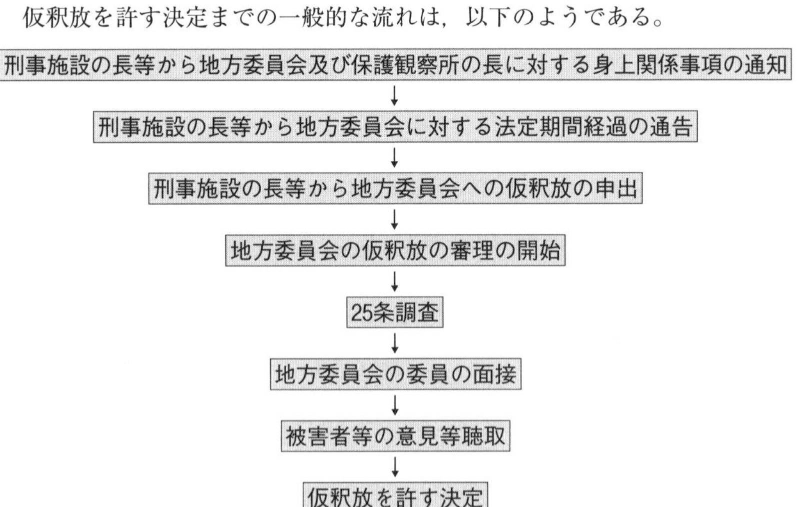

長期刑や無期刑受刑者は，犯した罪が重大であること，長期間にわたり社会から隔離されていたことなどにより，社会復帰の過程で著しい困難を伴うのが通例であることから，段階的に社会復帰を図るなど，仮釈放により釈放された後の保護観察において特段の配慮をすることが必要である。このために，中間処遇を受けることを同意し，地方委員会が調査の結果，相当であると認めた者を対象として中間処遇が行われている。中間処遇では，仮釈放に引き続き，1か月間更生保護施設に居住させ，社会生活に適応させるために必要な生活指導が行われる。

☞更生保護施設とは，国，地方公共団体又は法務大臣の認可を受けた更生保護法人その他の者が運営し，保護観察に付されている者などを宿泊させ，改善更生に必要な保護を行う施設である。

⑵　遵守事項等

仮釈放を許された者は，仮釈放の期間中，保護観察に付され，指導監督及び補導援護を受けながら，再び犯罪をすることがないよう健全な生活態度を保持することなどの一般遵守事項を遵守するとともに（更生50Ⅰ），改善更生のために特に必要と認められる範囲内で地方委員会により決定された特別遵守事項を遵守しなければならない（更生51）。また，保護観察における指導監督を適切に行うために必要なときは，保護観察所の長が改善更生に資する生活又は行動の指針を定めることができ（この指針を「生活行動指針」という。），保護観察に付されている者は，これに即して生活し，行動するように努めなければならない（更生56）。

ア　一般遵守事項

一般遵守事項の内容は，次のようなものである。

①　再び犯罪をすることがないよう，又は非行をなくすよう健全な生活態度を保持すること。

②　次に掲げる事項を守り，保護観察官及び保護司による指導監督を誠実に受けること。

a　保護観察官又は保護司の呼出し又は訪問を受けたときは，これに応じ，面接を受けること。

b　保護観察官又は保護司から，労働又は通学の状況，収入又は支出の状況，家庭環境，交友関係その他の生活の実態を示す事実であって指導監督を行うため把握すべきものを明らかにするよう求められたときは，これに応じ，その事実を申告し，又はこれに関する資料を提示すること。

③　保護観察に付されたときは，速やかに，住居を定め，その地を管轄する保護観察所の長にその届出をすること。

④　届出に係る住居に居住すること。

⑤　転居又は７日以上の旅行をするときは，あらかじめ，保護観察所の長の許可を受けること。

イ　特別遵守事項

特別遵守事項は，次に掲げる事項について，改善更生のために特に必要と認められる範囲内において具体的に定められる。

①　犯罪性のある者との交際，いかがわしい場所への出入り，遊興による浪費，過度の飲酒その他の犯罪又は非行に結び付くおそれのある特定の行動をしてはならないこと。

②　労働に従事すること，通学することその他の再び犯罪をすることがなく又は非行のない健全な生活態度を保持するために必要と認められる特定の行動を実行し，又は継続すること。

③　７日未満の旅行，離職，身分関係の異動その他の指導監督を行うため事前に把握しておくことが特に重要と認められる生活上又は身分上の特定の事項について，緊急の場合を除き，あらかじめ，保護観察官又は保護司に申告すること。

④　医学，心理学，教育学，社会学，その他の専門的知識に基づく特定の犯罪的傾向を改善するための体系化された手順による処遇として法務大臣が定めるものを受けること。

⑤　法務大臣が指定する施設，保護観察対象者を監護すべき者の居宅その他の改善更生のために適当と認められる特定の場所であって，宿泊の用に供されるものに一定の期間宿泊して指導監督を受けること。

⑥　善良な社会の一員としての意識の涵養及び規範意識の向上に資する地域社会の利益の増進に寄与する社会的活動を一定の時間行うこと。

⑦　その他，指導監督を行うため特に必要な事項

ウ　保護観察

保護観察は，保護観察を受ける者の居住地を管轄する保護観察所がつかさどり，保護観察における指導監督及び補導援護は，保護観察に付され

た者の特性，とるべき措置の内容その他の事情を勘案し，保護観察官又は保護司が行う。また，補導援護は改善更生を図るため有効かつ適切であると認められるときは，更生保護事業法（平成7年法律第86号）の規定により更生保護事業を営む者その他の適当な者に委託して行うことができる。

保護観察における指導監督は，次のような方法により行われる。

① 面接その他の適当な方法により保護観察対象者と接触を保ち，その行状を把握すること。

② 保護観察対象者が一般遵守事項及び特別遵守事項を遵守し，生活行動指針に即して生活し，行動するよう，必要な指示その他の措置をとること。

③ 特定の犯罪的傾向を改善するための専門的処遇を実施すること。

保護観察における補導援護は，次のような方法により行われる。

① 適切な住居その他の宿泊場所を得ること及び当該宿泊場所に帰住することを助けること。

② 医療及び療養を受けることを助けること。

③ 職業を補導し，就職を助けること。

④ 教養訓練の手段を得ることを助けること。

⑤ 生活環境を改善し，調整すること。

⑥ 社会生活に適応させるために必要な生活指導を行うこと。

⑦ 保護観察対象者が健全な社会生活を営むために必要な助言その他の措置をとること。

☞薬物に対する依存がある者について，特別遵守事項や保護観察について特則が設けられている。薬物使用等の罪を犯した者に対する刑の一部の執行猶予に関する法律により刑の一部の執行猶予期間中保護観察に付された者については，同法第2条第1項に規定されている規制薬物等の使用を反復する犯罪的傾向を改善するための処遇を受けることを仮釈放中及び猶予期間中の保護観察における特別遵守事項として定められる（更生51の2Ⅰ，Ⅲ）。また，規制薬物等に対する依存がある保護観察対象者に対する保護観察は，その改善更生を図るためその依存を改善することに資する医療又は援助を行う病院，公共の衛生福祉に関する機関その他の者との緊密な連携を確保しつつ実施され，保護観察対象者に対する指導監督は，規制薬物等に対する依存の改善に資する医療を受けるよう，必要な指示その他の措置をとることなどの方法により行うことができるとされている（更生65の2，65の3）。

(3) 仮釈放の取消し

・仮釈放中に更に罪を犯し，罰金以上の刑に処せられたとき
・仮釈放前に犯した他の罪について罰金以上の刑に処せられたとき
・仮釈放前に他の罪について罰金以上の刑に処せられた者に対し，その刑の執行をすべきとき
・仮釈放中に遵守すべき事項を遵守しなかったとき

は，地方委員会が決定をもって仮釈放を取り消すことができる（刑29Ⅰ，更生75)。

仮釈放の処分が取り消されたときは，釈放中の日数は刑期に算入されない（刑29Ⅱ）。

❖コラム❖　仮釈放の取消しの事例について

例えば，保護観察中の者が保護観察所の長の許可を得ずに転居し，所在不明となったときは，保護観察所の長は，地方委員会に保護観察の停止の申出を行う。地方委員会が保護観察の停止の決定をすると，仮釈放者の刑期はその進行を停止する。その後，仮釈放者の所在が明らかになり，仮釈放の取消しの申出のために所要の調査をするため，強制的に保護観察所等に連行する必要がある場合は，裁判官のあらかじめ発する引致状により，仮釈放者を保護観察所等の一定の場所に引致することができる。引致状により引致された者については，仮釈放の取消しの審理のため，刑事施設に留置することができる（引致された者については，引致すべき場所に引致された時から24時間以内に留置されないときは釈放しなければならない。)。留置の期間は10日以内であり，保護観察所の長の申出により，地方委員会が仮釈放を取り消すかどうか判断する。

3　少年院からの仮退院及び退院

(1) 仮退院

保護処分として少年院に送致された者については，20歳に達するまで又は定められた収容期間，少年院に収容されることになるが，仮退院は，その収容期間の満了前に仮に退院させる制度である。

少年院の長は，第五種少年院在院者以外の保護処分の執行を受けるため収容されている者が処遇の最高段階に達し，仮に退院を許すのが相当であると認めるときは，地方委員会に仮退院を許すべき旨の申出をしなければならない（少院135Ⅰ）。

地方委員会における仮退院の手続，遵守事項等については，仮釈放の手続等と同様である。

少年院仮退院者が遵守事項を遵守しなかったと認めるときは，保護観察所の長の申出により，地方委員会は，少年院仮退院者を少年院に送致した家庭裁判所に対して，少年院仮退院者を少年院に戻して収容する旨の決定の申請を行うことができる（更生71）。地方委員会から申請を受けた家庭裁判所は，相当と認めるときは，少年院仮退院者を少年院に戻して収容する旨の決定をすることができる（更生72Ⅰ）。特定少年が，保護処分により少年院送致となり仮退院となった場合においては，当該少年院仮退院者が遵守事項を遵守せず，少年院に収容するのを相当と認めるときは，地方委員会の決定をもって仮退院を許す処分が取り消される（更生73の２Ⅰ）。

少年院仮退院者は，少年院に戻って収容されずに仮退院の期間を経過したときに保護観察が終了する。また，遵守事項を遵守し，生活行動指針に沿った生活，行動を維持している者について，保護観察所の長から申出があり，地方委員会が保護観察を継続する必要がなくなったと認めるときは，地方委員会の決定により退院が許され，保護観察が終了する（更生74Ⅰ）。

⑵　退　院

仮退院の制度とは別に，少年院に収容中の者の退院のための手続がある。少年院の長は，第五種少年院在院者以外の保護処分の執行を受けるため収容されている者が矯正教育の目的を達したと認めるときは，地方委員会に退院を許すべき旨の申出をしなければならない（少院136Ⅰ）。また，第五種少年院在院者について，処遇の段階が最高段階に達し，退院を許すのが相当であると認めるときは，少年院の長は地方委員会に退院を許すべき旨の申出をしなければならない（少院136の２）（第五種少年院在院者については，「第４章　その他の関係法令」「第１　少年法」「６　特定少年の特例」「⑵保護処分についての特例」も参照のこと。）。申出を受けた地方委員会において審理し，退院の決定がなされたときは，決定通知書により少年院の長に通知され，決定通知書を受け取った少年院の長は，出院の日時を決めて釈放することとなる。

☞第五種少年院在院者については，保護観察に付された者を少年院に収容し，退院後又は収容可能期間の満了後に再び保護観察を実施するものであることから，保護観察所との連携が必要とされる。このことから，当該在院者の個人別矯正教育計画を策定する（又は変更する）場合は，保護観察所の長の意見を踏まえることとなっており（少院34Ⅳ・Ⅶ），個人別矯正教育計画を策定した（又は変更した）場合は保護観察所の長に通知することとなっている（少院34Ⅴ・Ⅶ）。また，成績の評価の結果やその結果を通知する場合その他適当と認める場合に在院者の生活及び心身の状況を保護観察所の長に通知することとなっている（少院35ⅢⅣ）。保護観察所の長においても，少年院収容時に矯正教育に関する意見を述べるものとし（更生68の6Ⅰ），少年院収容中は矯正教育の状況を把握し，必要があると認めるときは，再度の保護観察の実施に関して少年院の長の意見を聴くものとしている（更生68の6Ⅱ）。

4　生活環境の調整

刑の執行のために刑事施設等に収容されている者，保護処分の執行のために少年院に収容されている者などについて，その社会復帰のために必要と認められる場合は，その者の帰住予定地を管轄する保護観察所の長が，その者の家族その他の関係人を訪問して協力を求めることその他の方法により，釈放後の住居，就業先その他の生活環境の調整を行う（更生82Ⅰ）。生活環境の調整は，保護観察官又は保護司が行う。

地方委員会は，生活環境の調整について，保護観察所の長に必要な指導，助言を行うほか，生活環境の調整が複数の保護観察所で行われる場合の連絡調整を行う（更生82Ⅱ）。また，必要があると認めるときは，地方委員会は収容中の者との面接，関係人に対する質問その他の方法により調査を行うことができる（更生82Ⅲ）（この調査を「82条調査」と呼んでいる。）。

☞高齢又は障害があり，適当な帰住予定地がない者の生活環境の調整について特別な手続が定められている（これを「特別調整」と呼んでいる。）。特別調整の対象者については，保護観察所の長が，各都道府県に設置されている「地域生活定着支援センター」に依頼して，対象者に必要な福祉サービスの内容の確認，福祉サービス等の調整計画の作成，釈放後に福祉サービス等が受けられるように公共の衛生福祉に関する機関等との協議などの調整が行われる。

5　更生緊急保護

懲役，禁錮又は拘留の刑の執行を終わった者などが刑事施設を出所した後や少年院から退院又は仮退院を許された後に，親族からの援助を受けることができず，公共の衛生福祉に関する機関その他の機関から医療，宿泊，職業その他の保護を受けることができない場合，又はこれらの援助若しくは保護のみによっては改善更生することができないと認められる場合に，緊急にその者の改善更生のための保護を行う制度がある。これを「更生緊急保護」と呼んでいる（更生85）。

保護の手段としては，生活環境の改善又は調整を図ること等により，その者が進んで法律を守る善良な社会の一員となることを援護し，その速やかな改善更生を保護するために，必要な限度で，①金品の給与又は貸与，②宿泊場所の供与，③宿泊場所への帰住，医療，療養，就職又は教養訓練の援助，④職業補導，社会生活に適応させるために必要な生活指導が行われる。

更生緊急保護は，保護観察所の長又は更生保護事業法の規定により更生保護事業を営む者に委託して行われる。

更生緊急保護は，身体の拘束が解かれた後，6か月を超えない範囲内において，本人の意思に反しない場合に限り行われ，改善更生を保護するために特に必要があると認められるときは，更に6か月を超えない範囲内で行われる。

☞実務では，釈放者が矯正施設を出所する際に，必要があると認められるときは，矯正施設の職員により更生緊急保護制度の教示が行われ，更生緊急保護が必要であると認められるとき又は釈放者がこれを希望するときは，更生緊急保護の必要性に関する意見等を記入した「保護カード」が釈放者に交付され，このカードを保護観察所に持参して，更生緊急保護を申し出ることとなっている（保護観察所の長は，更生緊急保護を行う必要があるかどうか判断する際に，矯正施設の長の意見を聴かなければならないが，保護カードがあることにより，カードに記載してある事項で意見を確認することができる。保護カードを持参しない場合でも更生緊急保護の申出をすることが可能であるが，その場合は，矯正施設の長の意見を聴く手続をとることとなる。）。

第３　恩赦法

1　恩赦の概要

恩赦は，行政権によって，司法手続によらず国家の刑罰権の全部又は一部を消滅させ，裁判の内容を変更させ，又は裁判の効力を変更若しくは消滅させるものである。

その機能については，法の画一的な運用から生ずる弊害を除去することができること，事情の変更に応じて裁判の事後変更を可能にすること，誤判を救済できること，犯行後の犯罪者の行状等に応じて裁判の変更又は資格の回復が可能になることが挙げられる。

恩赦には，

・大赦

・特赦

・減刑

・刑の執行の免除

・復権

があり，内閣が決定し，天皇が認証する（憲７⑥・73⑦）。

恩赦の方法は，不特定，多数の者に対して政令により罪や刑の種類等を定めて行われる方法（「政令恩赦」と呼んでいる。）と特定の者に対して行われる方法（「個別恩赦」と呼んでいる。）がある。大赦は政令恩赦のみにより行われ，特赦，刑の執行の免除は個別恩赦のみにより行われる。減刑，復権については，政令恩赦と個別恩赦の双方の方法により行われる。

2　大　赦

大赦は，政令により罪の種類を定めて行われ，有罪の言渡しを受けた者についてはその言渡しの効力が失われ，有罪の言渡しをまだ受けていない者については公訴権が消滅する（恩２・３）。そのため，刑事施設で受刑中の者については釈放され，裁判中の者は免訴の判決を受け，起訴前の者は検察官の手続により不起訴処分となる。

最近の大赦の例としては，1988年２月に政令が発出され，旧食糧管理法，軽犯罪法などに規定されている罪を犯した者について赦免されている。

3　特　赦

特赦は，有罪の言渡しを受けた特定の者に対して行われ，その言渡しの効力を失わせる（恩４・５）。大赦と異なり，有罪の言渡しを受けた特定の者にのみ効力が及ぶ。

4　減　刑

政令により罪若しくは刑の種類を定めてその刑を減軽するもの，又は刑の言渡しを受けた特定の者に対してその刑を減軽し，若しくは刑の執行を減軽するものである。刑の減軽は，言い渡された刑自体を減軽することであり，刑の執行の減軽は，言い渡された刑は変更せず，その未執行の部分の一部を免除するものである（恩６・７Ⅰ・Ⅱ）。

5　刑の執行の免除

刑の執行の免除は，刑の言渡しを受けた特定の者に対して行う。刑の未執行部分の全部が免除される。

刑の全部又は一部の執行猶予の言渡しを受けてまだ猶予の期間を経過していない者に対しては，これを行わない（恩８）。例えば，無期刑の仮釈放者について刑の執行の免除を行い，仮釈放中の保護観察を終了する場合などがある。

6　復　権

復権は，政令により又は特定の者に対して，有罪の言渡しを受けたために法令により資格を喪失し，又は停止された者の資格を回復させることである。刑の執行を終わらない者又は執行の免除を得ない者に対しては，行われない（恩９・10）。

全ての法令上の資格を回復させる場合と，選挙権，被選挙権のみ回復させるなど特定の法令に定める資格を回復させる場合がある。

7　刑事施設に収容されている者の個別恩赦の手続

刑事施設に収容されている者について，特赦，特定の者に対する減刑，刑の執行の免除の出願があった場合は，刑事施設の長が意見を付して中央更生保護審査会に上申をする。刑事施設の長は，職権で中央更生保護審査会に上申することもできる。刑事施設に収容されている者の個別恩赦の手続の流れは，以下のとおりである。

（刑事施設に収容されている者の個別恩赦の手続の図）

刑事施設に収容されている者の出願

↓

刑事施設の長が恩赦相当又は恩赦不相当の意見を付して中央更生保護審査会に上申

（刑事施設の長の職権による上申も可能）

↓

中央更生保護審査会の調査・審理

↓

中央更生保護審査会から法務大臣に申出

↓

法務大臣による閣議請議

↓

内閣の閣議による決定

↓

天皇の認証

（恩赦の効力が発生）

☞中央更生保護審査会は，法務省に設置されている合議制の機関であり，法務大臣に対し，特定の者について個別恩赦の申出を行うこと，地方更生保護委員会が行った決定について更生保護法等の定めるところにより審査を行い，裁決を行うことなどの権限を有する。

第４　国際受刑者移送法

１　制定の背景と目的

我が国は，平成15年に欧州評議会の「刑を言い渡された者の移送に関する条約」（平成15年条約第１号）に加入し，平成22年にタイとの間で「刑を言い渡された者の移送及び刑の執行における協力に関する日本国とタイ王国との間の条約」（平成22年条約第７号）が発効している。これらの条約を実施するため国際受刑者移送法が制定されているが，同法は，外国において裁判の執行として拘禁されている受刑者を国際的な協力の下に，その受刑者の本国において当該確定裁判の執行の共助を行うことにより，当該受刑者の改善更生及び円滑な社会復帰を促進することを目的としている（移送１）。

受刑者が外国で服役する場合，一般に，言語，宗教，文化，風俗慣習等の相違からその受刑生活には様々な困難が生ずることがあり，このような困難は受刑者自身の負担となるばかりでなく，受刑者の改善更生及び円滑な社会復帰に向けた処遇の実効性を低下させる場合があり得る。また，多くの場合，当該受刑者の家族はその母国で生活しているであろうから，その家族との接触が困難となり，家庭の維持や社会復帰後の環境調整の支障となる場合もある。そこで，受刑者を国際的な協力の下に，その母国へ移送し，そこで確定裁判の執行の共助を行うことにより，このような困難や支障を緩和し，受刑者の改善更生及び円滑な社会復帰の促進を図ることが，国際受刑者移送の意義とされている。

２　受入移送と送出移送

国際受刑者移送法は，受入（うけいれ）移送と送出（おくりだし）移送の二つの受刑者移送について定めている。受入移送は，条約の締約国で懲役又は禁錮に相当する刑の確定裁判を受けてその執行として拘禁されている日本国民等の引渡しを受けて我が国の刑事施設に収容するものであり，送出移送は，我が国において懲役又は禁錮の確定裁判を受けて刑事施設に収容されている条約の締約国の国民等を当該締約国に引き渡して，その国の刑事施設に収容するものである。

受刑者移送は，移送された者に対する刑罰の執行権を条約の締約国から委譲されたり，我が国の刑罰執行権を条約の締約国に委譲するものではなく，それぞれの確定裁判の執行を共助するものである。

3　受刑者移送の要件

受刑者移送の要件として国際受刑者移送法では，以下の要件を規定している。

⑴　受入移送の要件（移送５）

①　受刑者本人の同意があること。

②　受刑者が14歳以上であること。

③　犯罪に係る行為が我が国で行われたとした場合において，その行為が我が国の法令によれば禁錮以上の刑が定められていること（これを「双罰性」という。）。

④　犯罪に係る事件に関し，その事件が我が国の裁判所に係属していないこと，その事件について我が国の裁判所で無罪の裁判が確定していないこと，その事件について我が国の裁判所で禁錮以上の刑に処せられその刑の全部又は一部の執行を受けていないこと又はその刑の全部の執行を受けないこととなっていること。

⑵　送出移送の要件（移送28）

①　受刑者本人の同意があること。

②　犯罪に係る行為が移送先の国内において行われたとした場合において，その行為がその国の法令によれば罪に当たるものであること（双罰性）。

③　再審の請求中である場合等，懲役又は禁錮の刑期が変動し又は執行不能となり得る事情が存在しないこと。

④　恩赦の上申中でないこと。

⑤　罰金，没収又は追徴が併科されている場合は，その執行が終了していること。

⑥　余罪について我が国の裁判所に係属していないこと，余罪について執行未了の刑がないこと。

4　受刑者移送の手続の流れ

(1)　受入移送の一般的な流れ

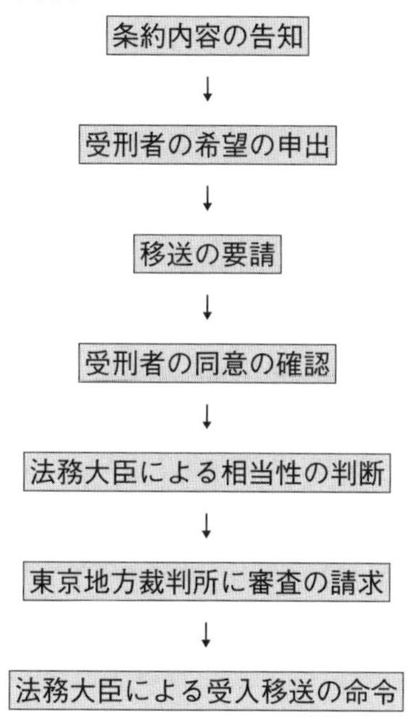

(2)　送出移送の一般的な流れ

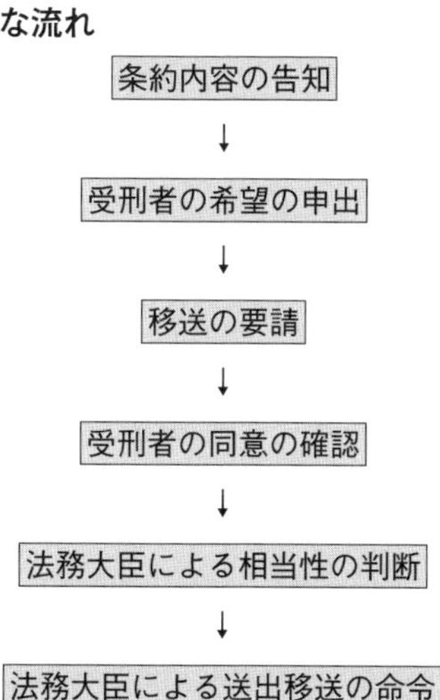

☞「法務大臣による相当性の判断」はそれぞれの事案に応じて個別に判断されることとなるが，例えば，我が国からの送出移送では，①残刑期の長さ，②移送先の国と受刑者本人との関係，③余罪の有無，④被害者感情，⑤移送先での処遇内容などを総合的に勘案して送り出すことが相当かどうか判断される。

5　受刑者移送後の処遇

移送後の受刑者の処遇は，移送先の国の法令に従って行われる。我が国に受け入れた受刑者については，外国の刑が懲役に相当するときは懲役に処せられた者と，懲役に相当する刑でないときは禁錮に処せられた者とみなして刑法，刑訴法，刑事収容施設法等の規定が適用される。

刑の執行の共助の期間は，基本的には外国の刑の期間であるが，30年を超えるときは30年とされる。ただし，受刑者が外国の刑の言渡しを受けたときに18歳未満であったときは，外国の刑が20年を超えるときは20年とされる。

第５　犯罪被害者等の刑事手続等への関与

１　犯罪被害者等基本法における規定

これまで犯罪被害者等（犯罪及びこれに準ずる心身に有害な影響を及ぼす行為により害を被った者及びその家族又は遺族をいう。）の多くが十分な支援を受けられず，社会において孤立することを余儀なくされてきた状況があり，犯罪被害者等の視点に立った施策の実施やその権利利益の保護が図られる社会の実現に向けた犯罪被害者等のための施策の基本理念が犯罪被害者等基本法（平成16年法律第161号）に定められている。同法18条では，「国及び地方公共団体は，犯罪被害者等がその被害に係る刑事に関する手続に適切に関与することができるようにするため，刑事に関する手続の進捗状況等に関する情報の提供，刑事に関する手続への参加の機会を拡充するための制度の整備等必要な施策を講ずるものとする」と規定している。

刑事手続等への犯罪被害者等の関与の取組として，以下のような施策がとられている。

２　刑事手続における犯罪被害者等の権利利益の保護

犯罪被害者等の権利利益の保護を図るため，平成19年に刑訴法が一部改正され，公判期日における被害者等（被害者又は被害者が死亡した場合若しくはその心身に重大な故障がある場合におけるその配偶者，直系の親族若しくは兄弟姉妹をいう。２，３及び６において同じ。）又は被害者の法定代理人からの被害に関する心情その他の事件に関する意見の陳述の制度（刑訴292の２）が定められた。故意の犯罪行為により人を死傷させた罪等の一定の罪に係る被告事件の被害者等，被害者の法定代理人又は被害者等から委託を受けた弁護士から被告事件の手続への参加の申出があるときの被害者等又は被害者の法定代理人の被告事件の手続への参加制度（刑訴316の33）も設けられた（施行は平成20年12月。第２章「第14　公判手続」の被害者参加の項も参照されたい。)。

また，平成12年に「犯罪被害者等の保護を図るための刑事手続に付随する措置に関する法律」が施行され，

・被害者等又は被害者の法定代理人から，被告事件の公判手続の傍聴の申出があるときは，傍聴席及び傍聴を希望する者の数その他の事情を考慮しつつ，傍聴できるように配慮しなければならないこと
・係属中の事件の訴訟記録の閲覧及び謄写
・被害に関する民事上の争いについて被告人との間で合意が成立した場合には，その合意について公判調書に記載し，裁判上の和解と同一の効力を認める制度

が定められた。同法は平成19年に改正され，「犯罪被害者等の権利利益の保護を図るための刑事手続に付随する措置に関する法律」と改称され，故意の犯罪行為により人を死傷させた罪等の一定の罪に係る事件の被害者又は一般承継人の損害賠償請求の申立てについて，刑事事件の成果を利用して審理を行い，確定判決と同一の効力を有する損害賠償命令を発出する制度（同法17ないし34）が設けられた（施行は平成20年12月）。

3　少年審判手続における犯罪被害者等への配慮

平成12年に少年法が改正され，

・被害者等による犯罪少年及び触法少年に係る事件の記録の閲覧及び謄写（少５の２）
・犯罪少年及び触法少年に係る少年保護事件の被害者等の申出により，家庭裁判所又は家庭裁判所調査官による被害に関する心情その他の事件に関する意見の聴取（少９の２）
・被害者等の申出による犯罪少年及び触法少年に係る事件の審判の結果等の通知（少31の２）

の制度が設けられた。

さらに，犯罪被害者等の権利利益の一層の保護を図るために，平成20年に少年法が改正され，

・被害者等による少年保護事件の記録の閲覧及び謄写の範囲や意見聴取の

対象者の拡大

・犯罪少年及び12歳以上の触法少年に係る事件であって，故意の犯罪行為により被害者を死傷させた罪等の一定の罪の事件の被害者等の申出による少年審判の傍聴（少22の４）

・犯罪少年及び触法少年に係る事件の被害者等の申出による審判の状況の説明の制度（少22の６）

が設けられた（施行は平成20年12月）。

４　被害者等への加害者の処遇状況等の通知及び刑事施設からの釈放等の通知

⑴　処遇状況等に関する通知

有罪裁判確定後の加害者及び保護処分を受けた加害者の処遇状況等に関して，被害者等（被害者の親族若しくはこれに準ずる者又は弁護士である代理人を含む。４において同じ。）に通知する制度が設けられている（「被害者等に対する加害者の処遇状況等に関する通知について」（平成19年刑総第1576号刑事局長・矯正局長・保護局長依命通達））。有罪裁判確定後の加害者の処遇状況等について通知を希望する被害者等は，検察官又は検察事務官（以下「検察官等」という。）にその希望を申し出ることができる。

加害者に対し有罪の言渡しをした裁判所に対応する検察庁の検察官（以下「有罪裁判対応検察官」という。）は，通知が相当であると認めたときは，加害者を収容している刑事施設の長に連絡をする。刑事施設の長から，刑の執行終了予定時期や受刑者の処遇状況に関する事項（作業名，改善指導名，制限区分，優遇区分等）等が検察官等に通知され，有罪裁判対応検察官から被害者等に通知されることとなる。

⑵　釈放予定に関する通知

被害者等が特に希望する場合は，有罪裁判対応検察官は受刑者の釈放予定に関する通知をすることができる（「被害者等の保護を図るための受刑者の釈放等に関する情報の取扱いについて」（平成13年刑総第940号刑事局長・矯正局長・保護局長依命通達））。

犯罪の動機・態様，組織的背景，加害者と被害者の関係，加害者の言動その他の状況に照らし，相当であると認めるときは，受刑者の釈放の際の刑事施設の長からの通報に基づき，受刑者の釈放予定，釈放後の帰住予定地，収容中の特異事項等が被害者等に通知される。

(3)　少年院における処遇状況等に関する通知

少年院送致の処分を受けた加害者の処遇状況等について通知を希望する被害者等は，少年鑑別所の長にその希望を申し出ることができる。

少年鑑別所の長は，加害者を収容している少年院の長にその申出を送付し，少年院の長が通知することが相当と認めるときは，少年院における教育状況等に関する事項（教育予定期間，処遇の段階，個人別教育目標等）などが少年院の長から被害者等に通知される（前掲「被害者等に対する加害者の処遇状況等に関する通知について」）。

5　刑事施設における被害者等に関する施策

(1)　改善指導

刑事施設においては，一般改善指導として，被害者及びその遺族等（以下５において「被害者等」という。）の感情を理解させ，罪障感を養うための指導を実施しているほか（刑事収容施設103Ⅰ），特別改善指導として「被害者の視点を取り入れた教育」を実施している（刑事収容施設103Ⅱ③，刑事施設規64①）。指導方法としては，犯罪被害に関する視聴覚教材の視聴のほか，被害者等や被害者等を支援する団体の方々をゲストスピーカーとし，被収容者に対する講話などが行われている。

(2)　外部交通

被害者等と受刑者との間の面会又は信書の発受においては，被害者等の受刑者に対する賠償請求に関しては面会又は信書の発受を許すものとしているほか，受刑者の謝罪の意思や反省の気持ちの確認のために行われる場合は面会を許すことができることとし，受刑者が被害者等から受信した信書については，原則として削除，抹消を行うことなく受刑者に交付する取扱いとしている（「被収容者の外部交通に関する訓令の運用について」（平成19年矯成第3350号矯正局長依命通達））。

6　更生保護における被害者等に関する施策

地方更生保護委員会は，刑事施設からの仮釈放又は少年院からの仮退院を許すか否かに関する審理の際に，被害者等から意見等の陳述の申出があったときは，これを聴取することが相当ではないと認めるときを除き，当該意見等を聴取し，仮釈放等を許すか否かの判断などに当たり，その意見等を考慮することとされている（更生38）。

被害者等は，その心情等を保護観察対象者に伝達することを申し出ることができる。被害者等から保護観察所の長に対し，その心情等の伝達の申出があった場合は，保護観察所の長が相当であると判断したときは，被害者等から心情等を聴取し，加害者である保護観察対象者に対し，その内容を伝え，その伝達結果を被害者等に通知することとなっている（更生65）。

第6　行政作用に対する救済制度

1　「行政救済」の意義

現代の法治国家においては，行政は法律に従わなければならないという「法律による行政の原理」（法律の法規創造力の原則，法律の優位の原則，法律の留保の原則）の下では，被収容者に対する行政作用をはじめ，国民に対する行政活動は全て法律に適合しているという前提で行われている。しかしながら，そのような行政活動であっても，そもそも公務員という人間が行うものであるから，場合によっては，違法な誤った判断・選択をし，これによって，国民の権利や利益を侵害したり，又は適法な行政活動であっても，国民の私有財産に損害を及ぼす場合も考えられる。

そこで，このような場合に，国民の権利や利益の侵害を防止したり，是正したり，又は財産等の損失分を補塡するなどして救済する必要がある。

このように，主として行政活動によって国民の権利利益に対する侵害が生ずる場合に，司法機関や行政機関によってその侵害や負担を防止し，除去し，又は補塡することによって，国民の権利利益を保護・救済する制度と捉え，行政の活動に対する国民を救済することを「行政救済」という枠組みで捉えている。

行政救済は，大きく分けると，

① 行政争訟：行政機関の違法又は不当な行為（不作為も含む。）を直接的又は間接的に争い，適法又は妥当な状態を作出する

② 国家補償：行政作用により生じた私人の損害又は損失を補塡する

に分類できる。さらに，「行政争訟」は，「行政上の不服申立て」と「行政訴訟」・「民事訴訟」に，「国家補償」は，「損害賠償」と「損失補償」等とに分けられる。

そして，それぞれに対応する法律が，行政不服審査法，行政事件訴訟法，民事訴訟法，民法，国家賠償法等である。

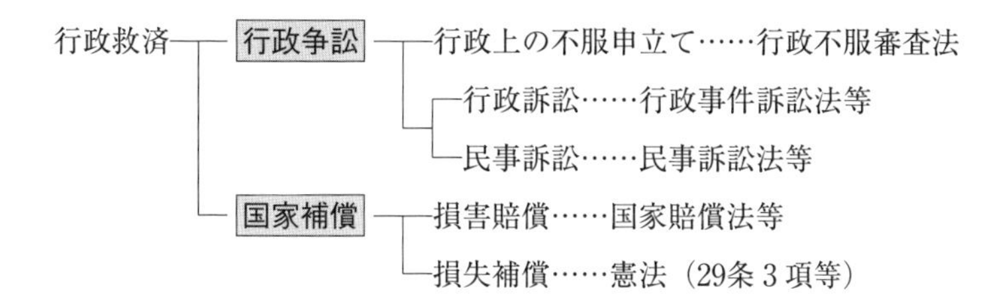

2　行政上の不服申立て

(1)　行政上の不服申立ての意義

行政庁の処分その他公権力の行使に当たる行為に関して不服のある者が，直接，行政機関に対し不服を申し立て，その違法・不当を審査させ，違法・不当な行為の是正や排除を請求する手続である。行政上の不服申立てに関しては，訴訟手続等と比較して次の長所がある。

○　簡易迅速な救済

行政庁の処分等に不服があった場合，司法機関にその救済を求める行政訴訟の手続を行うことも可能であるが，行政上の不服申立ては，行政訴訟に比して簡易迅速な救済が得られる。

○　裁量審査

行政訴訟における司法判断は，行政庁の処分等が適法か違法かという法適合性を審査するものであり，行政庁の裁量権の行使が正当・不当という問題は審理できない。行政上の不服申立てにおいては，その処分等が適法・違法かのみならず，裁量権行使の妥当・不当性についても審査できる。

○　審理非公開

行政訴訟は，一般的に公開が原則であるが，行政上の不服申立ては非公開である。そのため，不服申立人のプライバシー等の保護につながる。

○　裁判所の負担軽減

あらゆる行政庁の処分等に対する不服申立ての全てが司法機関にその紛争解決を求めるとした場合，不服申立人のみならず，その負担は大きなものとなることから，行政上の不服申立てにより紛争が平穏に解決されれば，結果として訴訟が提起されなければ，裁判所の負担が軽減されることとなる。

一方で，訴訟手続等と比較して，処分等をした行政庁が裁断する場合（行不審4）には，中立公平な判断ができるか否かという問題や，審理の長期化といった問題もある。

(2) 効　果

行政上の不服申立制度は，行政の活動に対する国民の救済を目的としているが，一方で，行政庁にとっても，自己の処分等を見直す機会が与えられ，処分等に関し常にそれが適法かつ妥当であるかどうかについて自己統制をし，行政の統一性を図ることも可能となる。

☞行政不服審査法（平成26年法律第68号）は，昭和37年の旧行政不服審査法制定以来，50年以上，実質的な法改正がなく，行政手続法の制定（平成5年法律第88号）や，行政事件訴訟法の改正（平成16年法律第84号）など，国民の救済手続等，関係法制度の整備・拡充を踏まえ，①公平性の向上，②利便性（使いやすさ）の向上，③国民の救済手段の充実・拡大の観点から，時代に即した見直しが柱となっている。

①「公平性の向上」
- 審理において，職員のうち処分に関与しない者（審理員）が，両者の主張を公正に審理（行不審9）
- 裁決について，有識者からなる第三者機関が点検（行不審43）
- 審理手続における審査請求人の権利を拡充（行不審31Ⅴ・38）

②「利便性の向上」
- 不服申立てをする期間の延長（行不審18）
- 不服申立ての手続を審査請求に一元化（行不審2・5・6）
- 標準審理期間の設定，争点・証拠の事前整理手続の導入などによる迅速な審理を確保（行不審16・37）
- 不服申立て前置の見直し（関係法）

③　国民の救済手段の充実・拡大
- 法令違反事実の是正のための処分等の求め（行手36の3）
- 法律要件不適合の行政指導への中止等の求め（行手36の2）

3　行政不服審査法

(1)　矯正施設への適用関係

行政庁の違法・不当な処分に対する私人の権利利益の簡易迅速な救済，すなわち行政上の不服申立てに関する一般法として，行政不服審査法があり，後述のとおり，処分をした行政庁又は不作為に係る行政庁等に対して行う「審査請求」等が定められている。

ところで，同法7条1項9号では，「刑務所，少年刑務所，拘置所，……少年院，少年鑑別所又は婦人補導院において，収容の目的を達成するためにされる処分」については，同法2条（「処分についての審査請求」）及び3条（「不作為についての審査請求」）の規定は適用しないとされているところ（行不審7），同法8条では，「審査請求をすることができない処分又は不作為につき，別に法令で当該処分又は不作為の性質に応じた不服申立ての制度を設けることを妨げない。」としている。

そこで，行政不服審査法の特別の不服申立てとして，刑事収容施設法は，同法1条に定める被収容者の人権尊重の具体化として，行政内部的な権利救済制度である審査の申請等の制度を取り入れている（刑事収容施設2編2章13節）。

これらの手続等のうち，刑事収容施設法の審査の申請及び事実の申告において，行政不服審査法に基づく審査請求と同様の取扱いが可能な部分については，語句の読替えをした上で，同法の規定（審査請求に係るもの）を準用する構造をとっている（例えば，刑事収容施設159・161Ⅱ・162Ⅲなど）。

少年院法及び少年鑑別所法では，刑事収容施設法と同様，行政不服審査法の特別の不服申立てとして，救済の申出等の不服申立制度がある（少院15章，少鑑3章12節）が，少年院や少年鑑別所における収容期間，在院者や在所者の発達段階等を考慮し，在院者等に理解されやすく，利用されやすい制度にするという観点から，救済の申出等については，行政不服審査法の規定を準用せず，また，対象となる措置等を特定せず，さらに，申出先を法務大臣のみとして申出方法を一本化するなど，刑事収容施設とは異なるものとなっている。

⑵ 意　義

ア　不服申立ての対象

行政不服審査法は，特に法律で除外された事項を除き，行政庁の違法又は不当な処分その他公権力の行使に当たる行為（行不審１Ⅰ）に対しては，原則として不服申立てができると定めている。その不服申立ての対象となるものは，行政庁がなした「処分」と，行政庁が法令に基づく申請に対し，相当の期間内に何らかの処分等をすべきにもかかわらず，これをしない「不作為」をいう（行不審２・３）。

「処分」とは，他の法律に特別の定めがある場合を除くほか，行政庁の処分その他公権力の行使に当たる行為としている（行不審１Ⅱ）。

行政不服審査法では，不服申立ての対象である処分・行為が具体的にどういうものかということについて積極的には定義していないが，同法を準用している刑事収容施設法の審査の申請では，申請できる刑事施設の長の措置を具体的に法律で明らかにしている（刑事収容施設157Ⅰ）。

少年施設における救済の申出については，前述の制度趣旨からその対象を限定せず,「自己に対する少年院又は少年鑑別所の長の措置」及び「自己が受けた処遇等（出院・退所者については，自己に対する職員による行為)」として,幅広く保障している（少院120・121Ⅰ,少鑑109・110Ⅰ)。

イ　審査請求

「審査請求」とは，処分をした行政庁又は不作為に係る行政庁並びにこれら以外の行政庁（処分庁等を指揮監督する上級行政庁など）に対して不服を申し立てる手続である（行不審４)。刑事収容施設法の審査の申請では，処分を行った刑事施設の長ではなく，当該刑事施設の所在地を管轄する矯正管区の長に申し立てることとなっている（刑事収容施設157Ⅰ)。少年施設における救済の申出では，法務大臣に申出をすることとなっている（少院120・121Ⅰ，少鑑109・110Ⅰ)。

なお,刑事収容施設における事実の申告(刑事収容施設163Ⅰ・165Ⅰ),法務大臣及び監査官に対する苦情の申出（刑事収容施設166Ⅰ・167Ⅰ),また，少年院及び少年鑑別所における監査官に対する苦情の申出（少院

129Ⅰ，少鑑118Ⅰ）は，審査請求のような原処分庁の処分の取消し・変更を行う権限は定められていないものの，被収容者等の救済を図り，適切な処遇を確保するための上級行政庁からの指揮・監督権限を発動させるという趣旨・目的から，審査請求と同様の効果を目的としているものである。

また，「再審査請求」とは，審査請求の裁決に不服のある者が，さらに不服を申し立てる手続である（行不審６）。刑事収容施設法では，審査の申請の裁決に不服がある者が法務大臣に対し，再審査の申請をすることができるとしている（刑事収容施設162Ⅰ）。少年施設における救済の申出では，再審査の申請という２段階前置構造をとっていない。

ウ　再調査の請求

「再調査の請求」とは，行政庁の処分につき処分庁以外の行政庁に対して審査請求をすることができる場合において，法律に再調査の請求をすることができる旨の定めがあるときに，行政庁に対して再調査の請求を行う手続である（行不審５Ⅰ）。

なお，行政庁の不作為に対しては，再調査の請求の対象とはならない。不服申し立てを行う者は，再調査の請求と審査請求のいずれかを選択することができるが，審査請求を選択した場合は，再調査の請求を行うことはできない（行不審５Ⅰただし書き）。また，再調査の請求をしたときは，この請求についての決定を経た後でなければ，審査請求をすることができないこととなっている（行不審５Ⅱ）。

(3)　不服申立ての要件

前述のとおり，行政庁の違法又は不当な処分その他公権力の行使に当たる行為等に対しては，原則として不服申立てができると定めているが，国民から申し立てられた不服であれば，どのようなものでも審査しなければならないかというとそうではない。行政不服申立てとして審査の対象となるためには，申立てに一定の要件が備わっていなければならない。不服申立ての要件のいずれか一つでも欠くと審査の場には上がらず，申立内容が審査されないまま不適法な申立てとして却下となる（行不審45Ⅰ・64・66）。

なお，これらの要件を具備しない不適法な不服申立てであっても補正することができるものであるときは，審査庁は，相当の期間を定めて，その補正を命じなければならない（行不審23）。

ア　不服の前提となる処分，不作為が存在するか

処分その他公権力の行使又は不作為が存在していることである。

イ　不服申立適格を有する者からの申立てか

処分その他公権力の行使又は不作為について不服申立てをする「法律上の利益」がある者，すなわち，当該処分等により，自己の権利若しくは法律上保護された利益を侵害され，又は必然的に侵害されるおそれのある者をいう。第三者の利益を回復させるための不服申立てや，国民一般の利益の保護を図るための不服申立ては許されない。

ウ　審査権限を有する行政庁への申立てか

不服申立てを審査する権限がある行政庁に申し立てていることが必要で，審査請求は，法律に特別の定めがある場合を除くほか，原則として処分をした行政庁の直近上級行政庁に対して行うこととされている。

刑事収容施設法における審査の申請は，刑事施設の所在地を管轄する矯正管区の長に申請することとなっている。

エ　不服申立期間内の申立てか

不服を申し立てる期間内に申し立てていることが必要である（行不審18Ⅰ・54Ⅰ・62）。

☞審査請求期間は，原則として，処分があったことを知った日の翌日から起算して3月（当該処分について再調査の請求をしたときは，当該再調査の請求についての決定があったことを知った日の翌日から起算して1月）を経過したときは，原則として行うことができないとされている（行不審18Ⅰ），また，処分があったことを知ったか否かによらず処分（当該処分について再調査の請求をしたときは，当該再調査の請求についての決定）があった日の翌日から起算して1年を経過したときは原則として行うことができないとされている（行不審18Ⅲ，なお，前者を主観的審査請求期間，後者を客観的審査請求期間という。）。

☞再調査の請求期間については，処分があったことを知った日の翌日から起算して3月以内，また，処分があった日の翌日から起算して1年以内である（行不審54・61・18Ⅱ）。

☞行政庁の不作為についての不服申立てに関しては，不服申立期間の制限はない。

☞刑事収容施設法における審査の申請では，措置の告知があった日の翌日から起算して30日以内にしなければならないとしている（刑事収容施設158Ⅰ）。行政不服審査法における審査請求では，前述のとおり，処分のあった日の翌日から起算して１年を経過したときは，正当な理由のない限り，不服を申し立てることができないことになっているが，刑事収容施設法における審査の申請にはこのような取扱い（客観的審査請求期間）はない（刑事収容施設158Ⅲ・162Ⅲ）。

オ　不服申立手続が守られているか

不服申立ては，他の法律に口頭ですることができる旨の定めがある場合を除き，審査請求書を提出してしなければならない（行不審19Ⅰ・61・66)。これは，不服申立ての存在や論点を明らかにし，かつ，手続を慎重に進める必要があるためである。

処分についての審査請求書には，①審査請求人の氏名又は名称及び住所又は居所，②審査請求に係る処分の内容，③審査請求に係る処分があったことを知った年月日，④審査請求の趣旨及び理由，⑤処分庁の教示の有無及びその内容，⑥審査請求の年月日の事項を記載しなければならない（行不審19Ⅱ)。

不作為についての審査請求書については，①審査請求人の氏名又は名称及び住所又は居所，②当該不作為に係る処分についての申請の内容及び年月日，③審査請求の年月日の事項とされている（行不審19Ⅲ)。

刑事収容施設法における審査の申請においても，書面での手続となっており（刑事収容施設157Ⅰ・159)，また，少年施設における救済の申出についても同様である（少院120・121Ⅰ，少鑑109・110Ⅰ)。

(4)　執行停止

行政庁の処分等は，たとえ違法であったとしても，その違法が重大かつ明白で当該処分を当然無効であると認めるべき場合を除いては，適法に取り消されない限り，完全にその効力を有するものであり（これを「公定力」という。)，その処分を取り消すことができるのは，当該処分の取消訴訟を審理する裁判所のみならず，職権取消しができる処分庁自身や処分庁の上級行政庁である。そのため，不服申立てがなされたからといって，それに係る処分の執行が当然に直ちに停止されるわけではなく，その処分の効果は不変であり（行不審25），一定の場合において審査庁により，処分の効力，処分の執行又は手続の続行の全部又は一部の停止その他の措置（執行停止）をとることができるとしている（行不審25Ⅱ以下）。これを「執行不停止の原則」という。

執行停止ができる場合として，必要的要件と義務的要件を定めている（行不審25Ⅱ・Ⅳ）。

「必要的要件」としては，処分庁の上級行政庁又は処分庁である審査庁は，必要があると認めるときは，審査請求人の申立て又は職権により執行停止を行うことができるとし（行不審25Ⅱ），また，処分庁の上級行政庁又は処分庁のいずれでもない審査庁は，必要があると認めるときは，審査請求人の申立てにより，処分庁の意見を聴取した上で，執行停止（この場合，処分の効力，処分の執行又は手続の続行の全部又は一部の停止のみに限られる。）することができるとしている（行不審25Ⅲ）。

「義務的要件」としては，審査請求人からの執行停止申立てがあった場合において，処分，処分の執行又は手続の続行により生ずる重大な損害を避けるため緊急の必要があると認めるときは，執行停止をしなければならないとされている（行不審25Ⅳ本文）。ただし，この場合において，公共の福祉に重大な影響を及ぼすおそれがあるとき，処分の執行若しくは手続の続行ができなくなるおそれがあるときなどは除かれるとされている（行不審25Ⅳただし書）。刑事収容施設法の審査の申請では，上述の必要的要件を準用しているが（刑事収容施設159，162Ⅲ），この義務的要件については，準用していない（刑事収容施設159）。

執行停止の措置は，裁決には影響を与えるものではない。

⑸　手続の終了

不服申立ては，申立人が申立てを取り下げることができる（行不審27）ほか，通常，裁決・決定により終了する。

・裁決：審査請求及び再審査請求の場合の審査庁による最終的な判断（行不審45）
・決定：再調査の請求の場合の処分庁によるもの（行不審58)。

裁決は，①主文，②事案の概要，③審理関係人の主張の要旨，④理由の事項を記載し，審査庁が記名押印した裁決書によりしなければならない(行不審50Ⅰ)。これは刑事収容施設法における審査の申請でも同様である。理由を付す意味は，不服申立てに対する審査庁の判断の慎重と公正を保障するということと，不服を申し立てた国民が，その裁決を不服として訴訟を提起する場合も考えられることから，その争点を明らかにするためである。

裁決（決定も含む。）には，以下の３種類がある。

・却下
・棄却
・認容

刑事収容施設法の審査の申請並びに少年院法及び少年鑑別所法の救済の申出も，裁決について定めている（刑事収容施設161Ⅱ，少院126Ⅰ，少鑑115Ⅰ)。

ア　却　下

不服申立てが，不服申立要件を欠き不適法であるときに，本案の審理を拒否する旨の判断のことである。

「却下」とは，不服申立ての要件を欠くため，内容審査の対象としないと判断された場合に下す裁決である。つまり，不服申立てとして審査のテーブルに上がることができる要件を欠く不適法な申立てであるとして，行政側が内容審査を拒否する旨の判断で，いわば「門前払いの裁決」である。

イ　棄　却

不服申立てに理由がないとして，不服申立てを退ける裁決のことである。

「棄却」とは，申立要件が整っているため不服の対象とされる内容を審査したところ，申立人が不服とする行政庁の処分は，実は適法なものであり，妥当な処分であったと判断された場合に下す裁決である。つまり，行政側には非がないとする裁決で，不服に理由のないことを確認した上で裁決がなされる点で却下と区別される。

また，刑事収容施設法における審査の申請等にはない裁決で，「事情裁決」というものが行政不服審査法にはある。事情裁決とは，処分が違法又は不当ではあるが，これを取り消し又は撤廃することにより公の利益に著しい障害を生じる場合に，審査請求人の受ける損害の程度，その損害の賠償又は防止の程度及び方法その他一切の事情を考慮した上，処分を取り消し又は撤廃することが公共の福祉に適合しないと認めるときは，審査庁は，裁決で，当該審査請求及び異議申立てを棄却することができるものである。この場合，審査庁は，裁決で当該処分が違法又は不当であることを宣言しなければならない（行不審45Ⅲ）。

ウ　認　容

不服申立てに理由があるとして，不服申立てを認める裁決のことである。

「認容」とは，不服の対象とされる内容を審査したところ，不服申立ての対象とする処分等が違法・不当なものであると判断された場合に下す裁決である。

認容には，

① 処分（事実上の行為を除く。）の全部又は一部の効力をなくす「取消し」
② 事実上の行為の全部又は一部の「撤廃」
③ 処分及び事実上の行為のうち，その質的変更を伴う「変更」

がある。

(6) 裁決の効力

不服申立てに裁決がなされると，その裁決は不服の争いに決着を付けるもので，一定の効力が認められなければならない。

裁決に効力がなく，処分が違法･不当であることが認められたとしても，その効力の効果がなければ，不服申立制度そのものの存在意義がなくなる。そのため，行政不服審査法52条１項は，「裁決は，関係行政庁を拘束する。」とし，「拘束力」に関する規定を置き，国民側の救済を実効あるものとして法律で明確にしている。

原処分が裁決で取り消されたり，変更された場合，処分庁は当該裁決に対する抗告訴訟を提起することはできず（大阪高判昭46．11．11判時654-25），また，認容裁決のみに拘束力が生じ，棄却裁決には生じない（最決昭33．２．７裁集民30-351)。拘束力の対象である「関係行政庁」とは，処分庁及び処分に関係を持った行政庁となる。

拘束力は，刑事収容施設法における審査の申請の裁決にも当然認められている（刑事収容施設161Ⅱで準用する行不審52）ことから，例えば，懲罰の処分取消しにつき，その懲罰の決定庁のみならず，移送によりその委嘱を受け執行している行政庁にも影響が及ぶこととなる。

4　行政事件訴訟

⑴　行政事件訴訟の意義

行政上の不服申立ては，訴訟手続等と比較して，簡易迅速な救済を図ることができるなどの利点があるものの，処分等をした行政庁が裁断するため，中立・公平な判断ができるか否かという問題がある。そのため，行政から独立した中立・公平な立場で慎重な審理が行われ，違法な行政作用を強制的に是正する権限を有する裁判所による国民の救済は，非常に大きな制度となる。

行政作用によって国民に具体的な権利利益の侵害が生じ，又は生じるおそれがある場合に，国民の側から裁判所に訴えを提起し，行政庁の行政権の行使に関わる作為・不作為の適法性について審理を求め，違法な行政作用によってもたらされた違法状態を排除して，権利利益の回復ないし実現を求める訴訟手続である。行政訴訟は，行政権の関連する紛争の審理で，公共の利益に深い関わりを持つことから，私人間の私的利益をめぐる紛争である民事訴訟とは一部異なった手続が必要となることから，行政事件訴訟法が制定されているところ，これら手続を網羅的に定めたものではなく，同法に定めがない事項（口頭弁論や証拠調べ等）については，民事訴訟の例によることとされている（行訴７）。

(2) 行政事件訴訟の種類

行政事件訴訟は，

① 抗告訴訟

② 当事者訴訟

③ 民衆訴訟

④ 機関訴訟

に分けられる（行訴２）。このうち，抗告訴訟及び当事者訴訟は，自らが何らかの損害を被った者が個人の利益を求める訴訟であることから「主観訴訟」と，民衆訴訟及び機関訴訟は，自らの損害とは関係なく，専ら行政運営の適正・法秩序の維持を確保することを目的とした公共の利益を求める訴訟であることから「客観訴訟」とも呼ばれる。

ここでは，特に①抗告訴訟について説明する。

(3) 抗告訴訟

抗告訴訟とは，行政庁の公権力の行使に関する不服の訴訟をいう（行訴３Ⅰ）。

抗告訴訟は，次の６種に分けられる。

ア　処分の取消しの訴え（行訴３Ⅱ）

行政庁の処分その他公権力の行使に当たる行為（裁決，決定その他の行為を除く。以下「行政処分」という。）によって不利益を受けた者が，その行政処分の違法を主張して，その取消しを求める訴訟である。行政処分は，たとえ違法であっても，その違法が重大かつ明白で当該処分を当然無効であると認めるべき場合を除き，適法に取り消されない限り完全にその効力を有するものと解されているところ（最判昭30.12.26裁集民20-941），処分の取消訴訟はそのことを前提として，違法な処分の排除を求める訴訟である。

取消しの対象となる行政処分とは，その行為によって，直接国民の権利義務を形成し，又はその範囲を確定することが法律上認められているものをいい（最判昭39.10.29民集18-８-1809），処分性を有するものである。

イ　裁決の取消しの訴え（行訴３Ⅲ）

審査請求その他の不服申立てに対する行政庁の裁決，決定その他の行為の取消しを求める訴訟である。

行政処分に対する不服申立ての裁決を訴えの対象として争う訴訟であり，その点で，処分の取消訴訟と区別されるが，訴訟の性質自体は，処分の取消訴訟と変わらない。

刑事収容施設法の審査の申請に対する矯正管区の長及び法務大臣のした各裁決に不服がある場合に提起する訴訟もこの形態である。

ウ　無効等確認の訴え（行訴３Ⅳ）

処分若しくは裁決の存否又はその効力の有無の確認を求める訴訟である。

取消訴訟と異なり，無効であることを争うため，出訴期間や不服申立前置の制約を受けない。

無効等確認の訴えは，当該処分又は裁決に続く処分により損害を受けるおそれのある者その他当該処分又は裁決の無効等の確認を求めるにつき法律上の利益を有する者で，当該処分若しくは裁決の存否又はその効力の有無を前提とする現在の法律関係に関する訴えによって目的を達することができないものに限り，提起することができるとしている（行訴36）。

エ　不作為の違法確認の訴え（行訴３Ⅴ）

行政庁が法令に基づく申請に対し，相当の期間内に何らかの処分又は裁決をすべきであるにもかかわらずこれをしないこと，すなわち，行政庁が一定の作為義務があることを前提としての不作為についての違法の確認を求める訴訟である。

例えば，被収容者が領置金の使用の申請（刑事収容施設49）や，保管私物・領置金品の他者への交付を申請（刑事収容施設50）した場合に，相当期間その許否判断を放置したり，また，審査の申請に係る裁決につき，矯正管区の長の裁決（刑事収容施設161Ⅰ）に係る不作為についての違法の確認を求めるものである。

訴えの対象が「行政庁の不作為」であるから，出訴期間の定めはない。

不作為の違法確認の訴えは，処分又は裁決についての申請をした者に限り，提起することができるとしている（行訴37）。

オ　義務付けの訴え（行訴3Ⅵ）

行政庁に一定の処分又は裁決をすべき旨を命ずることを求める訴訟であり，①行政庁が一定の処分をすべきであるにもかかわらず，これをしないときに処分の発動を求めて提起する訴訟，②国民からの法令上の申請等に基づいて行政庁が一定の処分又は裁決をすべきであるにもかかわらず，これをしないときに処分又は裁決の発動を求めて提起する訴訟に分けられる。

カ　差止めの訴え（行訴3Ⅶ）

行政庁に対し一定の処分又は裁決をすべきでないにもかかわらず，これがされようとしている場合において，行政庁がその処分又は裁決をしてはならない旨を命ずることを求める訴訟をいう。

取消訴訟は，違法状態の排除を求める事後救済システムであるが，差止訴訟は権利の侵害を未然に予防するための事前の救済システムである。そのため，オの義務付けの訴えと同様，行政庁の第一次的判断権を司法が制約するもの（三権分立・司法による行政権行使の側面）といえるものであるため，これらの訴えは，いずれの抗告訴訟よりも，訴え提起のための要件（訴訟要件）が厳格であり，①一定の処分又は裁決がされることにより重大な損害を被るおそれがあり（損害の重大性），②その損害を避けるため他に適当な方法があるときではないこと（補充制）を定めている（行訴37の4）。

(4)　訴訟要件

行政事件訴訟を起こす場合に，定められた形式的要件を満たさなければならないものを訴訟要件という。この要件を満たしていないと，訴え自体が不適法とされ，裁判所での審理を経ずに「却下」とされる。以下，抗告訴訟のうち，取消訴訟の訴訟要件について説明する。

ア　処分性

取消訴訟の対象となる処分とは，行政庁が公権力の発動として行う行為であり，これにより国民の権利や義務を形成し，又はその範囲を確定することが法律上認められているものをいう。すなわち，①公権力の主体たる国又は公共団体が，②法令の規定に基づき行う行為のうち，③これにより直接国民の権利義務を形成し，又はその範囲を確定することが，④法律上認められるものである（最判昭30．2．24裁集民17-463，前掲最判昭39．10．29）。

したがって，①法令上の根拠がない行為（法令に基づかない要綱や通達に基づく行為。例：公務員である職員としての採用内定の通知（最判昭57．5．27民集36-5-777）），②私人と同様の立場で行う契約等の私法上の行為（いわゆる私経済作用），③抽象的規律にすぎないか否かが問題となる行為，④行政機関相互間，行政組織内の内部的な行為などは取消訴訟の対象とならないとされている。

◆行政計画，行政指導などの非権力的行政活動は対象外とされているところ，行政計画に関しては，例えば，土地区画整理事業について，その計画の遂行自体によって国民の権利にどのような影響を及ぼすかが具体的に確定されていないことから，従前はその処分性を否定していたところ，同事業計画の決定により，その後の手続により換地処分や建築行為等の制限が行われることによる法的効果が生ずるなどとして，処分性を肯定している（最大判平20．9．10民集62-8-2029）。

◆行政指導に関しても，生活保護法に基づく被保護者に対する指導等が，抽象的な努力義務を内容とするときは処分性を否定し，具体的な義務を内容とする場合は処分性を肯定している（秋田地判平5．4．23判時1459-48）。

❖コラム❖　発信指導

実務においては，在院者等が信書（手紙）を発信する場合，事前にその信書の下書きを担当教官に提出し，その指導を踏まえて正式な信書の発信申請を行い，施設の長において，例えば，その発信によって，在院者の矯正教育の適切な実施に支障を生ずるおそれがあるか否かなどを審査して許可しているところであるが，この発信指導という行政指導を行う上で留意すべき点としては，以下のようなものが挙げられる。

◦発信指導の法的考え方

行政手続法（平成５年法律第88号）32条から36条までには，「行政指導の一般原則」等，行政指導の在り方，ルールが規定されている。

「行政指導の一般原則」（行手32）は，

① 行政指導に携わる者は，自己の任務又は所掌事務の範囲を逸脱してはならないこと（例えば，当該信書の申請等の権限を持たない職員が，その所掌事務，職務分担を超えて，恣意的に指導に当たることなど。）。

② 行政指導の内容は，強制的なものではなく，あくまでも相手方の任意の協力によってのみ実現されるものであること（相手が指導に従う意思がないにもかかわらず，執拗に強要したり，強圧的に指導に従うことを求めたりすることなど。）。

③ 行政指導に携わる者は，その相手方が行政指導に従わなかったことを理由に不利益な扱いをしてはならないこと（職員の指導に従わなかったことなどを理由に成績評価等に影響させたり，利益誘導することなど。）。

と規定されている。

なお，行政手続法の各規定は，矯正施設において収容の目的を達成するためになされる行政指導には適用されないこととされており（行手３Ⅰ⑧），また，被収容者等に対する日々の指導等のうち，どの部分が同法にいう「行政指導」の範疇に含まれるかは議論のあるところであるが，行政手続法制定以前にも，行政指導や行政計画といった非権力的行政活動における訴訟（処分の取消しを求める行政事件訴訟など）では，行政指導の処分性の当否が論点となっており（前述参照），これら判例における行政指導の在り方等の積み重ねに基づいて，一般的な考え方，ルールとして，同法の「一般原則」等は法定化されたものである。

そのため，特に，少年院法・少年鑑別所法の改正によって，法律上の手続が明確になった，施設の長の応答義務を前提とした発信の「申請」に係る指導には，この「一般原則」（考え方・ルール）等は当然に当てはまるものと評価でき，また，国家公務員倫理規程２条１項５号では，「利害関係者」の定義として，「行政指導（行政手続法２条６号に規定する行政指導をいう。）をする事務　当該行政指導により現に一定の作為又は不作為を求められている事業者等又は特定個人」と定められているところ，在院者等はこの利害関係者に該当すると整理されていることから，日々，在院者等に対して行われる職員の指導のうち，何らかの法的効果が生じる作為・不作為（発信指導等）のものについては，行政法学上の「行政指導」に該当しているものと整理できよう。

◦発信指導の留意点

発信指導の留意点としては，下書きであろうが，清書であろうが，在院者等が発信を願い出た時点で，既に発信の申請は法令に基づき適法に行われていると評価できるため，施設の長の応答義務が発生しており，たとえ，施設の長からの明示的な制限措置としてではなく，指導の範疇であると職員側が捉えていても，これが強制にわたるようなことであれば，特にいまだ思慮分別の定まらない，判断能力・理解度等が成人と同程度に有しているとは言い難い在院者等側にとって，実質的に申請に対する施設の長の処分が行われていると理解してしまうことにもなりかねない（不服申立てや訴訟でも，この段階で，申請に対する応答（許否）があったものと評価されることは大いに考えられる。)。

そのため，実務においては，在院者等が理解しやすく説得力のある指導を心掛けて，できる限り在院者等が自主的に，任意に指導に従う方向に持っていくように努めなければならないこと，仮に，指導に従わないときは，速やかに申請に対する処分を行うなど，適正な手続が必要となる。

なお，行政庁（院長等）が，法令に基づく申請に対し，一定の作為義務（応答義務）がある場合に，相当の期間内に何らかの処分（又は裁決）をすべきであるにもかかわらずこれをしない場合，前述の「不作為の違法確認の訴え」という行政事件訴訟法上の訴訟類型に該当する。

矯正施設における被収容者等に対する行政作用のうち，刑事収容施設法に規定された審査の申請ができるとされている刑事施設の長の措置（刑事収容施設157Ⅰ），又は少年施設における救済の申出ができる自己に対する措置のうち，法務大臣が措置の全部又は一部を取り消すことができることとされているもの（少院126Ⅰ，少鑑115Ⅰ）については，少なくとも，行政事件訴訟法にいう「処分」の対象である。

イ　不服申立前置

処分に対し，法律上，行政上の不服申立てをすることができる場合においても，同不服申立てに対する裁決等を経ることなく，直接その処分を取り消す訴訟を提起したり，また，不服申立てと並行して訴訟を提起することができる（自由選択主義)。ただし，国家公務員法92条の２，更生保護法96条のように，法律に当該処分についての審査請求に対する裁決等を経た後でなければ処分の取消しの訴えを提起することができない旨の定めがあるときは，まず先に不服申立てを行わなければならない（不服申立前置主義）（行訴８Ⅰ）とされている。

なお，この場合においても，審査請求があった日から３か月を経過しても裁決がないときや，処分，処分の執行又は手続の続行により生ずる著しい損害を避けるため緊急の必要があるときなどは，裁決を経ないで，処分の取消しの訴えを提起することができるとしている（行訴８Ⅱ）。

刑事収容施設法並びに少年院法及び少年鑑別所法では，前述の審査の申請などの不服申立制度を定めているが，不服申立前置については定めておらず，自由選択主義をとっている。

ウ　訴えの利益

訴えの利益という用語は，広義では，前述の処分性のほか，原告適格，狭義の訴えの利益を含めた総称として用いられるため，以下，原告適格，狭義の訴えの利益についてそれぞれ説明する。

○　原告適格

処分の取消しの訴え及び裁決の取消しの訴えは，当該処分等の取消しを求めるにつき法律上の利益を有する者に限り提起することができるとし，訴えを起こす者，すなわち原告は，処分の取消しを求めるにつき，法律上の利益を有する者でなければならないとされている（行訴９Ⅰ）。すなわち，ある行政処分に対して抗告訴訟を提起し得る法的な資格（原告適格）を有する者は，処分や裁決の取消しなどを求めるについて，実際に「法律上の利益」を有する者でなければならないとしている。

一方，行政事件訴訟法では，行政の処分の相手方以外の者についての法律の利益があるか否かを裁判所が判断する上での基準が示されている（行訴９Ⅱ）。法律上の利益を有する者の有無を判断するに当たっては，①処分の根拠となる法令の規定の文言のみによることなく，当該法令の趣旨及び目的並びに当該処分において考慮されるべき利益の内容及び性質を考慮し（考慮事項），②その場合には，法令の趣旨及び目的並びに当該法令と目的を共通にする関係法令があるときは，その趣旨及び目的をも参酌し，③処分において考慮されるべき利益の内容及び性質並びに法令に違反してされた場合に害されることとなる利益の内容及び性質並びにこれが害される態様及び程度をも勘案する

（考慮する場合の参酌・勘案事項）ものとされている。これは，行政訴訟手続における行政庁の処分性や処分の取消しを求める原告の訴えの利益についての留意点ではあるが，当該行政庁の行為を規定する法令を解釈する上での基準であるともいえる。すなわち，当該法令が，①原告の主張する利益を法令上保護しているかどうか，②当該行為を行政処分として規定しているかどうか，③原告の主張する利益を当該処分によって害されることがないように保護しているかどうか，④当該処分が有効に存在していることにより原告に法律上の不利益を与えているかどうかということになる。

❖コラム❖　法律上の利益

法律上の利益の意義については,「法律上保護された利益説」と「法律上（裁判上）保護に値する利益説」とがある。いずれも原告に当該処分に起因する利益の侵害があることを必要としているが，前者は，処分の根拠となる法令が，個人の個別的利益を保護することを目的として処分に制約を課していることにより保護される利益を指し，後者は，原告の被侵害利益が，処分の根拠となる法令によって保護されていない利益であっても，それが裁判上保護に値するものであれば，法律上の利益があるとしている。

判例も，処分により自己の権利若しくは法律上保護された利益を侵害され又は必然的に侵害されるおそれのある者をいうのであるが，当該処分を定めた行政法規（法令）が，不特定多数の具体的利益を専ら一般的公益の中に吸収解消させるにとどめず，それが帰属する個々人の個別的利益としてもこれを保護すべきものとする趣旨を含むと解される場合には，かかる利益も法律上保護された利益に当たり，当該処分によりこれを侵害され又は必然的に侵害されるおそれのある者は，当該処分の取消訴訟における原告適格を有すると判示し（最判平元. 2.17民集43-2-56），前者が判例・通説であるが，行政事件訴訟法では,「裁判所は，処分又は裁決の相手方以外の者について前項に規定する法律上の利益の有無を判断するに当たつては，当該処分又は裁決の根拠となる法令の規定の文言のみによることなく，当該法令の趣旨及び目的並びに当該処分において考慮されるべき利益の内容及び性質を考慮するものとする」とし（行訴9Ⅱ），法律上の利益を有する者の解釈規定を置くことにより，原告適格の実質的拡大をし，後者の立場をも含んでいる。

実務において,これらを理解する上で,法令に基づく処分の対象者,すなわち，誰に対する処分であるかを見極める必要がある。例えば,受刑者の面会について，「刑事施設の長は，受刑者（略）に対し，次に掲げる者から面会の申出があったときは，……これを許すものとする」と定められているが（刑事収容施設111Ⅰ），その許否の対象者は受刑者であって，面会の申出人は，あくまで受刑者の許否の前提条件となり，面会に対する許否の対象者ではない。また，不服申立ての裁決の対象についても，同じ不服申立てであっても，事実の申告と苦情の申出ができるのは被収容者であるが，審査の申請ができるのは刑事施設の長の措置に「不服がある者」となっているため，被収容者に限定されないことから，同じ不服申立てであっても，裁決の取消しの訴えができる対象者が異なる。

○　狭義の訴えの利益

狭義の訴えの利益とは，当該処分を取り消す実際上の必要性のことをいう。

裁判所は，当事者に対し，現実的な救済を与えることを目的としているため，判決によって救済が達成できなければ，訴えの利益は認められない。取り消すべき処分が現になければならず，処分を取り消しても原状回復が不可能な場合や，処分の期間が経過したなど，事後の措置によって処分が効力を失っていた場合は，既に回復すべき法律上の利益がなく，訴えの利益がないものとなる。

しかしながら，国民救済という目的が達成できないことから，行政事件訴訟法９条１項では，「法律上の利益を有する者（処分又は裁決の効果が期間の経過その他の理由によりなくなつた後においてもなお処分又は裁決の取消しによつて回復すべき法律上の利益を有する者を含む。）」として，回復すべき法律上の利益に，何らかの付随的な利益が残っていれば，訴えの利益はあるとしている。すなわち，行政処分を取り消すことによって，回復すべき法的利益がなおも認められる場合には，訴えの利益は失われないとしている。

例えば，被収容者に対する懲罰処分の取消訴訟において，既に当該処分の執行が終了した場合などについては，回復すべき法律上の利益がないものの（最判昭50.10.９訟月21-11-2238），例えば，懲罰を取り消すことにより，降下された優遇措置の回復等を求める利益（優遇による外部交通の回数増減等）も存在するとも考えられる余地もあることから，同条の趣旨を踏まえれば，懲罰処分の期間経過後においてもなお処分取消しによって回復すべき法律上の利益を有するともいえよう。

エ　被告適格

処分又は裁決をした行政庁（処分又は裁決があった後に当該行政庁の権限が他の行政庁に承継されたときは，当該他の行政庁。以下同じ。）が国又は公共団体に所属する場合には，取消訴訟は，当該処分又は裁決をした行政庁の所属する国又は公共団体を被告として提起しなければならない（行訴11Ⅰ）。

なお，国を被告とする訴訟については，法務大臣が国を代表する（「国の利害に関係のある訴訟についての法務大臣の権限等に関する法律」）。

オ　管　轄

土地管轄は，①被告の普通裁判籍の所在地を管轄する裁判所，②処分又は裁決をした行政庁所在地とされているが，国を被告とする訴えは，原告の普通裁判籍を管轄する高等裁判所の所在地の地方裁判所にも提起することができる（行訴12）。

カ　出訴期間

取消訴訟は，正当な理由がある場合を除き，処分又は裁決があったことを知ってから6か月以内に提起しなければならず（出訴期間），また，処分又は裁決があったことを知らなくても，処分又は裁決があった日から1年を過ぎると訴訟を提起できない（除斥期間）とされている（行訴14）。

行政上の不服申立て：行政庁の処分等につき，その違法・不当を審査させ，是正や排除を請求する手続
- 審査請求：処分を行った行政庁等以外の行政庁に対して行う。
- 異議申立て：処分を行った行政庁等に対して行う。

↓

裁決：審査請求・再審査請求の場合の審査庁による最終的な判断
- 認容 ― 取消し／撤　廃／変　更
- 却下
- 棄却

決定：異議申立ての場合の処分庁によるもの

行政事件訴訟
- 抗告訴訟：行政庁の公権力の行使に関する不服の訴訟
  - 行政処分の取消しの訴え
  - 裁決の取消しの訴え
  - (処分又は裁決の) 無効等確認の訴え
  - (処分又は裁決の) 不作為の違法確認の訴え
  - (処分又は裁決の) 義務付けの訴え
  - (処分又は裁決の) 差止めの訴え
- 当事者訴訟，民衆訴訟，機関訴訟

5　国家賠償

(1)　国家賠償の意義

行政庁の違法又は不当な処分その他公権力の行使に当たる行為については，行政上の不服申立てや取消訴訟などの行政事件訴訟の提起により，是正することが可能である。しかしながら，これら行為が違法であると司法で判断され，その取消しが行われても，これにより失われた被害をもはや取り戻すことが不可能であるようなケースが考えられ，これを原状回復できないとなれば，この損害を金銭によって埋め合わせるという次善の策を講じなければならないこととなる。すなわち，国家賠償とは，違法な公権力の行使に当たる行為によって生じた損害に対して，金銭で賠償するもの

である。

明治憲法下においては，非権力的な行政活動（いわゆる私経済作用）や営造物の設置管理の場合には，国民も民法709条又は717条の不法行為又は営造物の設置管理瑕疵による損害賠償請求が可能であったが，権力的な行政活動については，「国家無答責」という考え方の下，国家賠償責任は認められないこととされていた（旧行政裁判法16）。

現在の我が国では，国及び地方公共団体の賠償責任について定めた憲法17条を具体化するものとして，国家賠償法が制定され，これに必要な事項が定められている。

国家賠償法は，国家賠償の原因として，

・公権力の行使に当たる公務員の違法な加害行為（国賠１）

・公の営造物の設置管理の瑕疵（国賠２）

の二つを定めている。

⑵　公権力の行使に基づく損害の賠償責任（国賠１）

ア　国の賠償責任の法的性質

前述のとおり，憲法17条によって公務員の不法行為による国又は地方公共団体の損害賠償責任が定められたことから，「国又は公共団体の公権力の行使に当る公務員が，その職務を行うについて，故意又は過失によつて違法に他人に損害を加えたときは，国又は公共団体が，これを賠償する責に任ずる。」（国賠１Ⅰ）として，その賠償責任を負う責任主体を，違法行為を行った当該公務員ではなく，国又は公共団体にあるとしている。

このように，公務員の不法行為による国又は公共団体の責任については，①不法行為責任は第一次的には公務員個人に帰属し，これを国又は公共団体が代位するという考え方（代位責任説）と，②不法行為は国又は公共団体自身の責任を認めたものであるという考え方（自己責任説）がある。前者によるものとの理解が，通説である。

イ　賠償責任の成立要件

国家賠償法が適用され，国又は公共団体の責任が認められるためには，次の要件を全て備えている必要がある。

○　公権力の行使であること

「公権力の行使」とは，公務員の行為が，公権力の行使に当たることが必要であり，公務員の行為であっても，公権力の行使に当たらないものについては，国家賠償の適用はない。

公権力の行使には，権力的な行政作用に限るという狭義説と，私経済作用を除く全ての行政作用を含み，非権力的行政作用も含まれるという広義説とがあるが，判例（東京高判昭56.11.13判時1028-45）では，公権力の行使とは，国又は公共団体の作用のうち純粋な私経済作用と国家賠償法２条によって救済される営造物の設置又は管理作用を除く全ての作用を意味するとしている。したがって，公権力の行使には，行政行為や即時強制のような典型的な権力的行政作用のほか，行政指導のような，非権力的行政作用活動であっても，公の行政作用である限り，含まれることとなる（前述の行政事件訴訟法の取消訴訟の対象となる「処分」よりも広範である。）。

なお，「行使」には，何らかの防止策を講ずる必要があったにもかかわらず，その規制権限を行使しなかったなどという「不作為（怠ったこと）」も含まれる（規制権限不行使）。

○　公務員であること

「公務員」とは，国家公務員法及び地方公務員法にいう公務員に限らず，行政主体のために公権力を行使するとみなされ得る者であれば，広くここでいう公務員に該当する。例えば，試験観察（保護処分の決定に必要があるとき，終局決定を留保して家庭裁判所調査官に相当期間観察を行わせる中間決定のこと（少25）。）における補導委託中の少年に対する受託者の行為は，同公権力の行使に該当し，同受託者は，同行為に関する限り，国家賠償法にいう公務員と認定した事例がある（浦和地判平８．２．21家裁月報48-５-96）。

○　公務員の職務行為であること

公務員の行為が，職務に基づいた職務行為そのものである場合のほか，職務遂行の手段や，職務の内容と密接に関連してなされた行為も含まれる。また，実際には職務に従事していなくとも，客観的に職務執行の外形を備える行為(例えば，警察官が自らの利益を図る目的で，制服着用の上，職務執行を装い，違法に損害を与えた場合）をしてこれによって他人に損害を加えた場合には，「職務を行うについて」に該当するという，外形主義（外形標準説）を採用している（最判昭31.11.30民集10-11-1502)。

○　当該公務員に故意又は過失のあること

故意とは，違法性の認識があることをいい，過失とは，当該公務員が違法に他人に損害を与えるという「結果」についての「予見可能性」があり，「回避可能性」があるにもかかわらず，「結果回避」のための行為義務を尽くさないことをいう（最判昭58.10.20民集37-８-1148)。

なお，矯正の実務としては，以下の事例がある。

◆拘置所長が監獄法施行規則(平成３年法務省令第22号による改正前のもの)120条及び124条の規定に従って被勾留者と14歳未満の者との接見を許さなかったことは監獄法45条に反する違法な処分であるが，同処分当時，右規則120条及び124条の規定が右処分の限度において監獄法50条の委任の範囲を超え無効であることを予見し，又は予見すべきであったということはできず，拘置所長が右規則120条に従い右の接見を許可しなかったことにつき国家賠償法１条１項にいう「過失」があったとはいえない(最判平３．７．９民集45-６-1049)。

○　違法性があること

行政の諸活動は，法律の定めるところにより，法律に従って行われなければならないという「法律による行政の原理」に従えば，必然的に，公権力の行使は，法の定める一定の要件と手続の下では，国民の権利を制限したり，義務を課したりすることが許容されており，いかに権利の侵害があったとしても，公権力の行使として適法である限り，違法と評価することはできない。

国家賠償法上の「違法性」の判断基準としては，公務員として職務上尽くすべき注意義務を懈怠したことをもって違法とする考えがある(「職務行為基準説」)。判例では，刑事裁判で無罪が確定した場合に，逮捕・公訴の提起等，刑事司法手続の違法性について，公務員の職務行為は，逮捕・公訴の提起等，その職務行為時を基準として，当該公務員がその法的職務義務に違反していると認められる場合に限って，国家賠償法上違法と評価されるとの立場から，無罪判決が確定したというだけで直ちに逮捕・公訴の提起等の刑事司法手続が国家賠償法上違法と評価されるものではないとした（最判昭53.10.20民集32-７-1367）。

ウ　公務員個人に対する請求の可否

国民が国家賠償の請求とは別に公務員個人に直接賠償を求めることができるかについて，判例（前掲最判昭53.10.20）では，「公権力の行使に当たる国の公務員が，その職務を行うについて，故意又は過失によって違法に他人に損害を与えた場合には，国がその被害者に対して賠償の責に任ずるのであつて，公務員個人はその責を負わないものと解すべき」として，公務員個人の責任を否定している。

しかし，公務員個人の責任について，当該公務員に故意又は重大な過失があったときは，国又は公共団体は，当該公務員に対して求償権を有するとしている（国賠１Ⅱ）。

❖コラム❖　矯正医療の公権力性

かつての国立の機関であった国立病院や国立大学附属病院における医療行為については，公務員である医師によるものであっても，いわゆる私経済作用であるから，国家賠償法の適用はないとされていた。これは，私経済作用は，国と国民とが対等の関係に立つことを前提とするため，一般民間病院と国立病院等とで，その医療行為自体には大きな差はなく，公務員たる医師と患者との診療契約に基づくものであり，通説・判例の広義説によると，民法709条の不法行為責任，同法715条の使用者責任が適用されるとされている（同様に，私経済作用の場合は，公権力の行使が認められないため，当該医師の「個人責任」も発生する。前掲最判昭53.10.20民集32-７-1367）。

他方，矯正施設における医療行為については，矯正施設の長の責任において実施するもので，刑の執行等の権力的な側面があることから，私経済作用が否定され，民法ではなく国家賠償法が適用されるべきもの，公権力の行使に該当するものと解されている（東京地判昭47．３．７判決・判例時報678-56，判例タイムズ278-311ほか）。

(3) 公の営造物の設置管理の瑕疵に基づく損害の賠償責任（国賠2）

国又は公共団体が設置・管理する公の営造物に関して生じた損害についての国又は公共団体の賠償責任をいう。

ア　国の賠償責任の法的性質

国家賠償法1条は,「故意又は過失」を要件としているが, 2条は,「無過失責任」を定めたものと解されている。要するに, 営造物の設置又は管理に「瑕疵」があったことだけを必要としている。判例では, 営造物の設置又は管理の瑕疵とは, 営造物が通常有すべき安全性を欠いていることをいい, これに基づく国及び公共団体の賠償責任については, その過失の存在を必要としないと解するのが相当であるとしている（最判昭45. 8.20民集24-9-1268)。

イ　賠償責任の成立要件

国家賠償法が適用され, 国又は公共団体の責任が認められるためには, 次の要件を全て備えている必要がある。

○　公の営造物であること

国又は公共団体により, 直接公の目的のために供用される個々の有体物及び物的施設をいう。河川などの「自然公物」と, 道路や建築物などの「人工公物」がある。不動産のみならず動産も含まれると解され, 刑事施設の工場に備え付けられた機械も含まれる（福岡高判昭37. 3.19訟月8-4-597)。

○　公の営造物の設置又は管理に瑕疵があること

営造物の設置又は管理の瑕疵とは, 営造物が通常有すべき安全性を欠いていることをいう（前掲最判昭45. 8.20）が, 事故発生の, ①危険性が存在し, ②予測可能性が存し, ③回避可能性が存するにもかかわらず, 管理者が事故回避の措置を採らなかったことであり, この3要件はいずれも「通常」の範囲内に存する必要がある。また, 安全性を欠くか否かの判断は, 当該営造物の構造, 本来の用法, 場所的環境及び利用状況等諸般の事情を総合考慮して具体的, 個別的に判断すべきものとしている（最判昭53. 7. 4民集32-5-809)。

◆国家賠償法２条１項の営造物の設置又は管理の瑕疵とは，営造物を構成する物的施設自体に存する物理的，外形的な欠陥ないし不備によって一般的に危害を生ぜしめる危険性がある場合のみならず，例えば，空港を離発着する航空機による騒音によって周辺住民に健康被害を与えていることが営造物の設置又は管理の瑕疵に当たるか否かが争われた事案において，同瑕疵には，その営造物が供用目的に沿って利用されることとの関連において危害を生ぜしめる危険性がある場合をも含み，また，その危害は，営造物の利用者に対してのみならず，利用者以外の第三者に対するそれをも含むものと解すべきであるという「供用関連瑕疵」についても，その射程を広げている（最大判昭56.12.16民集35-10-1369）。

ウ　国家賠償法１条１項の責任との関連性

例えば，刑務作業や職業指導中の事故を起因とする損害賠償請求においては，危険性，予測可能性，回避可能性の存在の有無という営造物の設置又は管理の瑕疵の観点から，施設側の安全配慮義務の有無が主張・立証されることとなるが，これ以外にも，作業安全指導・職業指導教育の有無，危険回避のための措置の不作為等，国家賠償法１条における違法性の観点からも主張等される場合がある。

⑷　費用負担者の賠償責任（国賠３）

公務員の選任・監督者又は公の営造物の設置・管理者とともに，その費用負担者も賠償する責任を負う。国家賠償法１条の費用負担者は，公務員の給与等を負担する者であり，同法２条の費用負担者は，公の営造物の設置又は管理の費用を負担する者である。

⑸　相互保証主義（国賠６）

外国人が被害者である場合，日本人が当該外国において国の機関の違法行為で被害を受けた場合に賠償が受けられる制度になっているときに限り，その外国人に対して損害賠償責任を負うという「相互保証主義」を採用している。

第7　ＰＦＩ法，公共サービス改革法ほか

1　刑事施設における民間委託の概要

刑事施設においては，従来から勤務職員の超過負担の問題があり，その解消を目的とした業務の合理化，集約化等の努力が続けられ，さらには，種々の形態での業務の民間委託もなされてきた。その後，平成14年頃から，犯罪情勢の悪化等を背景として，被収容者の収容人員が収容定員を超えることが常態化し，収容能力の拡充と急増した被収容者を処遇する要員の確保が至上課題となった。そこで，「民間資金等の活用による公共施設等の整備等の促進に関する法律（以下，「ＰＦＩ法」という。）」に定める手続で，「構造改革特別区域法」に民間委託できる根拠等も設け，ＰＦＩ手法を用いた刑務所運営事業（以下，「刑務所ＰＦＩ事業」という。）が始められた。

そして，刑務所ＰＦＩ事業の運営開始後数年を経て，「競争の導入による公共サービスの改革に関する法律（以下，「公共サービス改革法」という。）」に基づく民間委託も複数の刑事施設で始められ，現在，いくつかの種類の民間委託が混在している状況にある。ここでは，刑務所ＰＦＩ事業をはじめとする業務の民間委託について，その根拠法を中心に説明したい。

2　刑事施設における民間委託の変遷

(1)　従来型の民間委託からマンパワー確保へ

刑事施設は，保安警備に万全を期しつつ，多数の被収容者に対して適正な処遇を行う施設であることから，浄化槽，消防設備，警備用機器等膨大な設備・備品を保有し，その保守・点検のために，特定の資格・技能を持った民間事業者にその維持管理を従来から委託していた。しかし，この民間委託は，職員の代替のためのものではなく，職員定員外業務の民間委託であった。

4週8休制へ移行した頃から，勤務職員の超過負担の解消が重要な課題

となり，平成10年度前後から，自動車運転業務等民間に委託したとしても問題ない業務を中心に，職員の代替となるマンパワーの確保を目的とした民間委託が行われるようになった。この民間委託は総務系業務を中心にまず導入され，一定の委託効果は認められたものの，一方で，それが単年度契約での小規模な委託であることなどから，委託業務の質の劣化が見られ始め，解決策の一つとして複数施設での複数年契約等の検討が進められた。

(2)　定型業務から非定型業務へ

従来から行われている総務系業務を中心とした民間委託は，その対象が専門的知識は不要で難しい判断も必要ない業務であって，一定のマニュアルが整備されていれば容易に処理できる「定型業務」といわれるものである。しかし，刑事施設の業務のうち総務系業務は全体の約３割程度にすぎず，かつ，その中には名籍や領置等，専門的知識の必要なものなども少なくないため，民間委託できる「定型業務」は僅かで，職員の代替機能も限定的なものであった。

平成14年頃から刑事施設の過剰収容が大きな問題となり，それに比例して職員の超過負担も深刻になってきたことから，総務系業務だけではなく，処遇部門等での一部民間委託が検討されることとなり，公権力の行使に関わる業務や専門的知識を必要とし一定の判断を求める「非定型業務」に民間委託が拡大されるようになった。

「構造改革特別区域法」に委託根拠等を規定して実施されることとなった「刑務所ＰＦＩ事業」，「公共サービス改革法」に委託根拠等を持つ各種民間委託も，こういった「非定型業務」への委託の拡大と軌を一にするものである。

❖コラム❖　非常勤の国家公務員

職員の代替となるマンパワーの確保機能を持つものの一つとして，非常勤国家公務員があり，現在，書信業務補佐員，社会福祉士，就労支援スタッフ等が配置されているが，これも広義の民間委託といえる。

非常勤医師，非常勤教科指導員といった非常勤国家公務員（従来型）は従来から配置されていたが，平成２年度から「矯正業務補佐員」という非常勤国家公務員が新たに配置され始め，現在は，社会福祉士等，この矯正業務補佐員がむしろ多数を占めている。

非常勤国家公務員は，非常勤ではあるものの国家公務員法の適用を受ける国家公務員であり，宣誓の義務等を除く国家公務員法に基づく守秘義務等が課せられているところが民間委託とは異なる。

3　刑務所ＰＦＩ事業

⑴　ＰＦＩ事業の導入

犯罪情勢の悪化等を背景として，平成14年頃から刑事施設の被収容者数が急増し，多くの施設において収容人員が収容定員を常態的に超過する過剰収容状況となって，何らかの対策を早急に講じることが必要となった。

この過剰収容対策においては，まず，①収容能力を拡充するための刑事施設の新増設，次に，②急増した被収容者を処遇等するためのマンパワーの確保，そして，③食糧費等被収容者が生活するための収容関連経費など所要の予算の確保という三つの方策を講じる必要があるが，当時の財政状況も厳しく，刑事施設の新規整備に要する多額の予算を短期に措置することは極めて困難であった。また，所要のマンパワーを確保するにしても国家公務員の定員事情から大幅な職員定員増は到底望めなかった。そこで，これら課題を同時に解決するためには，これまでにない何らかの工夫が必要となって，欧米に先行事例のあるＰＦＩ（Private Finance Initiative）手法を採ることとし，「ＰＦＩ法」に定めるスキームを用いて，業務の大幅な民間委託を主な内容とする刑事施設の新設・運営事業を行うこととされた。

⑵　刑務所ＰＦＩ事業

刑務所ＰＦＩ事業においては，国の予算で行うとなると数年度を要する収容能力の拡充策としての刑務所の新規整備を，民間の資金と技術的能力を用いて短期間に行い，民間の経営能力及び技術的能力を活用して被収容者の収容関連経費を可能な限り安価に確保することを目指した。そして，大きく不足するであろう被収容者処遇等に必要なマンパワーについては，その業務が「刑の執行」という公権力に関わるものであることから，何らかの措置を講じない限り許されないものについても可能な限り民間委託することとし，「構造改革特別区域法」に特例を設けて実施することとした。

⑶　四つの社会復帰促進センター

令和４年４月現在，美祢社会復帰促進センター，島根あさひ社会復帰促進センター，喜連川社会復帰促進センター，播磨社会復帰促進センターの四つの社会復帰促進センターが運営されており，その概要は図のとおりである。

❖コラム❖　「公設民営型」の刑務所ＰＦＩ事業

四つの社会復帰促進センターのうち美祢社会復帰促進センターと島根あさひ社会復帰促進センターは，施設の建設と運営が一体となったＰＦＩ事業であるが，喜連川社会復帰促進センターと播磨社会復帰促進センターは，国（公共）が施設の建設を行い，運営に特化したＰＦＩ事業で，「公設民営型事業」といわれるものの一種といえる。

美祢社会復帰促進センターと島根あさひ社会復帰促進センターにおいては，建設後の業務の実施を視野に置き，その業務を行いやすく，全体の運営も容易に行えるよう施設整備を行ったこともあって，民間委託率が喜連川社会復帰促進センターと播磨社会復帰促進センターの「公設民営型事業」のそれよりも高くなっていることが興味深い。

⑷　国際法務総合センター

平成29年９月，老朽化した八王子医療刑務所，関東医療少年院，神奈川医療少年院，八王子少年鑑別所，矯正研修所等を東京都昭島市に移転集約し，新たに国際法務総合センターを設置したところ，これら施設の維持管理及び運営業務の一部について，ＰＦＩ手法を活用した委託事業を実施している。

図　社会復帰促進センターについて

美祢社会復帰促進センター

（山口県美祢市，収容定員1,300人）

事業者

美祢セコムグループ

セコム，清水建設，竹中工務店，日鉄エンジニアリング，日立製作所，小学館集英社プロダクション，ニチイ学館，三菱ＵＦＪ銀行　ほか

収容対象　男子500人，女子800人

犯罪傾向の進んでいない受刑者

事業概要

施設整備，維持管理，運営を実施

事業期間：20年間

スケジュール

平成17年６月　事業契約締結
平成19年４月　運営開始

事業スキーム　ＰＦＩ法，構造改革特区法

島根あさひ社会復帰促進センター

（島根県浜田市，収容定員2,000人）

事業者

島根あさひ大林組・ALSOKグループ

大林組，綜合警備保障，日本電気，丸紅，グリーンハウス，ピーエイチピー研究所，みずほ銀行　ほか

収容対象

犯罪傾向の進んでいない男子受刑者

事業概要

施設整備，維持管理，運営を実施

事業期間：20年間

スケジュール

平成18年10月　事業契約締結
平成20年10月　運営開始

事業スキーム　ＰＦＩ法，構造改革特区法

喜連川社会復帰促進センター【第２期事業】

（栃木県さくら市，収容定員1,956人）

事業者

小学館集英社プロダクション，エームサービス，東京美装興業，大林ファシリティーズ

収容対象　男子1,906人，女子50人

犯罪傾向の進んでいない男子受刑者等

事業概要

維持管理・運営に特化（施設整備は国が実施）

事業期間：８年間

スケジュール

令和３年３月　事業契約締結
令和４年４月　運営開始

事業スキーム　公共サービス改革法

播磨社会復帰促進センター【第２期事業】

（兵庫県加古川市，収容定員1,000人）

事業者

小学館集英社プロダクション，エームサービス，東京美装興業，大林ファシリティーズ

収容対象

犯罪傾向の進んでいない男子受刑者

事業概要

維持管理・運営に特化（施設整備は国が実施）

事業期間：８年間

スケジュール

令和３年３月　事業契約締結
令和４年４月　運営開始

事業スキーム　公共サービス改革法

※　喜連川社会復帰促進センター及び播磨社会復帰促進センター第２期事業は両施設を一つの事業として実施

4　ＰＦＩ法

⑴　ＰＦＩ（Private Finance Initiative）

ＰＦＩ（Private Finance Initiative）とは，公共施設等の建設，維持管理，運営などに民間の資金，経営能力及び技術的能力を活用する手法であり，一定のルールによって民間参入の拡大による官製市場の見直しを行う，つまり公共の行う施設の建設，運営等の民間委託を進めるための手段である。当時の小泉内閣の構造改革路線下にあったこともあって，「規制緩和」，「規制改革」の象徴的なものとされた。

刑事施設の過剰収容が深刻となっていた平成15年３月には，「規制改革推進３か年計画」が閣議決定され，刑務所について「民間委託が可能な範囲を明確化し，ＰＦＩ手法を活用して民間委託を推進すべき」と具体的に指摘され，事業実施に向けた具体的取組が行われることとなった。

⑵　ＰＦＩ法

ＰＦＩ法は，ＰＦＩ事業の目的や基本理念，透明性や公平性等を確保するための第三者委員会である民間資金等活用事業推進委員会（いわゆるＰＦＩ推進委員会）の設置，ＰＦＩ事業を行う際に踏むべき手続の枠組み等を規定している。

ただ，ＰＦＩ法施行当時，ＰＦＩ手法自体が我が国において成熟したものでなく，ＰＦＩ事業も国や地方公共団体の手による多種多様なものが考えられたこともあって，ＰＦＩ法においては大枠を示すにとどまり，個別の入札手続や事業契約については，その後ガイドラインという形で一定の実務上の指針が示され，これがＰＦＩ法を補うこととなった。「ＰＦＩ事業実施プロセスに関するガイドライン」，「ＰＦＩ事業におけるリスク分担等に関するガイドライン」，「ＶＦＭ（Value For Money）に関するガイドライン」，「契約に関するガイドライン」，「モニタリングに関するガイドライン」が，その主なものである。

⑶　ＰＦＩ法における手続の概要等

ＰＦＩ法においては，透明性を持った，公平で効率的な手続が求められており，従来の各種会計法令と多くの部分で異なっている。特に，「実施方針の策定・公表」「ＰＦＩ事業の選定・公表」「事業者の選定・公表」「契約書の公開」など，いわゆる入札手続を丁寧に行いつつ，各段階において公表するという特徴がある。また，施設の整備・運営が事業の内容となることも想定されたことなどから，財政法等の特例として，最長30年にわたる契約期間も許されることがＰＦＩ法に規定されている。

刑務所ＰＦＩ事業においても，ＰＦＩ法やガイドライン等に沿って契約手続等が行われたが，刑の執行を行う業務であるということから，情報の乏しい刑事施設業務を多くの民間事業者に周知するためのヒヤリング，どういった基本理念で新しい刑事施設を運営するかを示す基本構想の公表など，いくつか独特の手続も行われた。

❖コラム❖　刑務所ＰＦＩ事業は「サービス購入型」で「ＢＯＴ方式」

ＰＦＩ事業には，事業形態や事業方式にいくつか種類がある。

事業形態は，公共からの事業許可等に基づき，

・ＰＦＩ事業者が施設等の建設，維持管理及び運営を行い，利用者から徴収する利用料金等によって事業コストを回収する「独立採算型」
・公共とＰＦＩ事業者が共同して資金を拠出し，主にＰＦＩ事業者が施設等の建設，維持管理及び運営を行い，ＰＦＩ事業者は公共からの支援と利用者から徴収する利用料金等によって事業コストを回収する「ジョイント・ベンチャー型」
・ＰＦＩ事業者が施設等の建設，維持管理及び運営を行い，公共はそのサービスに対して対価を支払う「サービス購入型」

の三つに分けられることがあるが，刑務所ＰＦＩ事業は「サービス購入型」である。

また，事業方式は，

・ＰＦＩ事業者が施設を建設（Build）して，契約期間中，維持管理及び運営（Operate）を行い，契約期間終了後，公共にその所有権を移転する（Transfer）「ＢＯＴ方式」
・ＰＦＩ事業者が施設を建設（Build）した後，公共にその所有権を移転し（Transfer），その後ＰＦＩ事業者が維持管理及び運営（Operate）を行う「ＢＴＯ方式」

の大きく２方式に整理される。刑事施設では，膨大な設備・備品があって，これを国有財産法や物品管理法に基づいて管理するには多くのマンパワーを必要とすることなどから，刑務所ＰＦＩ事業では，契約期間中，事業者が運

営等を行う「ＢＯＴ方式」を採っている。

5　構造改革特別区域法

(1)　構造改革特区制度

構造改革特区とは，地方公共団体や民間事業者の自発的な立案により，各地域の特性に応じて，規制の特例措置を定めた特定の区域（構造改革特区）を設定して，教育，農業，社会福祉といった種々の分野における構造改革を推進し，地域経済の活性化を図るとともに，規制緩和の成功例を具体的に示すことにより，これを全国的なものへと波及させ，我が国経済の活性化を図ることを目的とした制度である。構造改革特別区域法は，この構造改革特区を設定する手続等とともに，規制の特例措置を規定するものである。

刑務所ＰＦＩ事業においては，例えば，山口県，美祢市など事業が運営される刑事施設の所在する自治体が構造改革特別区域計画の認定を申請して，内閣総理大臣から構造改革特区（「刑務所ＰＦＩ特区」）の認定を受け，構造改革特別区域法11条（その後削除）に規定された刑事収容施設法の特例を用いて，刑事施設の業務の民間委託等，刑務所ＰＦＩ事業の運営を行うこととなった。

(2)　刑事収容施設法の特例

刑事収容施設法においては，刑事施設の運営に関する業務は，刑事施設の長又はその職員によってなされることが前提とされており，法律上民間に委託する根拠は設けられておらず，公権力の行使に関わる業務を民間委託することはできない。しかし，職員の超過負担の解消や不足するマンパワーの確保の一助とするためには，より多くの業務を民間委託することが必要であることから，公権力の行使に関わる業務についても，何らかの措置を講じることによってそれを可能とすべく，構造改革特別区域法に刑事収容施設法の特例を設けて委託根拠とすることとされた。

刑事施設の業務には多種多様なものがあり，大きく公権力の行使に関わるものとそうでないものに大きく分けられるが，刑の執行は国の主権の一つであって，公権力の行使の中核部分は民間委託することはできない。そこで，刑事施設の業務を，

① 懲罰の賦課，制圧，実力行使等，被収容者の身体，財産を直接侵害する行為や，被収容者に直接義務を課し，権利を制限する処分など公権力性の強い中核的業務(以下,「公権力性の強い中核的業務」という。)

② 所持品の検査，収容監視，職業訓練の実施等，処分の準備行為や処分の執行として行われる事実行為など公権力性の弱い業務（以下,「公権力性の弱い業務」という。)

③ 給食，洗濯，自動車運転等，公権力性のない業務で，何ら法律上の措置がなくても民間委託可能な業務

これら三つに分類し，②の公権力性の弱い業務について，刑事収容施設法の特例として民間委託できることとした。

具体的には，構造改革特別区域内に所在し，法務大臣が定める要件に該当する刑事施設に限って，当該施設を管轄する矯正管区長の登録を受けた法人に対し，構造改革特別区域法に列挙する公権力性の弱い業務を委託することができるようにされた。このようにして，刑務所ＰＦＩ事業においては，公権力性の強い中核的業務（①）は従来どおり刑事施設の長又はその職員の手によることとし，公権力性の弱い業務（②）と法律上の措置がなくても民間委託可能な業務（③）はその一部分を民間委託して，「官」と「民」との混合運営がなされている。

なお，受託者の守秘義務，みなし公務員規定，監督規定など，民間事業者による適正かつ確実な刑事施設の運営を担保するために不可欠な点についても，同法に規定されたところである。

(3) 規制の特例の評価と全国展開

構造改革特別区域制度は，その実施状況を検証・評価した後に成功例を示して，これを全国的なものへと波及させ，我が国経済の活性化を図ることを目的とした制度であることから，刑事収容施設法の特例も，一定期間経過後にその実施状況について評価され，特段の問題が生じていなければ全国展開を推進することとされていた。

そのため，外部有識者会議による刑務所ＰＦＩ事業の運用状況の検証と全国展開の可能性について検討が行われ，事務的なミスは散見されたものの，被収容者の逃走，暴動，自殺等，保安事故や個人情報の漏えいなど重大な問題は発生しておらず，おおむね適切に運営されているとの評価を受け，全国に所在する刑事施設においても規制の特例措置を適用する有効性が認められるとの結論に至った。

具体的には，後述する「公共サービス改革法」に，構造改革特別区域法での刑事収容施設法の特例と同旨の規定が設けられて，法令上も全国展開が可能となった。

したがって，四つの社会復帰促進センターについても，現行事業の事業期間終了後，引き続き公権力性の弱い業務を民間に委託する場合には，構造改革特別区域法によるのではなく，公共サービス改革法により新たな民間委託事業を実施することとなる。

❖コラム❖　多数の地方自治体等からの誘致

過剰収容への対応として刑務所ＰＦＩ事業を行うこととし，刑事施設を新たに整備する際，60箇所以上の地方自治体等から刑務所誘致の申出があった。人口流出等があって過疎化や地域経済の衰退に悩む自治体等にとっては，地域再生の最後の切り札として，迷惑施設である刑務所を誘致しようとしたわけであり，地方自治体が行う構造改革特区の申請等でも特に問題もなく，規制官庁である法務省とともに円滑な手続ができたのもそういった事情があったからである。

法務省としては，再犯の防止等，刑事政策への理解を深め，国民に支えられ地域と共生する刑事施設とするために，誘致をいただいた地元住民，自治体とともに地域再生・地域の活性化に資する運営も検討しなければならない。

6　公共サービス改革法

⑴　意　義

公共サービス改革法は，ＰＦＩ法と同様，民間事業者の創意と工夫を適切に反映させることによって，より良質でより低廉な公共サービスを実現することを理念とするもので，「公共」と「民間」との競争によってその趣旨を実現しようとする，イギリスで先行された「市場化テスト」という手法に関して，手続，対象業務等を法律に規定したものである。これまでにも，ハローワーク関連業務，保険料徴収業務のほか，法務省関係でも，登記関連業務や矯正研修所の維持管理業務等において，「公共」と「民間」あるいは「民間」と「民間」の競争（以下,「官民競争入札等」という。）が，同法に基づいて実施されている。

公共サービス改革法においては，法律の特例がなければ民間事業者が公共サービスを実施できず官民競争入札等に参入できない業務について,「特定公共サービス」として構造改革特別区域法における規制の特例と同じ位置付けとし，公共サービスの担い手が法律によって公務員に限定されている業務についても，官民競争入札等を行うことが可能となる仕組みを採っている。

⑵　刑事施設での公共サービス改革法による民間委託

刑事施設の運営に関する業務は，刑の執行という公権力の行使に関わるものであり，公共サービス改革法によって民間委託するには留意すべき点が多くあることから，同法に手続等種々の仕組みに所要の方策が講じられている。

まず，他の公共サービスでも同様であるが，特に刑事施設においては，官民競争入札等の透明性，中立性，公正性等の確保が求められる。これに関しては，入札手続全般にわたって，有識者等で構成される第三者委員会「官民競争入札等監理委員会」によって関与・干渉されることから確保されることとなる。

次に，刑の執行を行う刑事施設であることから強く求められる業務の適正かつ確実な実施である。これについては，公共サービスという委託対象から一般的に求められる規律が公共サービス改革法に規定されている。具体的には，欠格要件，守秘義務，みなし公務員規定，報告徴収・必要な措置の指示等監督規定，契約の解除等といったものがあり，刑事施設の業務を民間委託するにおいても不可欠な仕組みが整えられている。

そして，刑事施設では，適正かつ円滑に運営されることが前提であって何よりも重視されることから，刑事施設での業務の実施･運営状況の把握･検証があらゆる場面において強く求められる。これも「官民競争入札等監理委員会」が実施状況を順次検証していくこととなっており，公正な第三者によって担保されることとなる。

このように，他の公共とは異質で特に留意すべきことの多い刑事施設における民間委託にも，適正かつ円滑な運営が確保される仕組みが公共サービス改革法に設けられているところである。

⑶　公共サービス改革法における刑事収容施設法の特例

公共サービス改革法においては，民間事業者が公共サービスを実施する場合に必要となる法律の特例を「特定公共サービス」としているが，その対象となる刑事施設の業務については，33条の３第１項に，法務大臣は，以下の業務であって，被収容者の犯罪的傾向その他の事情を勘案し，当該業務を民間事業者に実施させることとしても当該刑事施設等における被収容者等の収容及び処遇に関する事務の適正な遂行に支障を及ぼすおそれがないと認められるものを官民競争入札等の対象とすることができるとしている。

- 被収容者の識別のための検査（写真の撮影，指紋の採取等に限る。）の実施に係る業務
- 金品の検査（書籍等の内容に係るものを除く。）の実施及び書籍等の内容に係る検査の補助に係る業務
- 物品その他の物の引渡しの実施に係る業務
- 領置することとされた物品の保管に係る業務
- 健康診断の実施に係る業務
- 被収容者の行動の監視及び刑事施設の警備（被収容者に対する有形力の行使を伴うものを除く。）に係る業務

・着衣，所持品及び居室の検査の実施等に係る業務
・作業に関する技術上の指導監督の実施に係る業務
・受刑者の資質及び環境の調査の実施に係る業務
・改善指導，教科指導等（講習，面接その他これらに類する方法によるものに限る。）の実施に係る業務
・職業訓練の実施に係る業務
・信書等の検査の補助（法務大臣が定める方法によるものに限る。）に係る業務
・信書等の保管及び複製の作成に係る業務

そして，こういった業務を実施する民間事業者，従事者の要件，法務大臣による業務の停止命令など業務の適正な実施を確保するための措置についての規定も設けられている。

⑷　構造改革特別区域法から公共サービス改革法

公共サービス改革法に規定するスキームは，それまで特定の地域（構造改革特区）で実施されていた刑事収容施設法の特例としての民間委託を全国展開しても問題ないものとされたことから，構造改革特別区域法11条の規定を削除し，代わって設けられたものである。

公共サービス改革法を委託根拠とする民間委託が可能となり，全国展開が今後徐々に進められるとしても，全国に所在する刑事施設は，犯罪的傾向等全て均一なものではなく，全施設で刑事収容施設法の特例としての民間委託が容易なわけではないこと，また，刑事施設で行われるものはそもそも失敗の許されない公共サービスであることから，今後の展開に当たっては，同法33条の３第１項に規定されているように，被収容者の犯罪的傾向その他の事情を勘案し，当該業務を民間委託しても，被収容者の収容及び処遇に支障を及ぼすおそれがないと認められるか否か等を見極め，試行的運用の結果も詳細に検証しながら，抑制的で慎重な検討が求められる。

第8　情報公開法

1　「情報公開」とは

現代社会においては，国民の生活の隅々に至るまで様々な行政活動が行われているが，それが行政の恣意や一方的な専断で行われる場合には，国民生活を圧迫しかねないので，行政権の行使は，国民の代表である国会（議会）が制定する法律に基づいて行われることが求められている。これが「法律による行政の原理」である。法律による行政の原理には，①行政活動に対する法的安定の要請，②行政活動に対する民主的コントロールを確保しようという目的がある。

「第6　行政作用に対する救済制度」でも説明したとおり，行政活動は国民に対する行政活動が全て法規（法律）に適合しているという前提から，到底誤った結果を生じるとは考えられていないものの，国民の権利を侵害したりすることもあり，そこで，このような場合には，国民の権利や利益の侵害を防止したり，是正したり，又は財産等の損失分を補填するなどして救済する制度として，行政上の不服申立て，行政訴訟，国家賠償等の制度が設けられている。

しかしながら，これら行政救済制度は，あくまで事後的に国民を救済することを中心とした権利救済システムであり，既成事実の前には無力であることから，これを克服するための方策が必要とされてきた。要するに，国民の代表者による法律が制定され，行政によってこれを執行し，その執行内容（行政活動）の結果に不満があれば司法判断に委ねるという構造では，国民に対して十分な解決･救済にはならないという問題も認識されたことから，近年，行政活動の判断過程における国民の参加形態として「行政の事前手続」と「情報公開」の制度の重要性が確立されてきた。

2　「情報公開」の分類

広義には，行政機関が保有する情報等を国民に提供する全ての制度及び施策を指す。例えば，各矯正施設における施設紹介パンフレットや参観者への統計値の説明，施設行事などに関する報道機関への情報提供も「情報公開」に当たるといえる。

広義の「情報公開」は，行政機関からの情報提供の全ての制度，施策であるが，これを，

①　請求によるもの

②　請求によらないもの

に，さらに，

③　義務的なもの

④　任意的なもの

に分類することができる。

◆請求によるもので開示が義務付けられているもの（①，③）には，市役所などにおける印鑑証明書の交付，戸籍謄本や住民票の写しの交付のほか，住民基本台帳の閲覧，法務局における各種登記簿の閲覧や写しの交付など法令等に基づく証明書の交付や，すでに法令に定められた関係文書の閲覧及び写しの交付が挙げられる。

◆請求によるもので任意に開示する情報（①，④）としては，施設及び窓口において提供する業務に関する情報，行政資料の配付など，その都度，行政側が適否を判断した上で開示する情報がある。報道機関から取材を受けた際に提供する情報などのほか，一般の方からの電話での問い合わせや施設参観の際の質問に対する回答もこれに該当する。

◆請求によらず開示を義務付けられているもの（②，③）としては，法令や一部の通達等，官報による公表が定められている情報等がある。例えば，国公法16条2項では，「人事院規則及びその改廃は，官報をもつて，これを公布する。」と規定されている。

◆請求によらず任意の開示を行うもの（②，④）としては，行政機関による広報誌やパンフレットの発行，行政資料の刊行・配付，報道機関への情報提供などが挙げられる。

3　「情報公開法」の位置付け

「行政機関の保有する情報の公開に関する法律」（平成11年法律第42号）（以

下「情報公開法」という。）に基づく情報公開は，国民等の請求に基づき，行政文書を原則公開する制度であることから，請求による義務的公開の範疇にある（情公５で「……開示しなければならない。」と規定されている。）制度である。

なお，情報公開法24条では，「政府は，その保有する情報の公開の総合的な推進を図るため，行政機関の保有する情報が適時に，かつ，適切な方法で国民に明らかにされるよう，行政機関の保有する情報の提供に関する施策の充実に努めるものとする。」と規定されているように，国民からの請求がなくても，行政機関は，自らの活動等について，積極的な情報提供，広報の推進について努めるようにすることとされており，現在でも，各省庁のホームページ等を活用して広報活動を進めているように，請求に基づく情報公開制度と併せて，より今以上の情報提供・発信，ディスクロージャーが求められる。

4　情報公開法の基本的な考え方

⑴　情報公開法の目的

情報公開法の目的は，１条で「政府の有するその諸活動を国民に説明する責務が全うされるようにするとともに，国民の的確な理解と批判の下にある公正で民主的な行政の推進に資することを目的」と規定しているとおり，

①　政府の諸活動を説明する責務

②　行政の監視と国民の参加

が情報公開制度の中心となっている。

情報公開法１条に明示されているとおり，本法は，国民が行政に対し説明を求める抽象的な権利，すなわち政府情報開示請求権を認め，定められた開示手続にしたがって行政情報の公開を図ることにより，政府が行政運営の透明性を向上させ，説明責任を全うすることを目的として定められたものである。言うまでもなく，公正で民主的な行政を推進するためには，政府の諸活動が国民の的確な理解と批判の下にあることが必要であり，そのためには，政府がその諸活動の状況を主権者である国民に対し具体的に

明らかにし，説明する責務を全うすることが必要となる。これは，そもそも行政は，国民から公権力を負託されているのであることから，その活動について国民に対し説明する責務（「説明責任」）があるということになる。

ただし，行政文書の公開範囲を可能な限り広げる必要があるということは当然のことであるが，行政文書の中には個人のプライバシー，企業秘密，国の安全に係る情報等のように，国民の利益のために保護すべき情報も含まれていることから，情報公開法では，原則開示としながらも，不開示情報について基準を例示した上，その範囲を明らかにしている（情公５）。

政府の行政運営の公開性の向上と政府の説明責任の全うという中心的な目的のほか，本法は，

① 第三者的立場から不服申立ての裁決等に当たる不服審査会の設置

② 行政文書の適正な管理とその仕組みの整備の基本的な考え方

に基づいて構成されている。

⑵ 第三者的立場から不服申立ての裁決等に当たる不服審査会の設置

行政庁の決定に対し不服がある者は，一般的には，行政不服審査法に基づく不服申立てや訴訟を提起することも可能である。通常の行政不服審査であれば，原処分の行政庁又は上級行政庁などに対し審査請求等を行い，審査して判断することになるが，行政機関が保有する文書の開示・不開示の決定については，各行政機関間で同様の文書について取扱いに差が出ないよう制度を運用していく必要があること，当事者に任せるよりも第三者に任せる方が客観的で合理的な解決が期待できることなどから，「情報公開・個人情報保護審査会」という調査審議する諮問機関が設置され，開示決定等について審査請求があったときは，行政機関の長は，原則として，同審査会に諮問しなければならないとしている（情公18・19）。

⑶ 行政文書の適正な管理とその仕組みの整備

情報公開法制の的確な運用のためには，行政文書の適正な管理とその仕組みの整備が不可欠であることはいうまでもない。情報公開法が国民の開示請求権を保障するものである以上，行政機関による適正な文書管理はこの権利保障の前提になる。

情報公開法制定当時（平成11年）は，文書の作成と管理の在り方に一定

の基準を示すとともに，必要な事項について政令で定めることとされていたところ（改正前37条。なお，国会審議において，文書の分類・作成・保存・廃棄の基準の設定が政令に委ねられている点で行政機関に幅広い裁量が留保されているとの意見もあり，参議院の付帯決議において，「行政文書管理法」の制定について引き続き検討することとされた。），平成21年，公文書等の管理に関する法律が制定され，文書の作成，行政文書の整理等の行政文書の管理に関する事項が法律事項として定められるとともに，法務省では，同法10条１項の規定に基づき，法務省行政文書管理規則において文書の管理体制等が定められている。

5　情報公開の対象等

(1)　対象行政機関

政府の諸活動を国民に説明する責務が全うされるようにするためには，国政を執行する全ての行政機関をこの法律の対象とする必要がある。情報公開法２条１項では，国会及び裁判所を除く国の機関が対象となる。法務省については，同項３号により所管の全ての行政機関（矯正局，矯正管区，矯正研修所，矯正施設）が本法の適用対象になる。

(2)　対象となる文書

情報公開法２条２項では，行政文書を「行政機関の職員が職務上作成し，又は取得した文書，図画及び電磁的記録（略）であって，当該行政機関の職員が組織的に用いるものとして，当該行政機関が保有しているものをいう。」と定義している。「行政機関の職員が組織的に用いるものとして，当該行政機関が保有しているもの」との要件があることから，職員個人の有するメモや資料などはその対象とはならない。すなわち，行政文書とは，電磁的記録も含み，決裁等，文書管理上の手続を終了しているかどうかにかかわらず，当該行政機関の組織において業務上必要なものとして利用・保存されている状態にある文書と定義される。

☞同項各号により，官報，白書等不特定多数に販売することを目的として発行されるもの，公文書等の管理に関する法律に規定される特定歴史公文書等，また，研究所等で特別の管理がされている歴史的資料などについては，開示対象となる行政文書から除かれることになっている。

(3) 開示請求権者

情報公開法３条では，開示請求権が定められており，「何人も，この法律の定めるところにより，行政機関の長（略）に対し，当該行政機関の保有する行政文書の開示を請求することができる」とし，外国人でも，もちろん受刑者等の被収容者といった誰でも請求者となり得ることが定められている。

6　情報の開示

(1) 開示義務

情報公開法５条では，「行政機関の長は，開示請求があったときは，開示請求に係る行政文書に次の各号に掲げる情報（以下「不開示情報」という。）のいずれかが記録されている場合を除き，開示請求者に対し，当該行政文書を開示しなければならない。」と規定し，行政文書は，開示請求がなされた場合は，原則開示すべきことを明確に定めるとともに，例外的に不開示にすべき情報を同条各号に列挙している。

(2) 不開示情報

情報公開法では，不開示情報として六つの類型を挙げている。

ア　個人に関する情報（情公５①，①の２）

同号は，「個人に関する情報（略）であって，当該情報に含まれる氏名，生年月日その他の記述等により特定の個人を識別することができるもの」，「又は特定の個人を識別することはできないが，公にすることにより，なお個人の権利利益を害するおそれがあるもの」と規定している。この規定によって保護される利益は，個人のプライバシーであるが，本号によれば，個人識別情報全てを不開示とする旨が規定されている。

ただし，一般的個人の利益保護の観点から不開示とする必要のないもの，保護利益を考慮してもなお開示する必要があると認められるものを不開示情報から除外している。すなわち，本号においては，

①　法令の規定又は慣行として公にされ，又は公にすることが予定さ

れている情報

② 生命，財産等を保護するため公にすることが必要であると認められる情報

③ 公務員の職名及び職務遂行内容についての情報

といった不開示の例外が規定され，また，７条において不開示情報が記載されている場合であっても，公益上特に必要があると認める場合の行政機関の長による裁量的開示を定めており，プライバシーの保護に優先する法益がある場合には，原則として開示することが定められている（公益上の理由による裁量的開示については，以下イないしカの不開示情報についても同様）。

また，これら「個人に関する情報」のほか，個人情報の保護に関する法律（平成15年法律第57号）60条３項に規定する「行政機関等匿名加工情報」等も該当する（情公５①の２）

イ　法人又は事業を営む個人の当該事業に関する情報（情公５②）

同号は，法人や個人の正当な営業上及び金融上の利益や財産権を保護することを目的に規定されている。

ウ　国の安全等に関する情報（情公５③）

同号は，防衛及び外交に関して秘密保持が必要な情報を不開示とするものである。

エ　公共の安全等に関する情報（情公５④）

同号は，刑事法の執行を念頭に置いた規定である。「刑の執行」という具体的な文言があるが，勾留，保護処分の執行，観護措置の執行，補導処分の執行という明確な用語はないものの，これらはいずれも「公共の安全と秩序の維持に支障を及ぼすおそれのある情報」に含まれる。

本号は，３号とともに，取り扱われる情報の性質上，「行政機関の長が認めることにつき相当の理由がある情報」と規定されており，行政機関の運営に支障がないよう認められた例外である５号及び６号の単なる「おそれ」と比べると，行政機関の長の裁量の幅がより広く認められている。これらの情報が，開示･不開示に高度の政策的な判断を伴うこと，対外関係又は犯罪等に関する将来の予測を行うという専門的，技術的判

断を要することなどの特殊性が認められるためである。

❖コラム❖　行政機関の長の第一次的判断

行政機関の長の第一次的判断を優先すべきという見解については，判例では，外国人の在留期間の更新について法務大臣の権限を定めた旧出入国管理令（現行の出入国管理及び難民認定法21条3項）の規定に関して，「裁判所の審査は，重大な事実の誤認や明白に合理性を欠く事実評価があるため，法務大臣の判断に著しい妥当性の欠如があるかどうかを審査するにとどまる」（最大判昭53.10.4民集32-7-1223)。」旨判示し，すなわち，裁判所が，処分の適否を審査するに当たっては，行政庁と同一の立場に立って判断し，その結果と行政処分とを比較してその適否を論ずる，いわゆる「**判断代置方式**」を採ってはならず，あくまでそれが行政庁の裁量権の行使とされたものであることを前提として，その判断要素の選択や判断過程に著しく合理性を欠くところがないかどうかを判断すべきものである（「判断代置排除の原則」）としている。

同様のことが情報公開法についても言え，5条3号及び4号の不開示情報に係る訴訟が提起された場合，司法は，行政機関の長の第一次的な判断を尊重し，その判断が合理性を持つ判断として許容される限度内のものであるかどうかを審理・判断するにとどまる。他の各号にいう単なる「おそれ」のように，その情報自体が情報公開法上の不開示情報に当たるかどうかについて審理し，行政機関の決定に対する判断を下すわけではないということである。

オ　国の機関内部又は国の機関相互の審議･検討等に関する情報(情公5⑤)

同号は，いわゆる意思形成過程の情報について定めたものである。この法律では，単に意思形成過程の情報という概念を使用せず，国の機関及び地方公共団体の内部又は相互間における審議，検討又は協議に関する情報として類型化した上，「率直な意見の交換若しくは意思決定の中立性が不当に損なわれるおそれ」，「不当に国民の間に混乱を生じさせるおそれ」又は「特定の者に不当に利益を与え若しくは不利益を及ぼすおそれ」という要件を具体的に示すことによって，不開示となる範囲を限定している。

なお，本号にある「国の機関」には，行政機関だけではなく，国会や裁判所も含まれる。

カ　国の機関の事務・事業に関する情報（情公5⑥）

同号は，行政運営情報，行政執行情報などと呼ばれてきたもので，国の機関又は地方公共団体が行う事務又は事業に関する情報であって，公にすることにより，次に掲げるおそれその他事務又は事業の性質上，当該事務又は事業の適正な遂行に支障を及ぼすおそれがあるものを不開示情報としている。

Point　矯正施設が保有する情報と開示・不開示について

行政機関の保有する情報が外部に流出する事案が度々見受けられるところである。矯正施設が保有する情報は，刑の執行に関する個人情報を含んでおり，故意・過失を問わず，万が一にも外部に流出してはならない性質のものである。

情報公開法上，行政文書は原則開示であり，例外的に個人情報や刑の執行情報等を不開示情報としている。これは，開示することの利益と不開示にすることの利益を比較した場合に，不開示にすることが国民の権利利益の保護や公益の保護のために必要な場合があるためである。特に個人情報に関しては，「個人に関する情報であって，記述等により特定の個人を識別できるもの」として事項的要素として一律に不開示としているが，これは，行政機関の長に不開示情報を開示しないという権限を持たせているばかりではなく，これら不開示情報をいたずらに開示してはいけない，適正に管理しなければならないという義務を負わせている面があるといえる。

矯正施設において日々作成し，使用する文書等は，そのほとんどが刑の執行に関する個人情報を含んでいるため，本人保護への配慮はもちろんのこと，施設運営上の最高機密事項の一つとして，従来から管理責任者を定め，厳重に保管・管理するよう指示されているところである。

(3)　開示・不開示の具体的な基準

情報公開法５条により，不開示情報として六つの類型を挙げているが，具体的な基準については，この法律で全て網羅することは非常に困難である。しかしながら，同法に基づく開示請求は，行政手続法（平成５年法律第88号）の申請に該当するので，行政手続法５条の規定に基づき，申請により求められた許認可等をするかどうかをその法令の定めに従って判断するために必要とされる基準（「審査基準」）を定めるものとされていることから，各行政機関において審査基準を定める必要があり，また，行政上特別の支障があるときを除き，法令により当該申請の提出先とされている機関の事務所における備付けその他の適当な方法により審査基準を公にしておかなければならないとされている。

(4)　存否応答拒否情報

情報によっては，文書の存否を回答するだけで，不開示情報を開示することになる場合がある。情報公開法８条では，そのような場合に，当該行政文書の存否を明らかにしないで，開示請求を拒否できることを規定している。このような拒否のことを，存否応答拒否（グローマー拒否）と呼ばれている。

7　開示の実施

行政機関の長は，開示請求に対し応答義務を負うことになり，請求者に対しては書面で結果を回答することになる（情公９Ⅰ）。開示の場合は，その手数料等（政令で定める）についても併せて通知されることになっており，開示請求及び開示実施の二段階において徴収することとされている（情公16Ⅰ）。なお，情報公開法16条３項では，経済的困難とその他特別な理由があると認める場合における手数料の減額，免除について規定されている。

情報公開法10条では，請求日から30日以内（30日の延長が可能）に開示，不開示を決定すること，11条では，著しく大量の文書を開示する際の期限の特例について，12条では，行政機関相互の協議が整った際には事案を移送できることについてそれぞれ規定している。

情報公開法14条には，開示の実施について規定されている。

☞文書又は図画については，閲覧（写しの閲覧）又は写しの交付をその方法としている。
☞電磁的な記録については，政令において，
・マイクロフィルムであれば専用機器により映写
・写真フィルムであれば印画紙に印画しての閲覧

・録音テープや録音ディスクであれば専用機器により再生したものの聴取
・ビデオテープ，ビデオディスクであれば専用機器により再生したものの視聴
によってその写しを交付することなどが定められている。

8　権限又は事務の委任

開示請求に対し，これを処理する行政機関の単位は，情報公開法２条１項に規定するそれぞれの機関であるが，17条では，行政機関における事務の効率的な配分を図るため，政令の定めるところにより，３条から16条に定められた行政機関の長の行政文書の開示に関する権限又は事務（開示請求の手続・義務，開示の決定，開示の実施等）を下部の職員（行政機関）に委任することができるとしている。この委任規定は，行政機関の事務の効率的な配分を図るという利点のほか，地方に在住する人等，国民の利便性を考慮したものである。

矯正に関しての権限の委任については矯正管区及び管内の矯正施設が保有する行政文書については矯正管区の長に，矯正研修所及び支所の保有する行政文書については矯正研修所の長に，それぞれ委任されている。

9　不服申立手続

行政機関の長は，情報公開法の請求に基づく開示決定等について，審査請求があったときは，同法19条の規定にしたがって，不適法なものであった場合など以外は，当該案件について，第三者機関である「情報公開・個人情報保護審査会」に諮問しなければならないとされている。

Point　情報公開制度の矯正行政への効果と展望

情報公開制度導入後は，あらゆる行政活動や職員の職務遂行のための姿勢までもが，国民の監視・批判の対象となり，原則として国民の前にさらされることとなったため，慣習的に，当然のこととして行われてき

た業務に関して，国民からの批判又は行政機関自らの検証によって，行政の事務や事業が本当に必要なのか，実情に見合ったものなのかを見直すきっかけとなった。そして，検証することによって，政策の見直し，あるいは政策の廃止などを図ることができ，これによって業務のスリム化，効率化，質的向上へとつながっている。

確かに，矯正行政においては，専門性，特殊性が極めて高い分野であり，個人の秘密保護，人権保護，さらには，拘禁施設特有の保安・警備上の機密保持等の観点から，政策審議に関する全ての情報を国民に提供することは困難であり，広く政策を公表し，国民から意見を聴取することにはなじまない分野ではある。しかしながら，「行刑密行主義」というような言葉に代表されるような，ただいたずらに外部に対して門戸を閉鎖することのみに終始するならば，矯正行政が独善に陥り，その改善進歩が期し難く，国民のニーズや時代に沿った行政運営が展開できなくなることも予想される。

情報公開法24条に規定されているとおり，政府が能動的に情報提供施策の充実に努めることにより，アカウンタビリティを確保すべきであり，開示請求に基づく開示が重要であることはいうまでもないところ，矯正施策の民間との協働や，再犯防止のための地方公共団体等との更なる連携充実を図る必要を踏まえれば，国民からの開示請求を待って受動的に開示するのではなく，矯正広報をより積極的に推進するなど今まで以上に矯正行政が自発的に情報発信を行う必要がある。

参考文献

【刑　法】
・団藤重光『刑法綱要総論（第３版）・各論（第３版）』創文社
・平野龍一『刑法概説』東京大学出版会
・山口厚『刑法総論（第２版）・各論（第２版）』有斐閣
・前田雅英『刑法総論（第５版）・各論（第５版）』東京大学出版会
・佐伯仁志『刑法総論の考え方・楽しみ方』有斐閣
・裁判所職員総合研修所監修『刑法概説（７訂版）』司法協会
・大塚仁・佐藤文哉・古田佑紀・河上和雄編『大コンメンタール刑法（第２版）』全13巻・青林書院
・小野清一郎監修『刑法（第３版増補版）』有斐閣
・前田雅英編集代表・松本時夫＝池田修＝渡邉一弘編集『条解刑法（第３版）』弘文堂

【刑事訴訟法】
・団藤重光『新刑事訴訟法綱要（７訂版）』創文社
・平野龍一『刑事訴訟法概説』東京大学出版会
・松尾浩也『刑事訴訟法・上（新版）下（新版補正第２版）』弘文堂
・池田修・前田雅英『刑事訴訟法（第４版）』東京大学出版会
・小林充『刑事訴訟法（新訂版）』立花書房
・松尾浩也監修・松本時夫＝土本武司＝池田修・酒巻匡編『条解刑事訴訟法（第４版）』弘文堂
・河上和雄・中山善房・古田佑紀・原田國男・河村博・渡辺咲子編『大コンメンタール刑事訴訟法（第２版）』全11巻・青林書院

【その他関係法令】
・竹内昭夫・松尾浩也・塩野宏編集代表『新法律学辞典（第３版）』有斐閣
・林真琴・北村篤・名取俊也『逐条解説刑事収容施設法（改訂版）』有斐閣
・藤本哲也『刑事政策概論（全訂第６版）』青林書院
・川出敏裕・金光旭『刑事政策』成文堂
・鴨下守孝・松本良枝編集代表『改訂増補　矯正用語事典』東京法令
・田宮裕・廣瀬健二『注釈　少年法（第三版）』有斐閣
・裁判所職員総合研修所監修『少年法実務講義案（再訂補訂版）』司法協会
・『犯罪被害者白書（平成25年版）』内閣府
・『犯罪白書（平成25年版）』法務省法務総合研究所
・宇賀克也『行政法概況Ⅰ，Ⅱ（第３版）』有斐閣
・塩野宏『行政法Ⅰ，Ⅱ（第５版補訂版第１刷）』有斐閣
・宇賀克也『情報公開法の逐条解説（第２版）』有斐閣
・西田博『新しい刑務所のかたち』小学館集英社プロダクション
・島根県立大学ＰＦＩ研究会編『ＰＦＩ刑務所の新しい試み』成文堂

編集者・執筆者一覧（所属は令和４年１月１日現在）

編集者・執筆者
西田　博　元法務省矯正局長
執筆：「はしがき」，第４章第７
大橋　哲　前法務省矯正局長
執筆：「はしがき」，第４章第１から第５

執筆者
内藤晋太郎　元法務省矯正局参事官
執筆：第１章，第２章
林谷　浩二　弁護士（広島弁護士会）（元法務省矯正局局付検事）
執筆：第３章
中田　昌伸　千葉刑務所長
執筆：第４章第６及び第８
小玉　大輔　前法務省矯正局参事官
執筆協力：第１章，第２章
森田裕一郎　法務省矯正局成人矯正課企画官
執筆協力：第４章第７

三訂版
矯正職員のための法律講座

平成26年３月10日　初　版　発　行
平成29年２月15日　二 訂 版 発 行
令和４年５月15日　三 訂 版 発 行

編著者　西　田　　博
　　　　大　橋　　哲
発行者　星　沢　卓　也
発行所　東京法令出版株式会社

112-0002　東京都文京区小石川５丁目17番３号　03(5803)3304
534-0024　大阪市都島区東野田町１丁目17番12号　06(6355)5226
062-0902　札幌市豊平区豊平２条５丁目１番27号　011(822)8811
980-0012　仙台市青葉区錦町１丁目１番10号　022(216)5871
460-0003　名古屋市中区錦１丁目６番34号　052(218)5552
730-0005　広島市中区西白島町11番９号　082(212)0888
810-0011　福岡市中央区高砂２丁目13番22号　092(533)1588
380-8688　長野市南千歳町1005番地
〔営業〕TEL 026(224)5411　FAX 026(224)5419
〔編集〕TEL 026(224)5412　FAX 026(224)5439
https://www.tokyo-horei.co.jp

ISBN978-4-8090-5130-2